자유의 길

애덤 스미스와 한국 경제

자유의 길
애덤 스미스와 한국 경제

초판 인쇄 2024년 1월 15일
초판 발행 2024년 1월 20일

지은이 민경국·안재욱·김성준·홍승헌·임일섭·이황희·이혁우·최영백
펴낸이 이찬규 | 펴낸곳 북코리아 | 등록번호 제03-01240호
주소 13209 경기도 성남시 중원구 사기막골로 45번길 14 우림2차 A동 1007호
전화 02-704-7840 | 팩스02-704-7848
이메일 ibookorea@naver.com | 홈페이지 www.북코리아.kr
ISBN 978-89-6324-402-0 (93320)

값 23,000원

민경국
안재욱
김성준
홍승헌
임일섭
이황희
이혁우
최영백

자유의 길

애덤 스미스와 한국 경제

북코리아

일러두기

이 책은 2023년 6월 사단법인 한국자유주의학회가 한국경제신문과 공동으로 개최한 애덤 스미스 탄생 300주년 기념 심포지엄에서 발표한 논문들을 편집한 것이다. 이 책은 애덤 스미스가 제시한 '자유의 길'에 대한 권위 있는 해제임을 감히 자부한다. 애덤 스미스를 오해 없이 읽을 필요가 있다. 자본주의는 이기심으로 가득찬 인간 군중이 악다구니하며 살아가는 악마적 세상은 아니다. 인간은 생각보다 많이 서로를 이해하고, 양보하고, 그런 가운데서도 자신의 이익을 늘리려 애써왔다. 그 결과가 지금의 번영이다.

저자들은 애덤 스미스 탄생 300주년을 맞아, 이 책을 출판하면서 모쪼록 이 책이 널리 읽혔으면 하는 마음이 크다. 이 책으로부터 우리 사회에도 자유의 가치에 뿌리내린 건전한 토론이 많아졌으면 한다.

들어가며
애덤 스미스 바로 세우기

민경국

왜 애덤 스미스인가?

18세기 시장, 도덕 그리고 국가에 관한 논리를 체계적이고 포괄적으로 설명한 최초의 인물이 애덤 스미스(1723-1790)였다. 그는 당시 지배하고 있었던 인류학적 시각을 비롯하여 윤리학, 법학, 국가철학과 그리고 중상주의에 대한 비판을 통해 자유 사회의 핵심 가치로서 자유, 정의, 민주 등에 관한 통찰을 제시했던 위대한 인물이었다. 그는 자유와 시장의 발견, 그리고 이들을 보호하기 위한 정의, 법과 정치를 경제학을 넘어서 윤리학적 법철학·정치철학적으로, 간단히 말해 학제 융합적으로 제시했다는 점에서 그의 3부작으로 알려진 『도덕감정론』, 『법학강론』 그리고 『국부론』은 일종의 골동품이 아니라, 오늘날에도 생생히 살아 있는 고전이다.

2023년은 그가 태어난 지 300년이 되는 해다. 이 장구한 기간 동안, 인류는 그에게 진 빚이 대단히 크다. 지난 세기 동안 인류가 이룩한

다채로운 문명은 오로지 그의 사상체계에 의존해서만 설명할 수 있다. 한국 사회도 예외가 아니다. 대한민국의 발전사는 겨우 70여 년에 지나지 않았지만, 보릿고개의 굶주림을 극복하여 오늘날 우리가 모두 누리는 전대미문의 풍요도 스미스의 사상체계가 없이는 전혀 설명할 수 없다. 개인의 자유를 보장하고, 교환과 무역을 장려하는 것, 시장을 존중하고 국가의 역할에 한계가 있음을 인식하여 이에 해당하는 법과 제도를 갖춘 나라는 물질적으로는 물론 정신적으로나 윤리적으로도 풍요와 번영을 누릴 수 있었다.

중국이 한때 그나마 빈곤 퇴치와 경제성장에 성공한 것도 친(親)시장과 개방 덕택이었다. 유럽의 번영은 복지확대가 아니라 자유시장과 낮은 세금, 시장의 도덕적 품성의 재결합 덕분이다. 오늘날 한국 사회가 어려운 것은 지난 좌익정부의 반자유, 반법치 그리고 정부 역할의 무제한 확대 때문뿐만이 아니다. 자유 사회를 확립하는 절대적으로 필요한 법적·제도적 장치를 허물어뜨렸기 때문이다. 반(反)자유주의적 여론이 뿌리 깊이 우리 사회를 지배하고 있다. 어려울 때일수록 스미스를 소환하여 자유의 길을 스미스에게 항상 물어야 할 이유다.

두 가지 종류의 계몽사상: 스코틀랜드 vs. 프랑스 계몽사상

하지만 스미스가 태어난 지 300년이나 되었음에도 그의 사상을 제대로 알지 못하고 오해가 아주 많다. 우선 근본적으로 스미스의 인식론에 대한 간과와 무지의 탓이라고 볼 수 있다. 그는 사물의 진로를 구체적으로 판단할 수 있거나, 또는 옳고 그름을 구별할 수 있는 인간의 능력에는, 간단히 말해 인간 이성에는 치유할 수 없는 한계가 있다는 엄연한 사실을 바탕으로 하여 도덕과 법 그리고 사회가 어떻게 생성·유지되는가에 대한 문제를 가장 체계적으로 접근한 인물이었다. 버나드 맨더빌, 데이비드 흄 등과 함께 스코틀랜드 계몽사상의 전통을 확립하는 데에 결정적인 역할을 했던 주요 인물이었다.

그러나 유감스럽게도 그를 르네 데카르트를 비롯하여 토머스 홉스, 장 자크 루소, 볼테르 등, 주로 대륙에서 풍미한 사상과 전혀 구분하지 않고 이 후자에게 붙여진 '계몽사상'이라는 이름으로[1] 스미스를 부르면서 심지어 후자의 인물들을 스미스와 동일 선상에 올려놓고 있다(김승욱, 2023: 62).[2] 프랑스 계몽사상가들은 스미스와는 전혀 다르게 인간 이성에 대한 무한한 신뢰를 전제하는 프랑스 계몽사상을 개발했다. 이런 사상은 신과 미신을 대체하고 그 대신에 이성을 강조했다. 인간 이성은 복잡한 익명의 세상을 특정한 정치적 목적에 합당하게 조종·통제할 수 있다는 구성주의적 합리주의의 미신과 국가권력에 대한 근거 없는 낭만주의적 신뢰를 전제하는 사상이다. 이에 반하여 스코틀랜드 계몽주의는 그런 미신과 그리고 신뢰로부터 시민을 깨우치려고 했다. 인간 이성은 사회의 바깥에서 이미 개발된 게 아니라 사회 속에서 배우고 습득한 결과이지만, 그러나 우리가 개인들이 제각기 가진 선호, 생각,

1 계몽사상은 미신의 손과 교회, 신권과 가부장적 국가권력의 안내가 없이는 행동할 수 없는 무능에서 인간들이 스스로를 깨우치는 사상이다.

2 김승욱은 로크와 루소, 애덤 스미스 등을 모두 자유주의자로 취급하는데(김승욱, 2023: 62), 이는 치명적인 오류다. 이런 오류는 자유주의의 원칙을 간과했거나 혹은 제대로 이해하지 못한 데에서 유래한 것이다. 그리고 그는 스코틀랜드의 계몽사상과 프랑스 계몽사상의 존재를 언급하지 않고 단순히 '계몽사상'을 말하고 있다(김승욱, 2023: 62). 플라톤학파를 언급하고 있지만 그것은 계몽사상은 아니다. 또는 애덤 스미스를 제러미 벤담과 같은 계열로 취급한다(이한구, 2022). 이것도 철학의 근원적 주제인 인식론의 진지함을 간과한 탓이다.

부존자원, 그들이 제각각 처한 상황 등 사실에 관한 지식을 전부 알아내는 것은 불가능하다.

그런데 만약 두 계몽사상의 그런 인식론적 차이를 간과한다면, 그 사상들이 각각 정치, 사회, 경제에 미친 영향을 전혀 고려할 수 없다. 예를 들면 1789년 프랑스 혁명은 프랑스의 계몽사상에서, 1774년 미국의 혁명은 스코틀랜드의 계몽사상에서 비롯된 것임에도, 두 혁명을 똑같이 취급하는 것이 옳은가? 역사적으로 볼 때 전자는 전체주의를, 후자는 자유 사회를 불러왔음에도 말이다(Sowell, 1990).

애덤 스미스에 대한 오해

애덤 스미스 사상에 대한 오해와 남용의 종류도 다양하다. 첫 번째로 시장의 본질은 이기심이고 이런 심성이 보이지 않는 손에 이끌려 보편적 번영을 안겨준다는 것이 애덤 스미스 사상의 핵심이라는 해석이다. 이런 해석이 좌우를 가리지 않고 우리의 정신을 지배하는 시장관(市場觀)이 되었다. 시장사회를 도덕이나 법으로부터 해방된 영역으로 이해하는 것이 오해의 핵심이다. 애덤 스미스를 말하면 '보이지 않는 손', 이기심, 자유 방임, 경쟁 등을 연상하면서 "시장의 마법"이라고 비아냥거리는 이유다. 그런 오해에서 비롯된 시장관은 반(反)자본주의 정서를 불러와, 국가개입의 명분을 정립하는 데 좌파는 적절히 활용했다.

그런데 최근에는 그런 명분을 지원·강화하는 데에 『도덕감정론』을 끌어들이고 있다. 이것이 스미스 사상에 대한 오해와 곡해, 난독의 두 번째 종류다. 예를 들면 2008년 미국발 금융위기의 원인을 정부의 잘못된 통화정책과 주택정책에서 찾는 게 아니라, 『도덕감정론』을 들

먹이면서 그 원인을 인간의 탐욕을 억제할 도덕성의 결여에서 찾거나, 또는 "더불어 성장하고 함께 나누는 동반성장"과 그리고 경제민주화를 정당화하기도 한다(정운찬, 2023: 11).[3] 국부론에 대한 오해 곡해가 언제부터인지 『도덕감정론』으로 옮겨간 듯하다.

세 번째로 『국부론』에 담겨 있는 중상주의 또는 케인스주의만큼 애덤 스미스 사상을 간섭주의로 오해하는 경우도 흔히 볼 수 있다. 예를 들면, 스미스가 '보이지 않는 손'의 작동을 자본의 해외투자가 아닌 국내투자에만 적용하고 있다는 이유에서 그를 자본의 해외투자에 대한 간섭주의자로 해석하고 있다. 이런 간섭주의적 해석은 지금까지 스미스의 사상을 자유방임주의 또는 최소국가론으로 해석한 것을 수정하여 간섭주의를 옹호하려는 것이다.

그런 오해들은 인간 이성에 대한 제한 없는 신뢰를 전제한 프랑스 계몽주의의 시각에서 애덤 스미스를 해석한 결과라는 것을 우리는 주목할 필요가 있다. 마지막 네 번째로 애덤 스미스는 자연적 자유의 체제를 학제 융합적으로 체계화했지만 그런 체제를 어떻게 실현할 수 있는가의 문제를 도외시했다고 비판한다. 물론 그는 정치적 과정에 관한 분석의 결과로서 이익집단의 '지대추구'로부터 야기되는 위험성을 잘 알고 있었다. 그가 입법자의 입법에 매우 비관적이었던 이유다. 사회적 권력과 부가 정치에 미치는 과도한 영향 때문에 권력을 가진 개별그룹의 이익을 위해서 입법이 왜곡된다는 이유에서다. 스미스는 이런 정치이론을 개발하여 법의 왜곡현상을 다루었을 뿐 자연적 자유의 체제를 어떻게 달성할 수 있는가를 보여주지 않았다. 간단히 말해서 국가권력을

---

3 예를 들면 정운찬(2023: 11)을 참조할 것. 스미스의 동감원리를 적용하여 사회정의(즉, 분배정의)를 "사회계약론"으로 정당화하려는 주병기의 노력(2023: 82-104)도 마찬가지다.

효과적으로 제한하여 개인의 자유를 지키기 위한 헌법적 사유가 없다는 것이다(민경국, 2018: 340-433).

책 내용의 개관

스미스의 사상에 그런 오해와 무지를 제거하고 그가 원래 의도했던 바대로 그의 자유의 철학을 똑바로 세울 필요성에서 지난 6월 한국자유주의학회와 한국경제신문이 공동으로 주최한 '애덤 스미스 탄생 300주년 기념 심포지엄'에서 발표했던 다섯 편의 논문과 추가로 두 편의 논문을 편집해서 단행본으로 발간한 것이다. 제1부에서는 애덤 스미스의 시장관을 다루었다. 제2부에서는 그의 국가관을, 제3부에서는 그의 사상과 한국경제의 관련성을 다루었다.

애덤 스미스의 시장관과 관련된 "제1부 자유와 시장"에서 민경국 교수는 시장의 기초가 되는 도덕을, 그리고 안재욱 교수는 경쟁과 혁신의 문제를 다루었다. 민 교수는 "애덤 스미스: 시장과 도덕"을 통해, 낯선 사람들의 세상이라고 해도 분열된 혼란이 아니라 평화롭게 번영을 누릴 수 있는 통합된 사회질서가 가능하다는 것이 애덤 스미스 사상의 핵심임을 보여주려고 한다. 민 교수는 '보이지 않는 손' 대신에 스스로 생성·유지되는 질서, 즉 자생적 질서라는 개념을 사용하여 시장에서 자생적으로 질서가 형성되기 위해서는 이기심을 제한하는 정의, 선행, 신중의 도덕이 필요하다는 스미스의 생각을 설명한다. 그런데 민 교수가 주목한 것은 첫째로 그런 도덕들은 인간 이성을 통해 계획하여 만든 게 아니라, '동감적 인간들'끼리 상품을 교환하는 과정에서 자생적으로 생성된다는, 그리고 시장경제의 본질은 정의의 규칙이지 이기심일 수 없다는 스미스의 진화사상이다. 민 교수가 주목한 두 번째는 낯선 사람들이 사는 상업 사회야말로 도덕적 발전에 가장 적합한 장소라는 스미스의 탁월한 인식이다. 낯선 사람들끼리는 각자 제멋대로 행동하기 어렵다는, 그래서 서로 동감을 얻기 위해서는 감정과 행동에서 절제가 필요하다는 이유에서다. 세 번째는 시장경제와 정의(법질서)의 상호의존 관계에 관한 스미스의 질서 사상이다. 정의는 자유와 재산, 명예에 대한 침해를 막아줌으로써 누구도 침해할 수 없는 자유 영역을 개인들에게 똑같이 확립하는 역할을 한다. 정의의 법질서를 통해 자유를 침범하는 불의를 막는 것이 국가의 제일의 과제라는 스미스의 인식에 우리는 귀를 기울여야 한다.

"애덤 스미스: 경쟁과 혁신"에서 안재욱 교수는 정의의 원칙을 지키는 한, 누구나 자신이 원하는 대로 행동할 수 있는 '자유의 체제'에서 어떻게 경쟁을 통해 혁신이 가능한가를, 즉 스미스의 경쟁관을 설명하고 있다. 경쟁과 혁신 사이를 서로 매개하여 경제적 번영을 우리에게 안겨주는 게 스미스적 기업가의 역할이라고 한다. 기업가에 의해 생산요소가 생산과정에 투입돼야 비로소 애덤 스미스가 국부의 본질로 여겼던 재화와 서비스가 생산된다는 이유에서다. 안 교수는 기업가의 역할을 "고용하고 새로운 생산기술을 찾아 사용하며 가치를 창출하는" 바로 혁신에서 찾고 있다. 이 혁신이야말로 "생산성을 늘려 재화와 서비스가 더 많이 생산됨에 따라 경제성장을 이루는", 간단히 말해 경제적 번영의 첩경이라고 한다.

그런데 어떤 곳에서나 기업가적 혁신을 기대할 수 있는 게 아니다. 혁신에 우호적 환경은 바로 "자유로운 경쟁"이라고 주장함으로써 "기업 환경의 중요성"을 강조하는 스미스의 생각을 설명하는 데에서도 안 교수는 인색하지 않다. 그렇다면 자유경쟁이란 무엇인가? "자연적 자유의 체제"에서 이뤄지는 경쟁을 자유경쟁으로 보고 있다. 그런 자유의 체제는 "특정 기업에 대한 배타적인 특권", 즉 애덤 스미스적 독점이 없는, 그래서 그런 "배타적 특혜에 의해 방해받지 않는 자유경쟁 시장"이다.

따라서 안 교수는 기업의 수나 시장점유율을 가지고 독점 여부를 판단하여 규제하는 것은 전혀 옳지 않다고 한다. 그런 규제는 "기업가의 혁신 활동을 떨어뜨려 경제성장을 훼손하여 국민의 삶의 개선에 방해가 될 뿐"이라는 이유에서다. 정부의 규제와 경쟁 정책을 바로잡기 위해 최우선으로 선행해야 할 것은 "애덤 스미스가 사용한 경쟁의 개념으로의 복귀"라는 안 교수의 목소리를 되새겨야 한다.

국가관을 다루는 "제2부 자유와 정부"의 "애덤 스미스: 시장과 정부"를 통해 김성준 교수와 홍승헌 연구위원은 애덤 스미스를 자유방임주의자, 심지어 무정부주의자로 오해한 점을 통렬하게 비판한다. 스미스는 누구보다도 정부의 역할을 적극적으로 수용하고 그 한계 또한 분명히 인식했던 도덕철학자이자 정치경제학자였다고 한다. 이를 입증하기 위해 그들은 스미스가 제시한 정부의 역할 다섯 가지를 들고 있다. ① 개인의 생명, 재산, 자유의 보호 및 거래와 계약의 이행을 위한 법과 제도, ② 국방, ③ 엄정한 사법제도의 확립, ④ 공공사업 및 기초교육 등 공공재 공급, ⑤ 생존을 위해 필요한 최소한의 국가의 보호 등이다.

공동집필자는 스미스가 정부의 역할을 인정한 것은 분명하지만 그 범위는 국방, 치안, 공공재 공급과 기초교육 등 매우 제한적이라는 점을 강조한다. 왜 스미스가 엄격히 국가의 과제를 제한하려고 했을까? "정부의 간섭이 늘어날수록 시장에서의 경쟁은 사라지고 자생적 질서는 설 자리를 잃게 되어 인류의 번영은 요원해진다"는 이유에서였다고 한다. 스미스의 그런 인식에는 시장이 정부보다 현명하다는, 그래서 우리가 국가의 강제보다는 시장의 자유에 의존해 살아가는 것이 합리적이라고 믿는 스코틀랜드 계몽사상이 깔려 있다.

"애덤 스미스의 국가관: 간섭주의적 해석의 문제"에서 임일섭 교수는 스미스의 사상을 간섭주의로 해석하는 사람들은 그의 사상이 심지어 중상주의의 부정이 아니라 연장이라고까지 주장할 만큼 많은 과제를 국가에게 부여했다는 주제(간섭주의적 해석)의 문제점을 밝혀내고 있다. 그는 『도덕감정론』과 『국부론』의 내용을 일일이 검토하여 그 같은 간섭주의 해석을 설득력 있게 비판하고 있다. 중요한 예를 들면, 스미스가 보이지 않는 손의 표현을 상업사회 전체에 적용했음에도 '국내투자'와 관련해서만 보이지 않는 손의 표현을 썼다는 이유에서 간섭주의자들이 그 수사적 표현의 적용 범위를 좁게 해석하여 스미스가 국가의 역할을 확대했다는 오해를 불렀다는 게 임 교수의 날카로운 지적이다. 스미스가 국가의 임무로 인정한 사회기반시설·교육 분야에서는 국가의 직접 관리만이 아니라 시장원칙도 존중했다는 점과 과학·예술·문화·종교 분야를 국가가 관장하지 않을 때 발생할 수 있는 전 사회적 위기를 두려워하여 국가의 간섭을 요청했다는 점을 무시한 채, 일괄적으로 국가의 과제로 확대·해석하는 우를 범했다는 임 교수의 비판도 흥미롭다.

그밖에도 간섭주의자들이 '자연적 자유로부터의 이탈'로 간주했던 정책들(예를 들면, 품질보증, 은행권 발행제한, 이자율규제, 항해법 등)은 많다. 그러나 이런 국가개입도 엄밀히 따져보면 자연적 자유가 성립하기 위한 전제조건을 창출 혹은 보호하기 위해 도입한 조치였다는 것이 임 교수의 입장이다. 그러함에도 간섭주의자들이 스미스의 사상에서 국가개입을 정당화하는 내용이 많다고 주장한 것은 그들의 게으름 또는 계급적 편향으로부터 야기된 난독과 오독에서 비롯된 것이라고 한다.

간섭주의자들이 스미스에 관한 해석에서 간과한 게 있다. 이것이 인간 이성의 한계라는 사실이다. 정부가 우리의 삶을 계획할 수도 없고 또한 우리가 우리의 삶을 계획하기 위해 정부가 필요하지 않은 이유다. 스미스는 '자연적 자유의 체계'에서 "자생적 사회질서"가 어떻게 생성하는지를 보여준다.

"애덤 스미스: 정치와 민주주의"에서 이황희 교수는 민주주의를 스미스가 어떻게 이해하고 있었는가의 문제를 다루고 있다. 스미스의 민주사상은 지극히 현대적이라는 이 교수의 인식은 새로운 통찰이 아닐 수 없다. 상업 사회의 유지를 위해 필요한 실정법은 "정치적 의사결정의 중심에 있는 다수의 의견에 기초"를 두어야 한다는 것이 스미스의 민주정치라고 말한다. 게다가 그가 그런 다수의견의 실현 수단으로서 "공적 논의"에 영향을 미치는 여론의 역할에 주목했다고 이 교수는 강조한다.

이 교수는 그런 강조로 끝나지 않는다. 민주정치와 개인의 자유는 조화로운 것이 아니라 동거할 수 없는 가치라는 스미스의 인식, 현대적 '지대추구'를 소개한다. 스미스는 그런 인식을 통해 자유를 위해 다수의 의사를 효과적으로 제한하는 제도적 장치에 관한 문제를 제기했는데, 바로 이 문제야말로 오늘날 "민주정의 실패"라는 지극히 현대적 문제라는 이 교수의 지적은 탁월하다. 어떤 장치를 통해서 입법의 권력을 제한할 수 있는가? 이 교수는 무엇보다도 재산 신체, 약속을 보호하는 그리고 동감의 원리에 의해 자생적으로 생성되는 스미스의 정의의 규칙이라고 한다. 그밖에 실정법은 자연적 자유가 성립하기 위한 전제조건을 창출 혹은 보호하기 위한 조치이어야 한다. 애덤 스미스가 국가권력을 효과적으로 제한하여 개인의 자유를 지키기 위한 헌법적 사유가 없다는 비판에 대하여 이 교수는 어떻게 반응할까? 의회의 입법권을 억제하는 헌법을 "내면의 재판관을 통해 스스로 탐욕을 규제하려는 스미스의 구상"을 이 교수는 이용하고 있다. "아마도 스미스는 헌법을 국가 차원에서 기능하는 내면의 재판관으로 여길 듯하다." 그를 '자유의 헌정론가'라고 불러도 무방하다고 여길 이유다.

제3부 "애덤 스미스와 한국사회"에 관한 집필에 이혁우 교수, 최영백 교수 그리고 이몬 버틀러 등이 참여했다. 이혁우 교수의 논문, "애덤 스미스: 한국사회의 규제풍토"는 스미스의 인간관, 시장관 정부관에 비추어 연구 대기업집단 규제, 동반성장 정책 사회적 기업 정책 사례를 들어 한국사회의 규제풍토에 관한 것이다. 대기업 정책에 대한 애덤 스미스의 입장에 대하여 이 교수의 탁월한 분석력을 동원하여 도달한 결론은 다음과 같다. "일감 몰아주기, 기술편취와 같은 불공정행위를 바로잡는 것이야 애덤 스미스의 관점에서도 타당할 수 있지만, 그렇다고 대기업이라고 무조건 사전적 규제를 적용하고, 대기업집단에 대한 출자제한과 같은 기업 성장에 필요한 자본축적 메커니즘에 규제를 가하는 것까지 애덤 스미스를 들어 옹호할 수는 없다."

동반성장이란 예를 들면 대기업이 중소기업을 이해하면서 사업을 한다는 것을 의미한다면 그 자체로 자혜의 덕을 수행한 것이 된다. 그렇다면 애덤 스미스는 그런 동반성장 정책을 어떻게 생각했을까? 스미스는 그 취지 자체는 반대했을 것 같지는 않지만, 정부가 규제를 만들어 동반성장을 강요하는 정책에는 반대했을 것이라고 이 교수는 목소리를 높인다. 그런 규제는 자유의 침해일 뿐만 아니다. 사람마다 각각 다른 사회적 니즈를 자혜의 이름으로 충족할 보편적 규칙을 만드는 것이 불가능하다"는 이유에서다. 간단히 말해, 선행을 의무화하는 데 필요한 지식의 불가피한 한계가 항상 그런 간섭주의를 괴롭힌다. 따라서 이 교수의 다음과 같은 말이 한국사회의 규제 풍토를 만들어낸 규제만능주의에 정곡을 찌른다. "사회문제 해결에 규제를 대입하면 그때그때의 문제를 금방 해결할 수도 있겠지만 사실은 그렇지 않고, 오히려 정부에 의한 개입이 더 커진 결과, 개인의 자유가 줄어드는 결과를 초래할 수 있다. 사실 개인의 문제는 대체로 자기가 가장 잘 해결한다."

최영백 교수는 "애덤 스미스: 한국사회와 복지주의"에서 '한국이 과연 맹목적으로 서구의 복지주의를 답습하는 것이 바람직한가'에 대한 해답을 애덤 스미스 사상에서 찾고 있다. 이를 위해 우선 최 교수는 스미스의 국가의 역할론을 소개한다. "정의(법질서)를 유지하여 개인들이 각자 능력껏 자신의 삶을 책임지기 위해 노력하는 데에 방해가 되는 요소들을 최소화하는 것"이 국가의 정당한 역할이라고 한다. 이에 반하여 개개인의 책임을 묻지 않고, 요람에서 무덤까지의 안락한 삶을 보장하는 것이 복지국가의 목적이며, 이것은 대대적 부(富)의 재분배와 사회 전반에 걸친 규제로 이어진다고 한다. 받는 이에게는 무조건의 혜택이지만, 강제로 주어야 하는 이에게는 수탈이다. 정치적 선동가들은 대중의 시기심을 자극하여 복지주의에 열광하게 하는데, 제한 없는 민주가 불러오는 게 복지주의라고 한다. 최 교수는 복지주의의 결과를 이렇게 요약하고 있다. ① 서로 간의 불신을 조장하고, 나아가 안정된 사회의 근간을 해친다. ② 개인이 자신의 노력으로 얻은 부를 뺏어 재분배함으로써, 노력과 창의성의 발휘로 생산성을 높이고자 하는 의욕을 꺾어 사회적 부의 축척을 저해한다. "한국인은 그런 복지국가에 사는 것을 자랑스럽게 생각할 수 있을까"라고 최 교수는 묻는다.

"애덤 스미스와 한국사회의 번영"에서 오늘날 한국인이 누리는 전대미문의 번영을 애덤 스미스가 본다고 한다면 매우 기뻐할 것이라고 한국자유주의학회가 한국경제신문과 공동으로 주최한 그의 탄생 300주년 기념 심포지엄에서 기조강연, 축사 그리고 격려사를 각각 맡았던 세 분이 공통적으로 얘기했다.

이몬 버틀러는 "한국경제와 관련 깊은 애덤 스미스"이라는 기조 강연에서 1960년대 이후 한국은 주로 무역 성장을 통해 강력한 경제성장을 경험했다고 한다. 이는 무역은 양측 모두에게 이익을 가져다준다는 것을 입증한 대표적 사례라고, 또는 한국 투자의 많은 부분이 신기술에 투자되었으며, 스미스는 혁신에 대한 집중이 효율성과 발전의 유일한 원동력이라고 생각하면서 박수를 보낼 것이라고 버틀러 소장은 목소리를 높인다. 한국 정부는 경제성장을 촉진하기 위해 적극적으로 노력해 왔고 경제발전의 초기 단계에서 이것은 실제로 도움이 될 수 있었지만, 재벌 대기업 산업과 금융 부문에 대한 과도한 개입이 바로 성장과 진보를 질식시켰다고 스미스는 주장할 것이라고 한다. 정부가 국방 및 정의와 같은 영역에서는 중요하지만 다른 부문에서는 제한돼야 할 이유다.

"경제적 번영을 안겨주는 요인들"이라는 주제의 축사에서 파가넬리 교수는 한반도의 남쪽 부분은 아주 밝은 빛을, 북쪽 부분은 완전한 어둠을 보여주는 한반도 야간 인공위성 사진은 스미스를 생각하지 않을 수 없게 만든다고 한다. 그런 야간 조명의 차이는 애덤 스미스의 세 가지 측면과 관련이 있다는 이유에서다. 첫 번째는 시장규모에 의해 좌우되는 분업이고 두 번째는 노동시장에서 공정한 보수가 창출하는 긍정적 인센티브다. 세 번째는 강력한 이익집단의 존재로 인한 부정적인 결과다. 한반도의 북한도 남한처럼 밝은 밤이 될 수 있으려면 자유시장의 길로 가야 한다고 파가넬리 교수는 목소리를 높였다.

격려사를 맡은 손병두 전 서강대 총장은 "경제적 자유의 가치를 일깨우는 애덤 스미스"에서 오늘날 한국경제가 세계 10위의 경제 대국으로 성장한 데는 바로 자유였는데 그런 자유가 지난 좌파정권에 의해 제도적으로 심하게 억압당했다고 한다. 오늘날 우리가 겪고 있는 어려움도 그때 도입된, 자유를 억압하는 규제 때문이라고 한다. 애덤 스미스가 우리에게 준 가르침은 바로 자유의 가치라는 것이다. 그가 한국경제를 본다면, "기업 활동을 옥죄는 각종 규제를 과감히 풀어주고 노동 개혁을 통해 노동시장이 유연하게 되기를 간절히 바랄 것"이라고 손 총장은 힘주어 말한다. 경제적 자유가 없이는 기업의 혁신도, 그리고 일자리 창출도 어렵다는 이유에서다.

맺는말

애덤 스미스의 사상에 대한 오해와 곡해가 너무나 많다. 그 같은 오해를 제거한다면, 우리에게 주는 그의 가르침은 무엇인가? 우리의 삶을 계획하기 위해 정부가 그렇게 많은 일을 할 필요가 없다는 것이다. 즉 정부가 국방 및 정의와 같은 영역에서는 중요하지만 다른 부문에서는 제한되어야 한다는 것이다. 두 가지 이유 때문이다. 첫째로 정부는 그런 계획을 위해 필요한 지식을 전부 아는 것이 불가능하기 때문이라는 것이 스미스의 가르침이었다. 개인들에게 자유를 허용하는 것이 합리적인 이유다. 둘째로 그런 자유를 허용해도 걱정할 필요가 없다는 것이다. 자연적 자유의 체계가 혼란이 아니라, 자생적 사회질서의 생성과 유지를 가능하게 하기 때문이다.

애덤 스미스는 다른 무엇보다 개인의 자유가 중요하다고 했다. 신체의 자유, 사상의 자유, 언론의 자유, 종교의 자유, 행동의 자유, 재산을 소유하고 누릴 자유 등이 그런 자유에 해당한다. 애덤 스미스는 그런 자유를 사회계약론이나 또는 자연권 이론처럼 인간의 의도적인 계획의 산물이 아니라 문화적 진화의 선물(膳物)이라고 여겼던 것이다.[4]

4 자연권 사상에 관한 문제점에 대해서는 민경국(2016: 353~381).

여러 가지 정부개입에도 불구하고 그런 선물로 인해 오늘날 우리는 자연적 자유의 체제가 작동해서 생겨나는 결과에 의존하고 있다. 가장 풍요롭게 번영하고 평화로운 사회는 이러한 자유주의적 가치를 수호하는 국가라는 것이 이론적으로나 역사적으로 입증되고 있다. 지금도 사회의 수없이 많은 일이 자유의 체제 속에서 자생적으로 소리 없이 자율적으로 해결되고 있다. 하지만 안타깝게도 사람들은 '자생적 질서'의 그런 놀라움을 알아채지 못하고 오히려 불완전한 지식에 기대서 시장의 자생적 질서를 재단하고 있다. 그 결과, 문제를 키우는 어리석음을 범하면서도 이것이 진정한 문제 해결인 것처럼 착각하고 있다.

사람들을 그런 착각에서 벗어나게 하기 위해 다시 한번 말해도 좋다고 한다면, 자연적 자유 체제는 스스로 문제를 해결하여 평화와 번영을 우리에게 안겨주는 자생적 질서를 생성하게 하는 거대하고 웅장한 힘이 있음이 역사적으로 입증된 사실이다(민경국, 2007). 거대한 익명의 열린 사회에서 우리가 주로 의지할 것은 국가가 아니라 자생적 질서라는 것이다.

참고문헌

김승욱(2023), "애덤 스미스 사상체계의 구조 및 함의", 『공공선택학저널』 2(1), 57-78.

민경국(2007), 『자유주의의 지혜』, 아카넷.

______(2016), 『자유주의의 도덕관과 법사상』, 북코리아.

______(2018), 『국가란 무엇인가? 자유주의적 국가철학』, 북앤피플.

이한구(2022), "열린 사회와 자유주의", 2022년 경제학공동학술대회, 한국자유주의 학회 분과회의 자료집, 『경제학에 철학이 필요한 이유』, 9-22쪽.

정운찬(2023), 기념사: 애덤 스미스 정신과 동반성장 서울대 경제연구소 주최, 애덤 스미스 300주년 기념 심포지엄 자료집, "애덤 스미스 경제학의 현대적 재조명", 9-12쪽.

Grampp, D. (2000), "What Did Smith Mean by the Invisible Hand?," *Journal of Political Economy*, 108(3), 441-465.

CONTENTS

CONTENTS

제2부 자유와 정부

제3부 애덤 스미스와 한국사회

CONTENTS

제1부 자유와 시장

Adam Smith

ADAM SMITH

제1장 애덤 스미스: 시장과 도덕[1]

민경국

1. 서론

애덤 스미스는 저서로 『도덕감정론』(1759)과 『국부론』(1776)을 남겼다. 하지만 사상사적으로 볼 때, 한 저자가 쓴 두 권 사이의 관계만큼 오해를 남긴 책도 드물다. 후세 사람들은 『국부론』은 인간의 이기심에 의존하여 쓴 것인 데 반해, 『도덕감정론』은 이타심을 강조한 저작이라고 해석했다. 『국부론』과 『도덕감정론』 사이의 그 같은 모순을 경제사상사에서 "애덤 스미스 문제"라고 불렀다. 『도덕감정론』은 '애덤'이 썼고 『국부론』은 '스미스'가 썼다는 식으로 풍자했던 것도 그런 연유에서였다.

1 이 글은 2023년 6월 7일 개최된 「애덤 스미스 탄생 300주년 기념 심포지엄」의 발표문을 보완하여 『제도와 경제』 17(3) (2023. 8.)에 게재한 나의 논문 "애덤 스미스의 도덕감정론: 상업사회와 도덕규칙"을 이 책의 원고로 수정한 것이다.

이런 해석과 관련하여 두 가지 입장으로 나누어져 있다. 하나는 이기심이 '보이지 않는 손'을 통해 보편적 번영을 불러온다는 내용이 스미스 사상의 핵심이라는 해석이다. 이는 전통적인 경제학의 입장이다. 이런 입장을 견지하는 사람들은 『국부론』이 묘사한 상업사회를 "이기심이라는 화강암으로 지어진 웅장한 궁전"으로 이해한다(Stigler, 1975: 237). 이런 이해는 이기심이 상업사회의 본질이라는 뜻이다.[2] 다른 하나의 입장은 『도덕감정론』을 통해 기술된 사회는 이타심이 지배하는 사회이고 이런 사회는 분배 정의를 통해 사회통합이 가능하다는 좌파의 해석이다.

그런데 사람들은 『도덕감정론』에 대한 그런 좌파의 해석보다는 '시장사회'의 본질이 이기심이라는 전통적인 경제학의 해석에 주목했다. 이기적인 인간들이 사는 상업사회에 어떻게 도대체 '보이지 않는 손'이 작동하여 구성원들이 평화롭게 풍요를 누릴 수 있단 말이냐고 의심한다. "시장의 마법"(Solomon, 1993: 543) 또는 "마법의 손"(장경덕, 2023: 132)이라고 비아냥거리는 목소리가 크다.

이기심이 '보이지 않는 손'을 통해 보편적 번영을 불러온다는 내용이 애덤 스미스의 사상의 핵심이라는 믿음은 사실상 반(反)자유주의·반자본주의 정서를 불러왔다. 자유 방임, 보이지 않는 손, 이기심과 같은 개념들은 좌파에게는 시장간섭을 정당화하기 위한 정치적 수단이 되었다. 예를 들면 존 롤스는 이기심을 본질로 하는 시장경제는 정의감을 연마하고 습득하기에 적합한 체제가 아니라는 이유에서 경제적 자

---

2 이기심을 격찬한 대표적인 인물은 현진권이다. 그가 엮은 책 『사익론: 사익이 세상을 발전시킨다』(백년동안, 2015)과 같은 그런 격찬을 의미한다. 그러나 발전의 원동력도 사익추구가 결코 아니다. 송병락 등이 쓴 『Smart 시장경제: 세계로 가는 한국경제』(박영사, 2016)도 마찬가지로 이기심을 극찬한 책이다.

유를 홀대한다(Rawls, 2020: 450). 공동체주의는 원자화된 인간들로 구성된 자본주의에서는 공동체의 해체를 불러온다고 한다(Sandel, 1998). 따라서 애덤 스미스에 대한 그릇된 해석으로 인해 그의 자유의 철학은 반자유주의 정서와 친사회주의 정서를 심화·확산하도록 하는 쉼터의 역할을 했던 것은 대단히 큰 유감이 아닐 수 없다.

애덤 스미스에 대한 그런 해석은 그가 일생을 걸고 해결하려고 했던 문제에 대한 무지에서 비롯된 것이다. 스코틀랜드 계몽철학의 전통이 그렇듯이, 스미스의 핵심적 관심도 '사회질서'의 문제였다. 이는 경제가 전체적으로 어떻게 돌아가는지의 문제다. 이 문제와 관련된 그의 핵심 주제는 낯선 사람들의 세계에서 자유롭고 번영하는 사회질서가 가능하다는 것이었다. 오로지 보이지 않는 손과 이기심에만 초점을 맞추는 전통적인 경제학으로는 그의 주제를 이해할 수 없었다.

따라서 이 글의 목적은 두 가지다. 『도덕감정론』을 『국부론』에 연결하여 첫째로 애덤 스미스에 대한 세간의 해석은 옳지 않다는 것을 보여주면서, 둘째로 사회질서의 문제와 관련된 그의 핵심 주제를 설명하는 데 있다. 이를 위해 우선 그가 목격한 현실의 상업사회의 특징을 설명할 것이다(2절). 상업사회는 낯선 사람들이 사는 거대한 사회라는 것, 자기중심적 행동을 적절히 제한하는 도덕 규칙들이 존재하는 사회라는 것이었다. 이어서 3절에서는 이기심을 억제하는 도덕의 일반규칙은 인간 이성에 의해 계획해서 만든 것이 아니라, 동감적 인간들의 경험을 통해서 형성된다는 논리를 설명할 것이다. 4절에서 다룰 것은 이기심을 완화할 정의뿐만 아니라 자제력과 신중의 덕성도 동감적 인간들의 교환과정에서 생성된다는 점 그리고 시장사회는 낯선 사람들의 자제력을 훈련하기에 적합한 장소라는 점을 강조할 것이다. 5절에서는 우리에게 평화와 번영을 안겨주는 질서를 가능하게 하는 두 가지 메커니즘, 즉 정의의 규칙과 가격구조를 설명할 것이다. 이 두 가지는 보이지 않는 손의 역할을 한다. 특히 주목할 것은 자생적 질서를 가능하게 하는 정의의 규칙의 성격과 이에 따른 입법원칙이다. 마지막 제6절에서는 이 글을 요약하면서 스미스의 사상이 한국사회에 주는 의미를 설명할 것이다.

2. 상업사회의 특징: 익명의 거대한 사회

대략 17세기 전부터 신분과 직분을 기초로 한 봉건적 신분사회가 해체되어갔다. 그 이전에는 사람들이 작은 마을에서 신분에 따라 직업을 가지면서 살았다. 얼굴과 얼굴을 마주하는 폐쇄된 질서, 일종의 마을 공동체에서 살았다. 그런 공동체가 해체되고 '열린 사회'로의 거대한 전환이 이루어지고 있었다. 마을공동체가 밖으로 열려 국내는 물론 대외적으로도 사회가 열렸다. 자유분방한 상업 활동이 일상적이었고 돈놀이, 금융도 활성화되던 시기였다. 정치를 제외하고 거의 모든 생활영역에서 개방화된 사회였다. 오늘날의 의미로 보면 세계화가 진척되어갔다. 개인이 발견되었고 개인적인 창의와 혁신은 대중적 현상이 되고 있었다. 18세기 초 상업과 해군은 덴마크를 능가했으며 암스테르담 대신에 런던이 유럽의 조선과 금융의 첫 번째 중심지가 되었다. 애덤 스미스가 특히 『국부론』에서 "거대사회(great society)"라는 말을 빈번히 사용하는 이유다.

1) 우리는 모두 상인이다

거대사회는 분업이 소규모의 부족이나 종족사회를 넘어서 한 지역으로, 그리고 국가 단위를 뛰어넘어 오늘날처럼 글로벌로 확대된 사회다. 스미스가 정확하게 지적했듯이, 분업의 확대는 생산성의 증가와 이에 따라 부(富)의 증가를 불러왔다. 거대한 사회에서는 수백만, 수천만 명의 인구가 분업과 협력을 통해 살아간다. 소규모 공동체에서 거대사회로의 진화는 무엇을 의미하는가? 집단주의가 해체되면서 개인이라는 존재가 인정된다. 개인들은 봉건적·집단적 위계질서에서 점차 해방되었다. 소규모 사회에서 공동의 목표와 결부되어 있었던 인간들의 삶이 그런 목표로부터 이탈했다. 개인들은 스스로 정한 목표를 추구한다. 공동의 목표 대신에 점차 공동의 행동규칙들로 교체되었다. 인간관계가 아는 사람들끼리의 관계를 넘어서 모르는 사람들끼리의 관계로 확대된다. 이런 사회의 특징은 서로 낯선 사람들로 구성되어 있다는 점이다. 이에 반해 확장된 가족, 친구, 마을과 같은 '대면적 공동체(face-to-face community)'는 사회구성원들이 서로의 본모습이나 본래의 성격을 숙지하고 있는 거의 투명한 사회라고 볼 수 있다.

그런데 그 같은 폐쇄된 작은 공동체의 경계선을 넘어서 우리가 사는 사회는 거대한 익명의 사회다. 모든 사람은 상인이 되었고 사회 자체는 상업사회로 변동된 것이다. 그런데 우리는 거대한 사회에서는 선한 사람들에 의존해서 사는 것이 아니라 낯선 사람들에 의존해서 살아야 한다. 특히 그들의 이기심에 의존해야 한다. "상업사회에서 우리는 항상 수많은 다양한 사람의 협력과 도움의 필요성을 느끼지만 일생 동안 몇 사람의 친구밖에는 만들 수 없다."(WN, I. ii. 2: 18)[3] 그러니까 낯선 사람들과 거래하면서 사는 수밖에 다른 방도가 없다. 스미스는 이어서 이렇게 쓰고 있다.

3 WN은 『국부론』, TMS는 『도덕감정론』의 영문을 축약한 것이다.

> "우리가 매일 식사를 마련할 수 있는 것은 푸줏간 주인과 양조장 주인, 빵집 주인의 자비심 때문이 아니라, 그들 자신의 이익을 위한 그들의 고려 때문이다. 우리는 그들의 인간성이 아니라 그들의 자애심에 호소하며, 그들에게 우리 자신이 필요한 것을 부탁하지 않고 그들 자신에게 유리함만을 말한다."(*WN, I. ii. 2: 19*)

사람들은 자신의 유리함, 즉 이기심에 호소할 수밖에 없는 상황에 대해 장 자크 루소와 토머스 홉스는 어떤 반응을 취했을 것인가? 그들은 인간은 본능적으로 선한가 아니면 악한가 등 인간 본성의 문제를 중심에 두고 정치·사회적 논쟁을 벌인 인물이다.[4]

2) 루소/홉스 vs. 스미스

우리가 이기심에 호소할 수밖에 없다고 주장하는 익명의 상업사회에 대해 루소가 실망한 나머지 제일 먼저 투덜댔을 것이다. 인간은 본능적으로 선하다고, 즉 인간 본성을 이타심으로 보았던 인물이기 때문이다. 분업의 확대와 그리고 사적 소유제를 기반으로 하는 자본주의 문화가 자급자족하면서 타인을 위해 자신을 희생할 줄을 아는 인간을 자기 이익추구에 몰입한 인간으로 타락시켰고 결국에는 상업사회는 인간으로부터 원초적인 행복을 약탈했다는 것이 그의 인식이었다.

---

4 루소와 홉스에 관한 것은 나의 『헌법경제학』의 제1장 "헌법경제학의 역사적 개관"을 참조(민경국, 1993: 37-46). 루소와 홉스를 로크와 같은 선상에 놓고 "이렇게 자유주의 철학자들이 주창한 자유주의적 국가관이 (…) 확립되면서"라고 쓰는 김승욱은 홉스와 루소를 로크와 함께 자유주의자로 취급하는 치명적 우를 범하고 있다(김승욱, 2023: 62).

그러나 인간의 본성을 이타심으로 본 루소와는 달리 이기심을 인간의 본성으로 여겼던 홉스는 이기심에 호소할 수밖에 없다고 하는 상업사회를 어떻게 보았을까? 그는 본능적으로 '자기 보존'이라는 자기이익을 추구하는 인간을 묘사하면서 개인들은 자신의 이익을 추구하는 데 수단과 방법을 가리지 않는다고 주장한다. 타인의 이익 실현은 곧 나의 이익의 배척을 초래한다는 이유에서다. 홉스의 세계에서는 교환 자체도 한 사람이 많이 가지면 다른 사람은 적게 가질 수밖에 없다는 의미에서 제로섬 게임으로 취급한다. 개인의 이기적 관심의 실현은 증오, 미움, 분열을 초래하고 만인에 대한 투쟁을 불러온다는 것이 홉스와 그를 추종하던 사람들의 인식이었다. 루소와 홉스가 그리는 상업사회는 인간들의 상호작용을 안내하는, 즉 분업과 교환을 가능하게 하는 도덕과 제도적 장치(행동규칙)가 없는 '자연상태'로 이해했다. 시장은 도덕과 법적 제도로부터 자유로운 영역으로 취급했다. 상업사회의 등장을 내버려두면 빈곤과 혼란을 초래한다는 이유다.

그런데 홉스에게 인간들이 비록 자기중심적일지라도 그들에게는 이성이라는 것도 있다. 상업사회에서 벌어지는 만인에 대한 만인의 투쟁을 종식하고 서로 협력하면서 안정을 되찾기 위해 그들은 자신들이 가진 이성의 지시대로 주권자에게 그들이 가진 모든 권리를 양도하는 사회계약을 체결한다. 그 주권자가 바로 이성을 가진 리바이어던이라는 괴물과 같은 국가다. 홉스의 사회계약은 그런 국가에 예속하겠다는 것을 약속하는 노예계약이다. 그는 자신의 사회계약론을 통해, 국가의 광범위하고 강력한 계획과 개입이 없이는 평화와 번영을 약속하는 사회질서가 불가능하다는 인식을 퍼트리고 있었다. 프랑스 계몽주의의 전통을 확립하는 데 기여했던 홉스와 그의 추종자들은 이성을 지니고 있다고 전제된 신하들과 주권자(리바이어던) 사이에 체결하는 사회계약을 통해 정한 법과 제도에 의해 상업사회의 "타락"(루소)과 "만인에 대한 만인의 투쟁"(홉스)을 종식하려고 했다.

그러나 애덤 스미스는 상업사회는 혼란이 아닌 분업·협력적 질서임을 발견한 것이다. 다시 말하면 그가 발견한 것은 낯선 사람들의 세상에서 그들이 자기 이익을 위해 행동한다고 해도 혼란이 아니라 오히려 빈곤 계층을 비롯하여 모든 사람에게 풍요와 평화를 안겨주는 경이로운 질서가 존재한다는 사실이었다. 그런 질서가 도대체 어떻게 가능한가의 문제, 이것이 버나드 맨더빌, 데이비드 흄, 애덤 퍼거슨 등을 비롯한 스코틀랜드 도덕철학자들[5]과 함께 스미스도 해결하기 위해 일생 동안 몸과 마음을 전부 바친 문제였다. 그가 발견한 것은 그런 질서가 가능한 이유였다. 그 이유를 자기중심적(이기적) 행동을 적절히 제한하는 도덕 규칙들의 존재에서 찾았다. 푸줏간 주인, 빵집 주인 등의 자애심, 즉 자기 이익추구는 바로 도덕 규칙들을 통해 제한된다.

3. 동감의 원리와 도덕의 발전

평화롭고 번영하는 사회의 조건과 양립할 수 있도록 이기적 성향을 억제하는 일반적 규칙을 개발하는 것이 스미스의 『도덕감정론』의 목표였다. 그가 의미하는 일반규칙은 관대함, 인자, 친절, 동정, 우정, 상호존중을 의미하는 선행(benevolence), 이웃의 인격과 생명을 보호하고 이웃의 소유를 보호하고 자발적 계약과 합의를 존중해야 한다는 정의

5 후세 사람들, 특히 하이에크는 프랑스 계몽주의와 대비하여 그들을 스코틀랜드 계몽주의자라고 명명했다.

의 규칙(rule of justice), 그리고 근면, 성실, 절약 등을 의미하는 신중(愼重, prudence)의 미덕이다.

애덤 스미스는 어떤 원리를 통해서 그런 규칙을 찾아내려고 했는가? 그리고 그런 규칙들 가운데 어떤 규칙을 법으로 승격하여 국가의 강제적인 집행이 필요하다고 보았는가? 이 문제들을 설명하기 전에 도덕의 뿌리에 관한 그의 생각부터 설명하는 것이 적합하다고 본다.

1) 도덕의 뿌리: 이성이냐 감정이냐

인간은 경험과 관계없이 이성(옳고 그름을 판단할 능력)을 통해 사회에서 필요한 규칙을 만들 수 있다는 합리주의적 믿음을 애덤 스미스는 전적으로 반대한다. 인류는 "거친 진흙"으로 만들어졌기 때문에(TMS, III. 5. 1: 302), 인간이 그토록 전지전능할 수가 없다고 주장한다. 인간 이성에 대한 그의 비판적 태도는 데카르트가 철학적으로 뒷받침했고 토머스 홉스 및 장 자크 루소가 사회철학에 적용했던 프랑스 계몽주의와는 전적으로 다르다. 데이비드 흄과 함께 스코틀랜드 계몽주의 전통을 세우는 데 중추적 역할을 했던 스미스는 이성은 사회적 과정을 통해서 비로소 형성된다고 믿었다. 사회에 확립된 도덕 규칙들의 존재 때문에, 인간들은 분업과 교환의 상호작용 과정에서 자신들의 삶을 합리적으로 꾸려갈 수 있다고 한다. 즉 타인들과 분업·협력이 가능하려면, 우리는 그들의 행동에서 믿을 만한 규칙성을 인지할 수 있어야 한다. 그 규칙성이 존재할 때 비로소 사람들은 타인들에 대한 믿음직한 기대를 형성할 수 있다. 확립된 규칙 속에는 수많은 지식을 내포하고 있다는 이유에서다. 그런 규칙들을 통해 사람들은 타인들의 행동을 예측할 수 있게 한다. 그런 행동규칙들은 스미스에게는 "이성, 양심, 공정한 관찰자"나 마찬가지라고 한다(TMS, III. 3. 4: 253).

인간들은 지식의 한계 때문에 바로 규칙을 따른다는 사실을 우리는 간과해서는 안 된다. 그런 행동규칙을 지킴으로써 우리는 합리적으로 행동할 수 있다. 사실상, 이성은 인간이 사회에서 배워 습득한 행동규칙의 함수이기 때문에 사회와 규칙의 원천은 이성일 수가 없다. 스미스에게 그런 행동 규칙의 원천이 이성이 아니라면 무엇인가? 『도덕감정론』의 책 제목이 보여주는 것처럼 감정에서 찾았다. 하지만 그는 자신의 스승인 허치슨(Francis Hutcheson, 1694-1746)처럼 인간의 마음속에 들어있는 선행이라는 특정한 감정에서 찾지 않았다(TMS, VII. iii. 3. 2: 618). 그 대신에 그는 다양한 감정들, 예를 들면 기쁨, 슬픔, 분노 등 우리가 가지고 있는 여러 가지 감정이 상호작용하여 형성되는 도덕질서와 그리고 이를 기반으로 하여 사회질서가 확립된다는 것이 스미스의 빼어난 식견이다. 하나의 특수한 감정이 아닌 다양한 감정을 바탕으로 하여 자생적으로 도덕질서가 생성·유지된다는 것이다. 중요한 것은 다양한 감정이 이기적 격정을 억제해 어떻게 자유 사회를 위한 일반규칙이 생성하고 유지되는가의 문제다. 이를 설명하는 것이 동감의 원리다.

2) 동감적 인간은 사회적 인간

스미스는 인간에게 적어도 두 가지 선천적인 성향이 있다고 주장한다. 첫째로, 인간은 자기 자신을 더 많이 돌보게 마련이라고 한다. 자기애에 대해 편견을 갖는 것은 그래서다. 둘째로, 인간은 자신의 감정이 다른 사람의 감정과 일치하기를 원한다고 한다. 다시 말해 우리는 우리 자신의 감정과 행동에 대한 타인들의 시인과 동감을 받고 싶어 한다(동

감욕구)는 것이다.[6]

동감은 어떤 인간을 전제하는가? 스미스에게 인간은 전적으로 이기적인 것도 아니다. 그렇다고 전적으로 이타적인 것도 아니다.[7] 우리는 타인들과 상호작용을 통해서 배울 필요가 없을 만큼 합리적이지도 않다. 자신의 감정과 행동에 대해 타인들이 어떻게 평가하는가에 매우 민감하다. 스미스에게 인간이란 사회 지향적이고 그래서 사회적 존재다. 모래알처럼 고립된, 다시 말해 원자화된 인간이 아니다. 자기 완료적인 그래서 완전히 독립된 인간은 현실적인 인간이 아니다(Hayek, 1996: 13). 자연적 동감은 사람들을 엮는 실과 같은 역할을 한다. 동감적 인간은 홉스적 인간처럼 오로지 이기적 인간과는 달리 사회를 분열시키는 것이 아니라 사회를 통합한다. 동감은 사람들을 엮는 실과 같은 역할을 하기 때문이다(Evensky, 2005: 113). 우리는 타인들을, 그리고 이들은 우리 자신을 평가한다. 칭찬과 비난이 뒤따르기 마련이다. 인간들이 제멋대로 행동할 수 없는 이유다. 그들은 타인들의 호응 또는 시인을 의미하는 동감을 얻을 수 있는 행동, 즉, '적정한' 행동을 찾으려고 애쓴다.

스미스에게 영향을 미친 인물은 허치슨과 흄이다. 허치슨에게는 이미 앞에서 언급했듯이 선행이, 그리고 흄에게는 자기 이익이 도덕의 원천이었다. 그렇다면 흄과 스미스는 인성과 관련하여 어떻게 구체적

---

6 스미스는 다음과 같은 말로 『도덕감정론』을 시작한다(TMS, I. i. 1. 1: 3). "아무리 인간이 이기적이라고 상정한다고 해도 타인의 행·불행에 대한 관심을 갖게 하는 원리가 인간의 본성 속에 분명히 내재해 있다. (…) 타인의 슬픔을 보고 그 슬픔을 함께 느끼는 감정의 존재는 증명을 요하지 않는 하나의 명백한 사실이고 사람이 얼마나 선하냐 유덕하냐에 따라 달라지지 않는 인간 모두가 가진 본원적 감정의 하나다."

7 그래서 동감(sympathy)을 연민(pity) 또는 황수연처럼(Otteson, 2021: 26, 29, 31), 동정(compassion)으로 해석하는 것은 매우 불충분할 뿐만 아니라(TMS, I. i. 1. 5: 7) 애덤 스미스를 오해할 우려가 있다.

으로 다른가? 흄은 쾌락(효용) 극대화 모델을, 스미스는 그 모델보다는 현실적인 동감 모델을 제시한다. 물론 스미스의 인간 모델도 쾌락을 추구한다. 그러나 그런 쾌락은 효용에서 얻는 쾌락과 성격상 다르다. 그런 쾌락은 상호 동감으로부터, 또는 타인들의 호응으로부터 얻는 쾌락, 또는 자신의 행위와 이 행위를 지배하는 새로운 규칙(혹은 관습) 사이의 적합성으로부터 얻는 쾌락이다. 스미스는 도덕적 행위를 동감 원리 또는 적정성 원칙으로 설명하는 데 반해 흄은 도덕 규칙을 순전히 행동이 우리에게 주는 효용으로 설명하고 인간을 좁은 자아로 환원했다.

어쨌든 스미스에게 있어 인간은 자기애와 동감 욕구가 상호작용하여 도덕적 행동이 개발된다. 그들의 개발 조건은 두 가지다. 첫째로 우리는 자신의 행동을 최대한 공정하게 판단해야 한다. 둘째로 그런 판단에 따라 도덕적으로 건전한 습관을 형성하는 방법을 배워야 한다(Paganelli, 2010: 429).[8] 두 번째 조건은 도덕 규칙이 체화되는 조건인데 이에 관해서는 나중에 설명할 것이다.

3) 도덕적 행위가 어떻게 발달하는가?

우리는 너무 자기중심적이기 때문에 우리 자신을 공정하게 판단할 수 없다. 우리가 잘못된 일을 해도 우리의 행동은 잘못된 것으로 보이지 않는다. 우리는 우리 자신과 너무 가까이에 있고 우리 자신을 거리낌 없이 바라보기 때문이다. 우리의 자기기만이 생겨나는 것은 우리가 "더 먼 전망"에서 우리 자신을 볼 줄 모르기 때문이다. 다시 말해, 다른 사람

8 전자는 우리의 마음속에 누구나 지니고 있으면서 그 자신의 행위를 심판하는 공정한 관찰자가 지닌 도덕적 잣대의 등장 과정과 관련되어 있다.

들이 우리를 보는 것처럼 우리 자신을 볼 수 없다. 인간의 치명적인 약점이 자기기만인데, 이것이야말로 "인간 생활의 혼란 중 절반"의 원인이다.[9]

인류는 그런 중요한 자기망상의 약점을 어떤 구제책도 없이 그대로 내버려두지 않았다. 자기망상의 치료법으로 인류가 개발한 것이 우리의 행동에 대한 타인들의 동감을 얻고 싶은 욕망이다. 그런 욕구 때문에 인간은 칭찬과 칭찬을 받을 만한 존재가 되기를 열망하고 반대로 비난뿐만 아니라 비난을 받을 만한 존재가 되는 것을 두렵게 여긴다.[10] 만약 우리가 예의에 크게 못 미치면, 우리의 행동은 비난받기 마련이고 그런 비난받은 행위의 당사자인 우리는 기분이 나쁘다. 이에 반해 우리의 감정과 행동에 대해 타인들의 호응을 얻는다면 그들도 기쁘고 우리도 물론 즐겁다. 그런 상호 동감으로부터 감정과 행위의 적정성 기준이 형성된다. 우리의 행위가 타인들의 시인이나 부인을 받을 만한지를, 즉 내 행동의 적정성 여부를 아는 것이 그래서 중요하다. 그 여부를 알려면, 우리는 먼저 우리 자신을 바라볼 필요가 있다. 이를 위해 우리 자신을 둘로 나누어야 한다. 바로 행위자로서의 나와 그리고 내 행위를 바라보는 관찰자로서의 나다. 이 후자는 "공정한 관찰자"를 말한다(TMS, III. 1. 6: 214).

그런데 나 자신을 공정하게 바라보기 위해서는 행위자로서 나와

9 "인간 생활의 혼란들 중 그 절반은 인류의 치명적인 약점인 자기 기만에서 생긴다. 우리가 우리 자신을 다른 사람이 우리를 보는 그러한 시각에서 본다면, (…) 우리의 목전에 나타나는 광경을 차마 볼 수 없을 것이다."(TMS, III. 4. 2/6: 290)

10 "인간은 태어나면서부터 사랑을 받는 것뿐만 아니라 사랑받을 만한 존재가 되기를, 사랑의 자연스럽고 적정한 대상이 되기를 열망한다. (…) 누구나 비난받을 존재가 되기를 두려워한다."(TMS, III. 2. 1: 216)

그런 나를 바라보는 관찰자 사이에 거리를 둘 필요가 있다. 그 이유는 이렇다. 즉 우리가 자신을 원래 위치에서 옮겨서 일정한 거리를 두고 우리 자신의 감정과 동기를 바라보지 않는다면 우리는 결코 우리 감정과 동기를 제대로 관찰하거나 그들에 대한 올바른 판단을 내릴 수 없기 때문이다. 간단히 말해서, 거리를 두지 않으면 자기 기만을 초래한다는 이유에서다. 우리가 우리 자신으로부터 거리를 둘 수 있게 하는 유일한 방법은 우리가 우리 자신을 다른 사람들의 눈으로 보려고 하는 것이다.[11] 물론 다른 사람들의 눈을 통해 우리 자신을 볼 수 있기 위해 우리가 다른 사람들을 볼 필요가 있다. 그들의 행동을 통해 배워야 하기 때문이다.

그런 학습을 통해 우리가 멀리 있는 다른 사람을 거울로 사용하여 우리 자신을 보는 것이다. 따라서 도덕을 향한 첫 단계는 사회화 과정이라고 볼 수 있다(Berry, 1992: 80). 다른 사람들의 존재가 필수 불가결한 이유다. 스미스는 사회화의 과정에서 타인들의 존재가 중요함을 이렇게 강조한다. "인간이 자신의 종족과 어떠한 의사소통 없이 어떤 외로운 장소에서 어른으로 자랄 수 있다면, 그는 자신을 볼 수 있는 '거울'이 없기에 도덕감이 형성될 수 없다." 하지만 "그를 사회로 데려오면, 그는 그가 전에 원했던 거울을 즉시 제공받는다"(TMS, III. 1. 3: 211). "다른 사람들의 눈은 우리 자신의 행동의 적정성 여부를 면밀히 살펴볼 수 있는 유일한 거울이다."[12]

---

11 "우리가 우리 자신을 원래 위치에서 옮겨서 일정한 거리를 두고 우리 자신의 감정과 동기를 바라보지 않으면 결코 우리 감정과 동기를 제대로 관찰하거나 그들에 대한 올바른 판단을 내릴 수 없다. 우리가 이것을 잘할 수 있는 방법은 우리가 다른 사람의 눈으로 보려고 노력하거나 혹은 다른 사람이 바라보듯이 보려고 노력하는 것이다." (TMS, III. 1. 2: 210-211)

12 "우리는 우리 자신이 우리 행위의 관찰자라고 상상하고 그러한 관점에서 우리 행위가 우리에게 어떠한 영향을 초래할지를 상상하려고 노력한다. 이것이 어느 정도까지

4) 덕의 윤리로서 일반규칙의 진화

도덕이란 사회화의 문제다. 타인들이 습관적으로 등장하면 누군가의 눈을 통해 우리를 보는 버릇이 창출된다고 한다. 오로지 자기 자신의 이익과 손해 또는 좋고 싫은 것만을 생각하지 않고, 다른 사람이 내 행동에 관해 어떻게 생각할지를 도덕적 판단의 과정에서 더 중요하게 여긴다.[13] 따라서 우리의 도덕적 감각은 결국 습관에 따라 더 강하고 안정적으로 성장한다는 것이 스미스의 견해다. 타인의 눈을 통해서 자신을 바라보는 그런 거울을 우리 앞에 두기 위해서는 항상 다른 사람들의 존재가 필요하다. 다른 사람들의 존재를 보여주는 거울이 없다면, 우리는 너무 자주 우리의 자기애로 인해 변형될 위험에 처한다. 타인들의 감정은 우리가 "스스로 제어하기 힘들고 소란스러운 모든 격정을 제압할 수 있는" 유일한 원칙이라는 결론을 스미스가 내리는 이유다(TMS, VI. 결론, 2: 501).

시인받고 싶은 욕망과 자기 사랑의 상호작용 과정에서 형성되는 도덕의 발달과정은 매우 복잡하다. 중요한 것은 이런 과정에서 형성되는 일반규칙이다. 다른 사람들의 행위에 대한 우리들의 지속적인 관찰과 그리고 우리에 대한 그들의 평가 간에 이루어지는 상호작용의 결과로서, 우리는 해도 되는 행동과 해서는 안 되는 행동에 대한 구분을 가능하게 하는 일반규칙을 세운다. 일반규칙의 예를 들면 모든 사람에게 혐오, 분노, 경멸, 공포를 불러오는 행동은 회피해야겠다는 정의의 덕

다른 사람들의 눈으로 우리 자신의 행동의 도덕적 적성성을 살펴볼 수 있는 유일한 거울이다."(TMS, III. 1. 5: 213)

13 애덤 스미스의 행위 모델은 극대화가 아닌 "수렴모델"이라고 한다(황재홍, 2019).

성, 또는 감사, 친절, 선행, 인격 존중 등 호의적인 감정을 불러오는 행위를 할 기회를 신중히 추구해야겠다는 자혜의 덕성이다.

생명·재산의 침해는 가해자에 대해 피해자의 분노가 야기되기 마련이다. 증오와 분노는 타인의 손에 의해 우리가 피해당하는 것을 막아준다. 그런 격정에 대한 두려움 때문에 사람들은 우리를 해치는 것을 주저한다. 가해행위와 견주어서 분노가 적정하냐의 여부를 판정하는 적정성 규칙이 진화하여 정의의 규칙이 생성된다. 이는 생명·재산에 대한 침해를 금지하여 누구도 침범할 수 없는 개인의 자유 영역을 확립하는 역할을 한다. 이에 반해 자혜(慈惠)의 도덕 감정과 관련된 친사회적 성향은 관대함, 인자, 친절, 동정 그리고 우정, 상호존중을 포함하는 모든 사회적인 그리고 이타적인 성격의 격정을 의미한다. 그들은 우호적이고 자혜로운 것에 속한다. 그런 격정들은 자혜를 원하는 사람들의 감정을 표현한 것들이다. 스미스는 삶의 실질적 쾌락은 물질적 부(富)가 아닌 무형의 자혜의 주고받음에서 나온다고 한다. 친사회적 성향은 언제나 특별히 유쾌하고 적절한 것이 된다. 하지만 매우 바람직한 성향도 지나치게 표출될 수 있다. 과도하면 우리에게 연민의 정을 느끼게 하는 극단적인 인자함은 우리에게 아무런 쓸모가 없을뿐더러 오늘날과 같이 거대한 사회에서는 별로 적합하지 않다(TMS, I. ii. 4. 3: 70). 절약, 근면, 주의, 심사숙고 같은 신중의 도덕은 개인 자신의 행복 증진을 위한 덕성이다. 신중한 행동은 누구나 높이 평가하고 지당한 것이라고 여긴다.

이같이 일반규칙들은 매우 많다. 수많은 일반규칙이 형성되는데 이를 스미스는 자혜의 미덕과 정의의 미덕으로 구분하고 있다. 도덕 감정은 칭찬과 비난 또는 기쁨과 분노의 범주로 나눌 수 있다는 이유에서다.

4. 익명의 세상: 상업사회의 도덕적 기초

스미스는 상업사회에서 우리는 낯선 사람들 틈에서 살아간다고 한다. 우리는 낯선 푸줏간 주인, 빵집 주인 등의 선행에 의존할 수 없고 그들의 자애심(자기 이익)에 의존할 수밖에 없다고 한다. 이런 주장으로 사람들은 시장사회를 도덕과 법이 없는 체제라고 여겼다. 하지만 그가 『도덕감정론』에서 설명하려고 했던 것은 상업사회에 이미 존재하는 도덕 규칙이었다. 이기심을 억제하는 도덕 규칙이 동감적 인간들의 상호작용을 통해서 어떻게 형성되는가의 문제였다. 따라서 도덕 규칙은 상업사회에서 내생적으로 형성된 것이라고 볼 수 있다.

상업사회의 기초가 되는 제일의 도덕은 정의의 규칙인데, 이는 세 가지다. 첫째로 우리 이웃의 생명과 신체를 보호하는 규칙, 둘째로 우리 이웃의 재산과 소유물을 보호하는 규칙, 그리고 세 번째로 우리 이웃의 개인적 권리들, 다시 말하면 다른 사람들의 약속으로부터 그가 응당 기대하는 것을 보호하는 규칙이다(TMS, II. ii. 2. 2: 139).[14] 하이에크(Fridrich A. Hayek)의 "소유가 없는 곳에는 정의도 없다"는 유명한 말과 일치한다. 불의란 생명, 신체, 재산에 피해를 주는 행동이다. 불의를 저지른 사람에 대해서는 누구나 분노하기 마련이고 불의는 누구도 시인할 수 없는 행위다. 정의의 규칙은 불의의 행동을 금지하는 소극적 덕성이다. 스미스는 정의의 규칙만이 의무의 윤리가 될 수 있다고 주장한다. 이 주장과 관련하여 두 가지 문제를 제기할 수 있다. 첫째로 의무감은 어떻게 생겨나는가, 둘째로 수많은 덕의 윤리에도 불구하고 왜 하필이면 정의의 규

14 오티슨은 세 가지 정의의 규칙을 3P, 즉 신체(person), 재산(property) 그리고 약속(promise)이라고 부른다(Otteson, 2021: 41).

칙만을 의무의 윤리로 격상시켰느냐의 문제다.

1) 이타심이 아닌 정의만이 의무의 도덕일 뿐이다

이미 앞에서 설명했듯이 도덕의 발달과정에서 중요한 역할을 하는 것이 내면에 있는 재판관(공정한 관찰자)의 존재다. 공정한 관찰자는 일반규칙의 생성과 유지에서 중요한 역할을 한다. 인간은 현명함과 연약함을 모두 지니고 있다는 이유에서다. 현명함은 인간은 자제력(self-command)을 통해 자신의 감정과 행위를 자신의 내면에 있는 심판관이 시인하도록 적정한 행동을 하는 데 있다. 이해관계, 변덕, 열광, 분노 등이 유발하는 이기심을 스스로 억제하는 힘이 자제력이다. 반면 연약함은 공평한 관찰자의 시인과 거부를 무시하고 자기 이익에 연연하여 자신을 기만하려는 것이다. 예를 들면, 소득분배의 불평등에 대해 분노하라는 구호, 또는 시장경제는 강자가 약자를 억압하는 체제라는 선전 선동을 하는 사람들은 재산을 침해할, 그래서 불의를 저지르는 짓이라는 점을 뻔히 알고 있음에도 분노를 정치적으로 이용한다. 이를 스미스는 '자기 기만'이라고 말한다(IV. 4. 4: 292). '내로남불'이라는 두 개의 잣대를 놓고 똑같이 저지른 일이라고 해도 나와 내 편이 한 것이라면 옳고 그들이 한 일이면 불의이거나 옳지 못하다고 평가하는 경우도 역시 인간의 연약함을 보여준다.

그렇다면 현명함에 따라 정의의 규칙을 지키고 준수하려는 의무감이 도대체 어떻게 생겨난단 말인가? 스미스는 사회적 진화의 역동성에서 찾았다. 진화과정에서 사람들의 마음속에 의무감이 생겨난다고 한다. 이 의무감이 각자의 내면에 존재하는 재판관의 대용물이다. 그에 의하면 일반규칙이 보편적으로 인정되고 확립되어, 그런 일반규칙들이 습관적 성찰을 통해서 우리 마음속에 정착하게 되면 이기심이 잘못 제시하는 것들을 교정하는 데에 매우 크게 유용하다고 한다. 그런데 중요한 것은 지키지 않으면 성찰을 불러오는 피드백이다. 자기 기만의 유혹을 뿌리치고 일반규칙을 따라야 한다는 의무감이 마음속에 형성될 만큼 첫째로 부인하는 타인들의 감정이 반복적이고 강력해서 그것이 처벌 메커니즘의 역할을 충분히 수행할 수 있어야 한다. 타인들의 강력한 부인은 보복(tit for tat), 공동체로부터 퇴출, 사업파트너로부터 배제 또는 비난을 통한 악평의 확산 등으로 표현된다. 둘째는 일반규칙을 법률로 만들면 의무감은 더욱더 강화한다. 위반할 때는 국가의 공식적인 처벌이 뒤따르기 때문이다. 이와 같은 두 가지 메커니즘이 반복적으로 강력하게 작동하면, 내면의 공정한 관찰자를 대신하여 의무감이 체화되어 위반할 때는 참아내기 어려울 정도의 양심의 가책을 갖는다.

그런데 지킬 의무를 수행할 수 있으려면, 행동규칙은 무엇보다도 정확해야 한다. 인간의 우정, 친절, 관대 등에 의해 요구되는 행위를 확정하는 일반규칙은 매우 막연하고 모호하고 불확정적이다. 얼마나 누구에게 선행 또는 고마움을 베푸는 것이 적합한가를 정할 수 없기 때문이다.[15] 사람들에게 적용할 규칙을 작성하기가 불가능하다. 이런 덕성에 대한 의무감을 확립할 수 없는 이유다. 그러나 정의의 규칙은 어떤 사회적 행위가 요구되는가를 최고도로 정확하게 결정할 수 있다(TMS, III. 4. 10: 326). 정의의 규칙은 문법 규칙과 비교될 수 있는 데 반해 기타 미덕의 규칙들은 시(詩)에서 고상하고 격조 높은 문장을 쓰기 위해 정

15 스미스는 적극적인 덕성을 집행할 규칙을 만드는 것은 결의론(casuistry)과 동일하다고 비판한다. 법학과 비교하면서 결의론에 대한 스미스의 비판에 관해서는 TMS, Vii. vi. 8: 636. 결의론에서는 모든 준칙을 지킴으로써 칭찬받을 자격을 얻는다. 법학에서는 모든 준칙을 지킴으로써 처벌로부터 자유롭다.

한 규칙에 해당한다고 한다(TMS, III. 4. 11: 328). 정의의 규칙만이 체계적으로 다룰 수 있는 법학의 주제가 될 수 있는 것도 그래서다.

그 같은 비교를 통해서 스미스는 사회에서 덕의 윤리의 순위를 분명히 했다. 사랑, 고마움, 우정, 상호 간의 존중에서 서로 지원하는 사회가 가장 행복하고 인간적일 것 같지만 그런 선행의 성향은 경험에서 볼 때 우리가 가까운 사람들에 제한되어 있다. 게다가 인간은 내 것보다 타인에 속하는 것을 덜 평가하는 성향이 있다. 스미스는 이타심과 대비하면서 사회는 자혜가 없이도 존속할 수 있다, 하지만 불의가 만연하면 사회가 철저히 파괴된다고 하면서 다음과 같이 말한다.

> *"정의는 모든 건물을 지탱하는 기둥이다. 만약 그것이 제거되면 위대하고 거대한 인간사회의 조물은 틀림없이 한순간에 산산이 부서지고 말 것이다."(TMS, II. ii. 3. 4: 163)*

이같이 스미스는 사회질서의 존속을 위해 자선보다 정의가 더 중요하다고 역설했다. 현대사회에서 모든 사람은 상인이 되었고, 상업사회로 되었기 때문에 개인들끼리의 관계를 재평가할 필요가 있다는 이유에서다. 이는 중요한 의미가 있다. 얼굴과 얼굴을 마주하는 사회에서 익명의 거대사회로 전환할 때는 그에 해당하는 도덕 규칙도 변동해야 한다는 것이다.

2) 시장경제의 본질은 정의다

누구나 분노의 대상이 되는 불의는 누구도 시인할 수 없는 행위다. 분노는 정의를 지키는 보호 장치다. 분노는 약자와 죄 없는 사람을 지키는 안전장치다(TMS, II. ii. 4: 149). 이것이 보복과 형벌 또는 손해배상과 같은 행동의 도덕적 기초다.[16] 우리는 타인들에 대해 아는 바가 없다고 해도 그에게 해악이 되는 행동이 무엇인지를 알 수 있는 능력이 있다. 상업사회와 이를 묘사한 『국부론』의 "이기심이라는 화강암으로 지어진 웅장한 궁전"이라는 주장은 틀렸다. 이기심을 억제하는 정의가 시장사회의 본질이다. 『도덕감정론』에서 말하는 정의는 『국부론』에서 말하는 '자연적 자유의 체제'를 뒷받침하는 행동규칙이다. 즉 그는 자유의 체제 아래에서 "정의의 원칙을 위반하지 않는 한, 완전히 자유롭게 자기의 방식대로 자신의 이익을 추구할 수 있다"고 말했다(WN, IV. ix. 51: 848). "완전히 자유롭게 자기의 방식대로 자신의 이익을 추구할 수 있다"고 해서 스미스가 또 다른 덕성, 예컨대 신중의 미덕과 선행의 미덕의 존재를 부인하는 것은 아니다. 그런 덕의 윤리는 정의의 규칙과 같은 의무의 도덕으로 볼 수 없고 그래서 개인의 자유재량에 맡기고 법으로 강제할 수 없을 뿐이다.

3) 상업사회의 '합리적 행동'은 신중의 미덕

이기심의 감정과 정의의 감정이 서로 적절히 조정될 때 등장하는 것은 신중(愼重)의 감정이다(TMS, VI. i. 5: 403). 그런 조정에서 중요한 역할을 하는 것이 자제력이다. 절약, 근면, 주의, 심사숙고 같은 신중의 미덕은 개인의 행복증진을 위한 덕성일 뿐만이 아니라 사회 전체에도 유

16 "신체와 생명에 해악을 가한 경우 보복과 처벌, 타인의 재산과 소유물을 침해하는 경우 보복과 처벌, 다른 사람과의 약속과 교환으로부터 기대하는 것을 침해당했을 때 보복과 처벌, 이들은 처벌과 보복의 강도의 순서에 따라 나열한 것이다."(TMS, II. ii. 2. 2: 159)

익한 결과를 불러온다. 신중한 행동을 누구나 높이 평가하는 이유다. 신중의 도덕이 의미하는 바는 우리는 우리 자신의 건강, 삶, 경제적 복지에 대해 스스로 보살필 의무가 있다는 점이다(TMS, VII. ii. 3. 16: 582).[17] 국가와의 관계에서도 국가에 의지하지 않는 것이 소극적 의미에서 개인의 의무다. 국가가 개인의 경제행위를 감시·감독하는 것은 "건방지고 철면피한" 행위다(WN, II. iii. 36: 424).[18] 정부의 가렴주구에도 불구하고 자본은 꾸준히 축적되었는데 이것은 자신의 삶을 개선하려는 끊임없는 노력, 개개인의 절약과 모범적 행동, 즉 신중이라는 미덕의 탓이다. 정부의 낭비로 인해 국부의 증가와 삶의 개선을 향한 영국의 발전이 지체되기는 했다고 하더라도 중단되지 않았던 것도 절약이라는 신중의 도덕 때문이었다.

신중의 도덕은 소유와 자유가 보장되지 않는 계획경제에서는 볼 수 없는 미덕이다. 사유재산제는 재산의 책임 있는 그리고 현명한 이용을 촉진하고 장려함으로 탐욕, 질투 또는 거짓, 사기, 불성실과 같은 악덕을 개선해준다. 엄격성, 정확성, 열린 마음 등도 사유재산제가 촉진하는 덕목이다. 훌륭한 판단을 내리고 새로운 기회를 창출하는 창조의 덕목, 그리고 위험을 부담하는 용기를 발휘하는 덕목을 의미하는 기업가적 정신도 그런 도덕적 태도다. 이런 태도도 신중의 덕목과 같은 맥락이라고 볼 수 있다.

---

17 그러나 그런 도덕은 어떤 삶이 좋은가를 말하지 않고 오로지 행동할 때 신중해야 한다는 것만을 말해줄 뿐이다. '개별성과 인간 삶의 불확실성 때문에' 좋은 삶에 대한 보편적 생각을 제시하는 것은 불가능하다(Haakonsson, 2002: ix).

18 "그러나 영국은 이제까지 매우 절약하는 정부를 한 번도 가져보지 못했으며 절약이 국민의 특성이었던 적도 없었다. 그래서 왕이나 대신들은 사치 금지법이나 외국 사치품 수입 금지에 의해 개인의 경제 행위를 감독하거나 개인의 지출을 제한하려고 했는데 이것이야말로 가장 건방지고 철면피 행위였다."(WN, III. iii. 36: 423-424)

4) 선행의 덕성과 소규모 사회

세상에는 상업사회만 존재하는 것이 아니다. 거대한 사회와 나란히 공존하는 사회가 있다. 우리는 확대된 가족, 친구, 이웃 등에서 볼 수 있듯이 사랑, 고마움, 우정, 상호 간의 존중에서 서로 적극적으로 지원하는 사회다. 우리의 경험에서 볼 때 그런 도덕은 서로를 아주 잘 아는 친근한 사람끼리 사는 소규모의 사회에 제한되어 있다. 애덤 스미스는 친구, 그저 알고 지내는 사람, 그리고 낯선 사람으로 구분한다(TMS, I. i. 4. 9: 32). 푸줏간 주인, 빵집 주인, 양조장 주인은 우리와 친근한 사이가 아니다. 그들은 우리에게 낯선 사람이다. 기껏해야 그저 알고 지내는 사람일 뿐이다. 푸줏간 주인은 우리 이름도 모를 것이고 빵집 주인은 우리를 알고 싶어 하지도 않는다. 양조장 주인은 우릴 아는 척한다. 우리가 그들의 이타심에 의존할 수는 없는 이유다. 그들이 이타적 도덕심이 부족해서가 아니라 우리를 잘 모르기 때문이다.

우리가 행동 동기로서 타인들의 이기심에 의존할 필요성은 사회적 관계가 친밀감이 덜하고 익명성이 높아짐에 따라 증가한다. 그런 친밀도는 사회의 규모에 의해 결정된다. 친지, 교우(敎友), 특수직장 동료 등 소규모 사회에서는 친밀감이 크다. 이에 반해 사회 규모가 커짐에 따라 익명성은 점차 높아지고 친밀감이 점점 줄어든다(Otteson, 2011; 민경국, 2007: 306).

이타심의 부족은 인간들의 본성이 나쁘기 때문이 아니라, 인간의 인지능력의 한계 때문이다. 이타심의 덕성은 얼굴과 얼굴을 아는 대면사회에서 가능한 이유다. 절친한 사람들에게 도움이 필요하다고 할 때 우리는 그를 어떻게 도와야 하는지를 잘 알고 있다. 하지만 세상에서 수천 명, 또는 수만 명의 불쌍한 사람들에 대해 연민을 갖는 것만으로는 충분하지 않다. 아무리 그들의 불쌍함에 마음이 흔들릴지라도 그들 각자의 개별적인 사정을 제대로 잘 알지 못한다면 고생하는 수많은 사람에 관한 추상적인 지식은 우리의 일상생활의 활동을 안내하지 못한다. 우리는 우리의 삶의 범위 이내에 있는 사람들의 불행을 느끼는 방식과 똑같은 방식으로 불행하다는 것은 알지만 개별 사정을 알지 못하는 수천 수백만의 불행을 느낄 수 없다(Hayek, 1997, I: 179).

요컨대, 선행은 애덤 스미스가 의무의 도덕으로 볼 수 없고 법으로도 강제할 수 없다. 그래서 동감적 개인들의 자유재량에 맡긴다. 신중, 선행 그리고 정의감을 적절히 조정하는 것이 마음속에 둔 공정한 심판관의 역할이다.

5) 동감적 인간과 시장사회의 카탈락시

익명의 문명화된 상업사회에서는 타인들에 관한 직접적인 지식은 거의 항상 접근하기가 가능하지 않다. 서로 모르는 사람들끼리의 교환은 각자 자기 이익의 교환일 수밖에 없는 이유다. 이런 교환에서 중요한 것은 자기 이익 실현을 위한 교환 상대방의 노력에 대한 상호 간의 호응과 시인이다. 그런 관행은 약 300세대 동안의 자발적인 교환과정을 통해서 형성된 것이다. 그리고 그런 상호 동감은 선행의 결과가 아니라 정의의 원칙을 지키고 있다는 증거다. 물론 정의의 원칙과 이를 실천하기 위한 처벌과 손해배상제도 등도 장구한 역사적 교환과정에서 동감적 인간들의 시행과 착오 과정을 통해서 자생적으로 형성된 것이다.[19]

---

19 흄의 자연법의 3원칙의 생성에 관해서 민경국(2018: 281-289), 그리고 정의의 진화적 생성과정에 관한 하이에크의 설명은 민경국(2018: 356-366)을 참조.

개인들의 경제적 성공은 홉스의 세계에서나 볼 수 있듯이, 타인들의 자기 이익 실현을 방해한 결과가 아니다. 그런 성공은 타인들의 자기 이익 실현에 이바지한 대가(代價)라고 보아야 한다. 그래서 시장의 교환 관계는 인간을 수단만이 아니라 목표 자체로 여겨야 한다는 칸트의 정언명령에 해당한다. 즉, 우리가 타인들이 스스로 정한 목적에 봉사할 경우만이 비로소 그들도 우리가 스스로 정한 목적에 봉사한다. 그래서 교환은 자기 이익의 극대화 모델이라기보다는 이익의 수렴모델이라고 볼 수 있다. 교환이야말로 사회를 통합하는 가장 중요한 사회적 관행인 이유다. 그래서 시장교환은 적(敵)을 친구로 만든다는 것을 의미하는 카탈락시(catallaxy)라고 부르는 것이 정확하게 옳다.[20]

원래 인류는 소규모의 부족·종족사회에서 살았다. 인류학자 로빈 던바(R. Dunbar)가 확인했듯이 부족·종족사회는 30~150명 정도로 구성되어 그룹 성원들이 서로를 직접 알 수 있을 만한 정도의 그룹 규모였다. 그런 종족그룹 구성원은 '우리'이고 그룹의 밖에 있는 인간들은 '그들'에 속한다. 진영논리의 원천은 바로 그런 원시적 부족사회였다.[21] '우리'끼리만 분업이 이루어졌다. 그러나 스미스가 말했듯이 상업사회의 등장으로 소규모의 폐쇄된 사회가 열리게 되었다. 이는 종전까지만 해도 원수(怨讐)였을 다른 그룹의 구성원들을 '친구'로 받아들여 함께 분업과 교환이 이루어지게 되었다. 그들을 친구로 수용한 것은 이들이

---

20 카탈락시라는 개념을 시장질서에 처음으로 도입해 사용했던 인물은 원래 영국의 논리학자였고 동시에 신학자 겸 경제학자였던 리처드 화틀(R. Whatel, 1787-1863)이었는데, 오늘날 이 말을 시장사회에 즐겁게 사용하여 확산시키는 데 기여한 인물은 미제스(Ludwig von Mises)와 하이에크다. 미제스는 이 말을 교환(Mises, 2011, I: 465)이라는 의미로, 하이에크는 적을 친구로 만든다는 의미(Hayek, 1978: 90)로 사용했다.

21 종족주의에 따른 진영논리가 부르는 내로남불의 정치 그리고 원시의 정치에 관해서는 민경국(2023a: 174-181) 참조.

신체, 생명, 소유, 정직성, 계약과 관련된 정의의 규칙을 함께 지키겠다는 무언의 의무감을 표시했기 때문이다. 따라서 하이에크의 의미로서 카탈락시는 스미스의 동감의 원칙에 해당한다.

6) 서로 다른 사람들 간에 분업과 교환이 가능한 이유는?

시장에서 판매자와 매입자 간에 이기심이 없으면 사회와 국가는 존속될 수 없다고 하면서 동감을 '유유상종(類類相從)'이란 말로 이해하는 경우가 있다. 그리고 만나는 사람끼리 종교, 문화, 교육 수준이 서로 다르면 동감이 발동되지 않는다고 한다. 이런 경우 이기심이 지배할 수밖에 없다는 것이다. 이런 주장의 타당성을 검토하기 위해 먼저 인간행동의 종류를 볼 필요가 있다. 세 가지로 나눌 수 있다. ① 유유상종에서 지키는 이타심(남을 도와주는 행동), ② 남을 도와주지는 않는다고 해도 남의 생명, 재산, 신체에 해를 끼치지 않는 행동, ③ 이기적 행동이 바로 그것이다.

종교, 문화, 교육 수준이 서로 다른 사람끼리 만나서 분업을 가능하게 하는 이유를 설명하는 것이 애덤 스미스의 동감의 원리다. 분업이 가능한 이유는 서로 다름을 인정하지 않고 타인들을 강제하거나 속이거나 타인의 재산을 탈취하거나 약속을 어기는 등, 이기적 행동은 분노의 대상이요 그런 분노는 누구나 동감하기 때문이다. 그런 동감은 소규모 사회의 유유상종에서만 나오는 것이 아니라 대규모 사회에서 서로 모르는 사람들이지만, 이들이 서로 같은 것을 느낌에서 나오는 감정이다. 확장된 가족, 마을, 친구 등 유유상종하는 소규모 사회의 기초가 되는 도덕은 남을 적극적으로 도와준다는 것을 의미하는 이타심(적극적 덕성)이다.

그러나 상업적 교환이 지배하는 거대사회의 도덕은 남을 도와주지는 않는다고 해도 남의 생명, 신체, 재산에 피해를 주어서는 안 된다거나 또는 약속을 어겨서는 안 된다는 정의의 규칙(소극적 덕성)이다. 이런 행동규칙을 위반하지 않고 이기심을 충족하기 위해 행동할 때 비로소 보이지 않는 손이 작동한다는 것이 스미스 사상의 핵심이다.

이기심을 순화할 어떤 정의의 규칙도 전제하지 않은 시장에서 판매자와 매입자 간에 이기심만 지배한다면 사회와 국가는 존속될 수 없다. 이미 앞에서 설명한 바와 같이 정의는 모든 건물을 지탱하는 주요 기둥의 역할을 하기 때문이다.

7) 낯선 사람들의 상업사회는 자제력의 훈련장소

애덤 스미스가 말했듯이 상업사회는 정말로 낯선 사람들의 사회임에 틀림이 없다. 그런데 동감의 원리에 따라, 친숙성이 높아질수록 사람들은 감정표현을 스스로 절제하지 않는다. 눈물과 한숨을 억제하려고 하지 않는다. 실패하면 주위를 무시하고 울고불고한다. 의연함, 절제, 예의범절도 지킬 필요가 없다. 다른 한 극단으로서 심리적·물리적 거리가 아주 먼 경우에도 감정과 행동을 절제하지 않는다. 이런 사람은 타락의 길로 간다. 알코올·마약 중독 또는 범죄의 길을 걷는다. 타인에 대한 내 요구의 적정성, 요구방법의 옳고 그름에 대한 도덕적 판단과 도덕 규칙의 준수에 필요한 자제력을 훈련하고 이를 습관화할 기회가 없었기 때문이다. 자제력의 미덕을 훈련하고 이를 습관화하는 데 사람들 간에 적절한 사회적 거리가 필요한 이유다. 예를 들면 우리는 공공장소에서 고성방가(高聲放歌)를 자제하거나, 낯모르는 사람들이 타고 가는 전철에서 옆 사람과 큰 소리로 대화하는 것을 억제한다. 이런 자제력이 생겨나는 것은 서로를 잘 알지 못하는 사람들 사이에 암암리에 존재하는 사회적 거리 때문이다. 자제력은 도덕적 행위를 위한 '메타 윤리(meta ethics)'라고 볼 수 있다.

푸줏간 주인이나 빵집 또는 양조장 주인과의 협상에서 우리는 물론 그들도 자신의 감정을 통제하고 진정시키려고 한다.[22] 이같이 노력하면 할수록 시장참여자들은 자신의 행동을 억제하기 쉽고 그들은 도덕적인 힘을 받아 그 행동을 습관화할 가능성도 커진다. 상업사회는 우리가 낯선 사람들과 접촉해야 하는 상황이 많다. 하루 대략 10시간을 낯선 사람들과 접촉해야 한다. 자제력을 훈련할 기회가 많은 사회가 상업사회인 이유다. 상업사회야말로 도덕적 발전에 가장 적합한 장소라는 점을 주지해야 한다.

상업사회는 사회로부터 유리된(disembeddness), 그래서 도덕으로부터 멀어져가는 사회(K. Polanyi)라거나 또는 상업사회는 이기적인 인간들이 정의감을 개발할 기초가 될 수 없다는 주장은 틀렸다(민경국, 2023: 44-46). 시장사회는 도덕적 행위의 발전을 위한 "가장 비옥한 기반" (Paganelli, 2010: 438)이 될 수 있다는 이유에서다. 누구나 낯선 사람들에게 자신을 노출하지 않을 수 없고 또 그런 노출이 일시적인 것이 아니라 꾸준하고 동시에 개인들을 서로 너무 가깝지도 멀지도 않은 곳에 배치하는 사회라는 이유 때문이다. 스미스의 이런 발상은 18세기 몽테스키외의 유명한 "점잖은 상업(doux commerce)"의 전통에 속한다. 상업 정신은 모든 약탈 행위 대신에 정의감, 자율, 정직·성실과 같은 점잖은 감

---

22 "친구와 함께 있을 때보다 그저 알고 지내는 사람과 함께 있을 때 실제로 우리의 마음이 더욱 진정되지 않고, 그저 알고 지내는 사람과 함께 있을 때보다도 한 무리의 낯선 사람들과 함께 있을 때 우리 마음은 한층 더 진정되기 때문이다."(TMS, I. i. 4, 4: 33)

정을 만들어낸다는 것이다(Montesquieu, 2016: 351-352). 스미스의 은사이면서 친구였던 데이비드 흄은 시장이야말로 공정성, 사회성, 공손함, 창의와 인간성과 같은 사회적 덕을 증진한다고 한다.[23]

이 맥락에서 주목할 것은 이타심과 같은 선행을 기반으로 하는 두 가지 집단, 즉 가족, 친구 등 1차집단과 공적인 삶, 종교단체, 자선단체, 상공단체 등 2차집단이다. 이런 집단들은 정치와 독립적으로 형성된 자발적 결사체다. 상업사회에서 우리 이웃의 생명, 신체, 재산을 지키는 정의의 원칙이 작동하면 정의의 원칙이 허용하는 범위 내에서 우리는 그런 결사체를 위해 자기 이익추구를 스스로 절제하면서 자유롭게 살아갈 수 있다. 게다가 그런 결사체와 적절한 결속을 유지하는 사람들만이 익명의 사람들로 구성된 시장에서 성공할 수 있다. 그런 결사체에 깊은 연합적 결속과 건전한 상호의존이 없으면 상업 정신도 위축되고, 장사하는 사람들이 일상생활에서 함께하는 버릇과 타인들과 결속하는 버릇을 배우지 못하면 문명 그 자체를 위태롭게 한다.

5. 자연적 자유의 체제와 자생적 질서

스미스의 관심은 사회질서의 문제였다. 사회를 하나의 질서로 이해하는 그의 접근법은 주류경제학처럼 사건마다 개별적으로 접근하는

23 이에 관해서는 베너린드를 참조(Wennerlind, 2011: 48). 그리고 스코틀랜드 계몽운동의 역사에 관한 저서 『지식인과 사회』에서 이영석은 이렇게 쓰고 있다. "데이비드 흄은 영국 사회에서 세련됨, 예절, 교양, 사교, 법의 준수, 사적 소유 같은 관행과 제도가 나타나고 정립되는 과정을 통해 영국인의 자유를 기술했다. (…) 흄은 유독 영국에서 이 같은 성취가 두드러졌던 원인은 (…) 근본적으로는 상업의 발달에 토대를 두고 있다." (이영석, 2014: 265)

방법과 대비된다. 그의 분석의 출발점은 현재 상황(status quo)이었다. 이는 이기심과 정의감 그리고 신중함이 적절히 조정된 거대한 익명의 상업사회였다. 상업사회는 두 가지 질서로 구성되어 있다.

① 정의의 원칙: 신체·재산의 존중, 관용, 정직성, 자기 책임 등과 같은 행동규칙으로 구성되어 있다. 국가는 물론 누구도 그런 행동규칙을 침범해서는 안 된다.
② 자연적 자유의 체제: 정의의 원칙 아래에서 형성되는 것이 보이지 않는 손에 의해 형성되는 질서다. 이것이 스미스에게 시장경제를 의미하는 "자유의 체제"다.

> *"특혜를 주거나 제한을 가하는 모든 제도가 완전히 철폐되면 분명하고 단순한 자연적 자유의 체제가 스스로 확립된다. 그런 제재 아래에서 모든 사람은 정의 원칙을 위반하지 않는 한, 완전히 자유롭게 자기의 방식대로 자신의 이익을 추구할 수 있으며 자신의 근면, 자본을 바탕으로 다른 누구와도(다른 어떤 계급과도) 더 완전하게 자유롭게 경쟁할 수 있다."*(WN, IV. ix. 51: 848)

그런 체제에서 누구나 자신의 지식을 동원하여 스스로 정한 목표를 위해 타인들과 자유롭게 경쟁하면서 상호작용을 갖는다. 그럼에도 질서가 형성되어 평화와 번영을 우리 모두에게 안겨주는 원인은 무엇인가? 스미스가 은유적 표현으로 사용한 "보이지 않는 손"을 그 원인이라고 말할 수 있다. 상업사회란 보이지 않는 손에 의해 움직이는 사회라는 것이다. 하지만 "보이지 않는 손"은 여러 가지 이유에서 마땅한 개념

이 되기 어렵다는 주장이 자주 제기되었다.[24]

1) 보이지 않는 손 대신에 자생적 질서

인간이 보이지 않는 손에 이끌려서 자신이 의도하지 않은 목표를 증진한다는 표현에서 우리가 주목하는 것은 보이지 않는 손의 기능이다. 개인의 의도와는 전혀 다른 목표를 증진하는 것이다. 이를 좀 더 자세히 설명하기 위해 인간행동을 그 행동이 초래하는 결과에 따라 유익한 결과를 초래하는 행동과 해악을 가져오는 행동으로 구분하자. 그리고 행동의 그 같은 결과를 행위자들이 의도한 것이냐 아니냐로 구분하면 〈표 1〉과 같은 내용을 얻을 수 있다.

인간 이성을 중시했던 영국의 유명한 정치철학자 윌리엄 고드윈(William Godwin, 1756-1836)이 미덕과 악덕을 구분하기 위해 원래 행위를 의도와 무의도로 구분했다. 유익함을 의도적으로 창출한 것을 미덕

표 1. 의도적 행위와 무의도적 행위

구분	의도적(intentional)	무의도적(unintentional)
유익한(beneficial) 결과	미덕(virtue)	?
해로운(harmful) 결과	악덕(vice)	과실(negligence)

24 '보이지 않는 손'이라는 스미스의 은유적 표현은 조롱거리다. 대표적인 예가 케네스 애로(Kenneth Arrow)다. 그는 시장경제가 "참여자들의 등 뒤에서 작동하며 그들을 안내하는 손은 보이지 않는다"는 뜻으로 해석했다(장경덕, 2023: 132쪽에서 재인용). 경제체제는 누군가가 의도적으로 원했던 특정한 목표에 이바지한다는 의인화의 전제를 깔고 있다는 이유와 보이지 않는 손은 신의 손으로 본다는 이유에서다. 보이지 않는 손은 스미스가 자신의 사상 전체를 표현하기 위해서 만든 것이 아니었다는 비판도 있다.

이라고, 그리고 해악의 의도적인 창출을 악덕이라고 불렀다. 무의도적으로(의도치 않게) 창출된 해악을 과실이라고 부른다면, 의도치 않게 얻는 유익한 결과는 아무런 이름을 붙이지 않은 공백(표 1의 ?)이다.[25]

그런데 우리가 주목할 것은 빈칸이다. 즉 무의도적으로 창출된 유익한 결과다. 언어, 화폐와 가격, 사회적 분업, 교환과정, 자본시장 구조 등과 같은 시장의 내적 구조 그리고 인간행동을 규제하는 도덕과 정의, 법 규범 등과 같은 행동규칙들 등 아주 다양하다. 이들은 ① 개인들이 자신의 목표를 달성하기 위해, ② 상호 간 관계를 갖는 과정에서, ③ 그들 중 누구도 의도하지 않고서도 모든 사람에게 유익한 결과라는 것이다. 그런 현상이 등장하는 과정 속에는 위의 세 가지 요소 이외에는 보이지 않는 손도, 보이는 손도 없다. 그러나 스미스는 데이비드 흄, 애덤 퍼거슨(Adam Ferguson, 1723-1816) 등 다른 스코틀랜드 계몽주의자들과는 전혀 다르게 '보이지 않는 손'이라는 은유적 표현을 사용한 것이다. 그런 표현은 많은 사람으로부터 조롱의 대상이 된 것이다.

하이에크는 '보이지 않는 손'은 조롱받기 아주 쉬울 뿐만 아니라 그것은 틀렸다고 한다. 그것은 의인화와 전혀 다르지 않다는 이유에서다. 의인화는 기존의 경제체제는 누군가가 의도적으로 원했던 특정한 목표에 이바지한다는 전제를 깔고 있다. 애덤 스미스에게 보이지 않는 손은 누구의 손인가? 이는 신(神)의 손이다. 보이지 않는 손을 그가 맨 처음 사용한 곳, 즉 1750년대에 쓴 것으로 알려진 「천문학」에서 그는 경제학적 해석에서는 보기 힘든 다신교적 맥락에서 주피터의 보이지 않는 손을 말했다(장경덕, 2023: 134). 주피터의 보이지 않는 손이 인간에게 선행을 베푸는 것이 아니라, 번개, 천둥, 폭풍처럼 질서를 교란하는 역할을

---

25 고드윈에 관한 설명과 표에 관해서는 Sowell(1990: 27-29).

한다.

『도덕감정론』의 제4부의 제1장 "효용이 모든 기예품에 부여하는 미, 그리고 이러한 종류의 미의 광범한 영향에 관하여"에서 두 번째로 보이지 않는 손을 표현하고 있다. 이기심과 탐욕이 의도하지 않게 그리고 알지 못하면서도 사회의 이익을, 즉 여기에서는 서민층의 복지를 증진한다는 것이다. 여기에서 우리는 의도하지 않은 결과라는 아이디어를 분명하게 볼 수 있다. 그러나 유감스럽게도 그 뒤에 이어지는 문장으로 완성된 내용을 보면 스미스는 "신의 섭리"라는 종교적인 의미로 보이지 않는 손을 채색하고 있다(TMS, IV. i. 10: 345-346). 마지막 그리고 가장 중요한 보이지 않는 손은 제4편의 제2장 국제무역과 관련된 부분에서 읽을 수 있다. 즉, 외국 노동자보다 본국 노동의 유지를 선호하는 것은 오로지 자기 자신의 안전을 위해서고 노동생산물이 최대의 가치를 갖도록 노동을 이끈 것은 오로지 자기 자신의 이익을 위해서다. 이 경우 그는 보이지 않는 손에 이끌려서 자신이 전혀 의도하지 않은 공공이익을 달성하게 된다고 한다(WN, IV. ii. 9: 552-553).

하이에크가 보이지 않는 손을 직접 이용하기를 꺼리는 것은 바로 종교적 혹은 신비한 그래서 비과학적인 의미를 내포하고 있기 때문이다. 그 밖에 또 다른 중요한 이유가 있었다. 20세기에는 사회주의 계획경제 또는 국가주의적 간섭주의처럼 이성의 힘을 통해 이상적인 사회질서를 계획할 수 있다는 믿음이 지배하고 있었다. 유감스럽게도 보이지 않는 손은 간섭주의 체제, 즉 인위적 질서와 대결할 수 있는 자유사회의 질서를 표현하기에는 적합한 개념이 되기 어려웠다. 그래서 찾은 것이 자생적 질서다.

물론 하이에크 이전에도 스코틀랜드 계몽사상의 전통을 표현하는 말을 찾기 위한 다양한 노력이 있었다. 학자들은 사회현상을 정확히 기술할 수 있다고 믿는 용어를 도입했다.[26] 대표적 예가 애덤 퍼거슨이었다. 스미스와 같은 해에 태어났던 퍼거슨은 하이에크가 즐겨 인용했던(Hayek, 1967: 96-197) 가장 유명한 "인간행동의 결과이지만 인간의 디자인의 집행이 아닌 것"으로 표현했다(Ferguson, 1767/1995: 119). 그리고 하이에크는 '자생적 질서'라는 용어를 도입했다. 영국의 철학자 겸 화학자였던 마이클 폴라니가 암시했고 하이에크가 작명하여 확산시켰던 "자생적 질서(spontaneous order)"가 학술적인 명칭으로 확고하게 자리를 잡아서, 프랑스 계몽주의 전통의 인위적 질서와 대비되는 스코틀랜드 계몽철학의 '연구 프로그램'이 되었다(Horwitz, 2001: 82). 그리고 애덤 스미스를 자생적 질서 전통의 선구자로 여기고 있다.

수많은 사회구조와 사회적 과정 중에는 인간이 미리 생각해서 계획하여 만든 것들이 많이 있다. 대표적인 예가 중상주의·사회주의 경제체제, 복지국가 등이다. 이런 질서는 '조직(organization)'이라는 말로 표

표 2. 스코틀랜드 계몽주의와 프랑스 계몽주의

스코틀랜드 계몽주의	프랑스 계몽주의
• 자생적 질서	• 인위적(계획된) 질서(조직)
• 진화론적 합리주의	• 구성주의적 합리주의
• 흄, 스미스, 하이에크	• 데카르트, 홉스, 고드윈, 케인스, 롤스
• 사회적 인간관	• 고립된, 이기적, 합리적 인간관
• 정의의 규칙을 통한 자생적 질서	• 명령에 의한 인위적 질서(조직)
• 미래는 열려 있다.	• 미래를 미리 정해놓는다.
• 진짜 개인주의	• 가짜 개인주의

26 예를 들면, 흄은 "묵계", 애덤 퍼거슨은 "인간행동의 결과이지만 인간의 디자인의 집행이 아닌 것", 칸트는 "감춰진 자연의 기획"이라는 말을 보이지 않는 손의 대용물로 사용했다.

현된다.[27] 그러나 언어, 화폐, 시장, 도덕 규칙, 관행, 관습 등 사회문화적 인 현상들은 이분법적 사고방식으로는 이해될 수 없다. 그런 현상은 인간행동에 의해서 형성된다는 점에서는 인위적 질서와 유사하지만, 인간계획에 의해 만든 것이 아니라는 점에서는 자연적 질서(natural order)와 흡사하다. 우리가 사용하는 문법 규칙과 말은 인간행동을 통해서 생겨난 것임에 틀림없다. 인간이 없었으면 우리가 매일같이 사용하는 언어도 없었을 것이다. 그래서 언어를 인위적인 것이라고 말할 수 있다. 그러나 말을 만들겠다는 집단적 의도가 없었음에도 장구한 역사적 과정을 거쳐 사람들이 서로 소통하는 과정에서 언어가 형성된 것이다. 이렇게 본다면 언어는 자연적 질서라고 볼 수 있다.

따라서 이분법적 사고에 따르면, 동일한 사회적 현상이 인간행동에 기인한 것이라고 한다면 그것을 인위적인 것이라고, 그것이 인간계획의 결과가 아니라면 자연적 현상이라고 부르는 애매한 결과를 초래한다. 이분법적 사유는 인간행동에 기인한 것이지만 인간계획의 결과가 아닌 사회적 현상을 파악할 수 없다. 그래서 필요한 것이 제3의 개념이다. 이것이 자생적 질서다(민경국, 2021: 117; 2007: 123-126).

내가 지나치게 하이에크의 프레임 안에서 스미스를 보고 있다는 지적이 있다. 이런 지적은 매우 흥미롭다. 그러나 스미스의 보이지 않는 손을 하이에크의 자생적 질서로 교체한 것을 보자. 그런 교체는 지나친 것이 아니라 논리적이고 또한 자연스러운 것이라고 볼 수 있다. 그의 자연적 자유의 체제뿐만 아니라 『도덕감정론』에서 기술된 도덕 규칙도 사실상 언어와 똑같이 자생적 질서에 속한다. 이성에 의해서 만든 것도

---

27 기업, 이익집단, 정부조직, 군대 등도 특정한 목표를 달성하기 위해 인위적으로 만든 조직이다.

아니고 또한 신(神)의 작품도 아니라는 의미에서 모두가 그렇다. 특히, 자생적 질서 개념은 사회과학의 과제는 물론이거니와 국가의 과제를 규정하는 데에 대단히 중요한 역할을 했다. 그 개념의 도입으로, 사회현상의 설명에는 신과 이성이 필요하지 않게 되었다.

2) 자생적 질서가 스스로를 생성·유지하는 두 가지 메커니즘

자생적 질서는 인위적으로 계획해서 만든 것이 아니라 스스로 만들어지는, 굳이 스미스의 말을 사용한다면, 보이지 않는 손에 의해 움직이는 사회질서다. 그런데 질서가 내부로부터 스스로 생성·유지될 수 있으려면 우리가 알아야 할 지식은 우리가 타인들의 이익을 증진하기 위해 최선으로 할 수 있는 것이 무엇인가에 관한 것이다. 이미 앞에서 설명했듯이 확장된 가족, 친구 또는 종족그룹과 같은 소규모 사회에서는 그런 지식을 쉽게 습득할 수 있다. 그러나 익명의 거대사회에서는 그런 습득이 가능하지 않다. 그렇다면 상업사회는 혼란의 연속이고 그 결과는 평화도 번영도 아닌 심각한 갈등과 빈곤일 뿐이다.

타인들의 목표를 달성할 수 있기 위해 우리가 할 수 있는 최선은 무엇인가에 관한 지식을 전달하는 두 가지 메커니즘이 존재한다. 첫째로 정의의 규칙이 전달하는 지식을 사용할 수 있게 한다. 우리가 타인들을 위해 할 수 있는 최선의 길은 시장바닥에 두껍게 깔려 있는 수없이 많은 정의의 규칙들을 지키는 것이다. 그 같은 행동규칙들은 크고 작은 불의의 행동을 당연히 금지하여 개인의 자유를 보호하는 역할을 한다. 우리가 그런 행동규칙을 지킴으로써 우리가 그들이 행하는 것을 방해하지도 않는다는 또는 그들이 원하지도 않는 일을 행하도록 강요하지도 않는다는 신뢰를 그들에게 준다.

예의범절, 예법, 공손함, 친절함, 인격 존중 등 사람들이 일상생활에서 자기 절제를 통해 지키는 적정성(propriety)의 도덕 규칙과 직업윤리, 정직, 소유 존중, 약속이행 등과 같은 도덕 규칙을 통해서 특정한 행동을 금지하거나 권장한다는 것을 알고 또한 대개 사람들은 그런 행동 규칙을 지키며 살아간다고 믿기 때문에 그들은 마음 놓고 자유로이 행동할 수 있다. 정의의 규칙들은 장구한 역사적 과정에서 형성되어온 것들인데, 그들은 랭글로와가 정확하게 표현하듯이, 서로 다른 목적들을 추구하는 행동들을 조정하는 데 필요한 "지식의 저장고"라고 볼 수 있다(Langlois, 1986: 237).

우리가 타인들의 이익을 증진하기 위해 최선으로 할 수 있는 것이 무엇인가를 알 수 있게 하는 두 번째 메커니즘이 있다. 상대방에게 내가 원하는 것을 해달라고 설득하는 과정에서 타인이 원하는 것이 무엇인가를 알게 된다. 스미스는 교환을 물건만이 아니라 "이성 및 대화의 재능"(WN, I. ii. 2: 17)과 연결하여 교환에서 필요한 지식의 문제를 해결하고 있다. 설득과정은 글로 쓰거나 직접 대화할 수 있는 범위 내에 있는 사람들의 경우에만 해당한다.[28] 그러나 말로 표현할 수 없거나, 원거리에 있는 사람들의 지식의 문제는 대화와 설득이라는 언어적 소통 방식으로는 불가능하다. 이런 때에 필요한 소통 방식이 바로 가격을 통한 소통 방식이다. 그러나 그의 비용 가치 이론의 한계 때문에 그런 소통 방식을 이해할 수 없었다. 우리가 가격의 비언어적 소통 역할을 인식하기까지 『국부론』 이후 약 180년을 기다려야 했다. 그런 인식을 가능하게 한 것은 하이에크가 1945년에 발표한 유명한 논문, "사회에서 지식

---

28 시장에서의 언어의 등장으로 인한 소통과정의 복잡성에 관해서는 민경국(2021: 160-161).

의 이용"을 통해서였다. 가격을 통한 소통 방식은 시장 이외의 어떤 사회제도에서도 찾아보기 어려운 탁월한 소통 방식이다. 가격의 존재 때문에 비언어적 소통이 가능해졌다. 소통은 우리의 귀, 눈, 인지능력으로도 전혀 볼 수도 들을 수도 알 수도 없는 범세계적인 거시우주로까지의 확대를, 즉 인간의 초사회성(ultra-sociality)을 가능하게 했다(민경국, 2021: 163-166).

시장질서는 가격구조와 정의의 규칙이 수행하는 지식전달 메커니즘을 통해서 스스로 생성·유지되는 질서라는 의미의 자생적 질서다. 스미스는 익명의 거대사회에서 우리가 의지할 것은 정부가 아니라 시장의 낯선 사람들의 상호작용에서 '무의도적으로' 생성되는 결과라는 것을 분명히 했다. 정부는 우리의 행복을 위해 무엇을 어떻게 해야 할 것인지를 전혀 알지 못한다는 이유에서 인위적 질서를 반대한 스미스는 인간 이성에는 한계가 있음을 잘 알고 있었다. 도덕적 행동의 발전도 국가에 의존하는 것이 아니라 인간들의 상호작용 과정의 무의도적 결과에 의존했던 것도 인간 이성과 지식의 한계 때문이었다.

그런데 정의의 규칙들을 의무의 윤리로 여기고 누구나 자발적으로 지킨다면 그런 도덕 규칙을 법으로까지 발전시킬 이유가 없다. 위반할 때에는 처벌, 손해배상 등을 통해 국가의 강제가 뒤따르는 것을 법이라고 부른다면 말이다. 이미 앞에서 설명했듯이, 자기중심적 인간은 늘 도덕 규칙을 위반할 유혹을 받는다. 그래서 스미스도 정의의 규칙을 법으로 발전시켜서 정의를 지켜야 한다는 의무가 더욱 강화될 수 있다고 믿었다.

3) 법질서와 시장질서의 상호의존성

스미스의 사상에 대해 예나 지금이나 오해가 많다. 스미스는 법이 없이도 시장은 잘 돌아간다고 믿고 법을 없애야 한다고 주장했다고, 그래서 그의 주장은 틀렸다고 사람들은 목소리를 높였다. 시장은 과잉생산, 위기, 권력집중, 대량실업, 빈곤 등을 야기하기 때문에 경제문제를 제거할 법이 필요함에도 스미스는 이를 포기했다고 조롱했다. 자유방임은 일종의 조롱이 섞인 말이다.[29] 요컨대 법이 없으면 만인의 만인에 대한 투쟁상태가 필연이라는 것이다. 그 논리에 따르면 사유재산을 악마로 취급하고 경쟁을 전쟁으로 여기는 마르크스처럼 자본주의를 극복하거나 다양한 간섭을 통해서 시장과정의 결과를 수정하려고 한다.

그러나 스미스는 법과 도덕이 없이도 '보이지 않는 손'이 작동한다고 주장할 만큼 순박하고 어리석은 학자가 아니었다. 그가 보여준 것은 시장에서 서로 충돌하는 이해관계들이 조화롭게 조정될 법적 그리고 제도적 조건이었다. 시장에서 상이한 사람들의 서로 충돌하는 이해관계들이 조화롭게 조정될 조건을 제시했다. 그 조건이 정의로운 법질서다. 충돌하는 이해관계들의 조정을 시장 스스로가 행할 수 있게 하는 제도적 조건을 찾는 것이 국가의 중요한 과제라고 보았다. 그런 제도적 장치가 국가를 통한 정의의 "완전하고 정규적인" 관리였다. 이런 관리가 없으면, 즉 소유의 안정성과 약속이행의 확신이 법을 통해 뒷받침되지 못하면 상업과 제조업이 번영할 수 없다는 스미스의 믿음이야말로 매우 중요하다. 정의의 규칙으로 구성된 것이 민법과 형법을 포함하는 사법(私法)이다(WN, V. iii. 7: 1134).

---

29 자유방임은 인간이성을 중시한 프랑스 계몽주의 전통의 소산이다.

따라서 사법은 자유의 체제(시장경제)에 없어서는 안 될 법질서다. 다시 말하면 시장질서는 사법질서를 전제하고 있다. 역으로 시장경제는 사법질서에 없어서는 안 될 경제질서다. 다시 말하면, 사법질서는 시장질서를 전제한다. 애덤 스미스의 이와 같은 인식을 우리는 "질서의 상호의존성"이라고 말할 수 있다. 질서의 상호의존성이란 자유의 체제(시장질서)와 사법질서는 상업사회라는 동일한 사회적 과정의 두 가지 국면을 뜻한다(Mestmaecker, 1978: 155).[30] 하지만 스미스에게 법의 역할에 대한 문제로 만족하지 않는다. 더 중요한 것은 어떤 종류의 법 규칙을 스미스가 말하고 있는가를 확인하는 것이다. 그 문제는 실정법이 지향해야 할 입법원칙과 관련된 것이다(이황희, 2019: 160).

4) 정의의 법과 질서정책

시장은 스스로를 규제하는 특성이 있는 자생적 질서라고 말한다면, 그런 질서에 알맞은 법 규칙은 특정한 성격을 지니고 있다는 사실에 주목해야 한다. 법은 사람들을 차별하지 않는 보편적 성격을 지닌 정의의 규칙들로 구성된 것이다. 타인들은 물론 국가에 의한 불의의 행동으로부터 개인들의 재산, 신체를 차별 없이 보호하고 그들의 자발적인 계약을 지켜주는 역할을 하는 것이 정의의 법이다. 이런 법은 특정한 구체적 목적을 달성할 수 없다. 정의의 법은 불의를 금지하여 국가는 물론 그 어떤 개인이나 민간집단도 침해할 수 없는 자유의 영역을 모든 개인에게 똑같이 확립한다. 이런 입법원칙을 법의 지배(Rule of Law) 또는 법

30 질서의 상호의존성은 법질서가 변동하면 시장의 자원 배분에 영향을 미치고 시장의 자원 배분이 변동하면 법이 변동한다는 아주 사소한 뜻은 아니다.

치라고 부른다. 그들에게 자율적으로 행동할 수 있는 동일한 법적 테두리를 만들어주는 정책을 발터 오이켄(Walter Eucken)은 질서정책이라고 말했다(Eucken, 1952/1990).

정의의 법은 계획하는 이성의 도구 또는 국가간섭을 위한 도구가 될 수 없다. 도구적 성격의 법은 달성할 구체적 목적을 정해놓고 그런 목적을 위해 시장과정에 개입하여 시장참여자들에게 해야 할 행동 또는 해서는 안 될 행동을 규정하는 내용으로 구성되어 있다. 따라서 법의 도구적 성격은 명령·지시나 다름이 없다(Mestmaecker, 1978: 153-154). 명령경제 또는 지시경제의 법이 도구적 성격의 전형적인 예다. 주지하다시피, 명령은 명령자가 달성하고자 하는 구체적 목적과 그리고 그 목적을 달성하는 데 필요한 수단으로서 복종자가 해야 할 행동 또는 해서는 안 될 행동으로 구성되어 있다. 복종자는 명령자가 정한 목표를 위한 수단으로 취급되고 그래서 인간의 자율성과 독립성을 해치는 것이 명령으로서의 법이다. 스미스는 『국부론』의 여러 곳에서 그런 법은 자연적 자유의 위반이요 이 위반은 불의라는 것을 분명히 하고 있다.

우리는 정부가 그런 명령을 통해 개인들의 자율적인 상호작용 과정을 교란할 경우 스스로를 개선하고자 하는 개인들의 자연적 성향으로부터 무슨 일이 생겨나는가를 말할 수 있다. 예를 들면 동업 조합의 배타적 특권, 도제제도, 진입 제한 등은 주민들에게 자신의 노동과 자본을 자신들이 판단하여 자기에게 가장 유리한 방식으로 사용하는 것을 가로막는다.[31] 이는 가장 신성한 권리에 대한 명백한 침해라고 스미스는 목소리를 높인다(WN, IV. vii. 44: 715). 최소임금제, 골목상권 보호를

31 "동업 조합의 배타적 특권, 도제제도 그리고 기타 특정 직종에서 경쟁자의 수를 그 직종에 진입하고자 원하는 사람의 수보다 적은 수로 제한하는 모든 법률은 자연적 자유를 침해한다."(WN, I. viii. 28: 81)

위한 대형백화점 규제, 중소기업 보호를 위한 대기업 진입 규제 등을 통해서 경제주체들이 자신에게 가장 유리하다고 판단되는 방식으로 노동과 자본을 이용하는 것을 가로막는 정책은 자연적 자유의 침해요 이는 치명적 불의다.

스미스는 규제와 같은 명령은 자연적인 경제적 성향을 혼란에 빠뜨릴 뿐, 그런 명령을 통해 달성하고자 하는 목적에 합당하게 억압할 수 없다는 것을 보여주고 있다. 시장의 자생적 질서는 이 질서의 여러 부분의 상호의존성에 의해 야기된다. 이런 질서에 개입하는 것은 실패의 운명에 처해 있다. 어떤 상업 규제를 통해서도 양적·질적인 상품공급을 증대할 수 없다. 정부가 고질적으로 안고 있는 지식의 문제 때문에 성공적으로 경제에 개입할 수 없다. 그러니까 스미스는 특정 부문을 위한 정부의 장려책이나 특정한 산업 부문에 대한 특정한 억제정책 등, 간섭주의는 실패할 수밖에 없다는 것을 힘주어 강조한다. 정부의 간섭은 의도하는 큰 목적을 파괴한다. 그것은 참된 풍요와 번영을 향한 그 사회의 발전을 촉진하기는커녕 오히려 저지하며, 또한 사회의 토지 노동의 연간생산물의 진정한 가치를 증대시키기는커녕 오히려 감소시킬 것이다 (WN, IV. ix. 50: 847). 『도덕감정론』에서도 인식론적 관점에서 간섭주의를 비판한다. 입법자는 개개인들 각자의 행동을 알 수 없기 때문에 입법을 통해 그들의 행동을 정치적 목표에 합당하게 통제하기가 불가능하다는 것이다.

> "간섭주의자는 거대한 사회를 구성하는 서로 다른 구성원들을 마치 장기판 위에서 손으로 말들을 배열하는 것만큼이나 아주 쉽게 배열할 수 있다고 생각하는 것 같다. (…) 인간사회라는 거대한 장기판에는 모든 말 하나하나가 자기 자신의 운동원리를 가지고 있는

> 데 이것은 입법기관이 그들에게 부과하는 것과 전혀 다른 것이다."
> (TMS, VI. ii. 2. 17: 443)

정의는 스미스에게 어려운 사람들을 도와준다거나 제 몫을 받는 것을 뜻하는 토머스 아퀴나스의 정의 개념도, 공로에 따른 분배를 말하는 아리스토텔레스의 분배 정의도 아니다. 스미스에게 정의는 과거에 저지른 불의에 대한 배상을 요구하는 인류의 자연적 감정이다. 그런 의미에서 정의는 과거 회고적이다. 현재의 재산분배를 반드시 수락할 수 있는 것이 아닌 이유다. 그러나 공리주의는 있는 그대로의 현실에서 시작한다. 있는 그대로의 재산분배는 정의로운 것으로 여겨야 한다. 스미스는 이런 정의를 강력히 부정한다.

스미스의 정의사회에서 사는 사람들은 타인들에게 해를 가하지 않고 삶을 영위하고 소유를 습득하고 보유하고 이전한다면 그들은 정의롭다. 타인의 신체, 재산을 손상하는 행위로 실제로 피해를 입혔을 경우 이는 불의다. 이 침해는 정부의 민·형법적으로 적극적인 강제를 통해서 수정해야 할 적절한 대상이다. 스미스가 말하는 정의는 자본주의의 정의다. 이런 정의관이 없으면 정부가 희망하는 재산분배가 무엇이든 정부는 소유를 존중하지 못하고 그래서 소유는 불안정하다. 재산을 빼앗긴 사람은 부당하게 취급받았다고 느끼지 않을 수 없다. 정의의 규칙을 위반하지 않고 벌어들인 것임에도 부당한 대우를 받은 결과이기 때문이다. 자유 사회라면, 그리고 자율적인 인간이라고 한다면 그런 불의에 예속되어서는 안 된다. 그 재산은 소유자에게 되돌려주어야 한다.

특혜를 주거나 행동을 제한하는 모든 제도가 철폐되면 "자연적 자유의 체제"가 확립된다(WN, IV. ix. 51: 848). 규제를 풀어서 자유시장에 맡길 경우, 노동자의 삶을 개선하면서 어떻게 국부(國富)가 증진되는가를 보여주는 것이 스미스의 『국부론』의 과제였다. 정의는 사회적 행동을 규제한다. 이를 통해 다른 사람들과 함께할 수 있는 방향으로 이기심이 완화된다. 누구나 정의의 법을 위반하지 않는 한 완전히 자유롭게 자기의 방식대로 자신의 이익을 추구할 수 있으며 자신의 노동 자본을 바탕으로 다른 누구와도 완전히 자유롭게 경쟁할 수 있다.

친(親)자본적 환경을 만들어야 한다는 등 계급적 표현처럼 스미스의 이론은 계급으로서의 상인을 예찬하는 것이 아니다. 상인들에 대한 그의 비판은 잘 알려져 있다. 시장의 자생적 질서에서 상인들은 정의의 규칙을 위반하면서, 자신들의 이권을 추구한다고 한다. 파괴적인 국가 행동을 통해서 이득을 얻기 위한 그들의 열정은 사회의 어느 계층에 못지않다는 사실을 중상주의 시대에서 찾았다. 흥미롭게도 스미스는 입법자의 결정을 참여자들의 자생적 조화에 맡길 수 없다고 주장한다. 사회적 권력과 부가 정치에 미치는 과도한 영향 때문에 권력을 가진 개별 그룹의 이익을 위해서 입법이 왜곡되고 이는 자연적 정의가 요구하는 것으로부터 치명적 이탈이다. 이는 결국 자연적 자유의 침해요 정부의 폭정이다(TMS, VII. iv. 36: 658). 그런 폭정을 막고 간단없이 개인의 자유를 보호하기 위해 의회의 입법 권력을 제한하는 자유의 헌법이 필요하다.

6. 결론: 애덤 스미스의 법치와 한국경제

애덤 스미스는 상업사회를 뜻하는 자본주의의 창시자는 아니다. 상업사회는 그의 머릿속에서 생겨난 것이 아니라는 이유에서다. 그의 머릿속에서 나온 것처럼 그를 '자본주의의 아버지'라고 부르는 것은 옳지 않다. 그의 두 권의 책은 당시 그가 목격한 사회와 경제의 작동에 대한 일련의 관찰과 경험을 바탕으로 설명한 것이다. 익명의 거대사회에서 살든, 서로를 잘 알고 지내는 소규모 사회에서 살든, 인간은 동감적 상상력이 있다. 동감적 인간은 사회적 존재다. 인간은 최선의 이익을 추구하는 동시에 선함, 정의, 자선 및 사회 자체의 원활한 기능을 추구한다고 전제한다. 이기적 목표를 극대화하는, 고립된, 원자화된 인간, 즉 '경제인'은 스미스에게 사회 분열적인 인간이다. 이와는 달리 동감적 인간은 사회 통합적이다. 자본주의가 수많은 장애물에도 불구하고 사회 통합적으로 작동했던 이유다. 스미스의 동감 개념은 우크라이나 전쟁에 휘말린 가족들을 지원하려는 우리의 자발적인 의지와 그리고 생활비 위기로 인해 사회에서 가장 취약한 사람들을 자발적으로 지원하기 위해 우리가 더 많은 일을 할 이유를 설명하는 데 도움이 된다. 그리고 '코로나19'로 환자들을 치료하는 데 헌신했던 의료인들의 행동을 설명하는 데에도 동감 개념을 이용할 수 있다.

동감적 인간들끼리 상품을 교환하는 과정에서 무의도적으로 생성된 정의는 거대사회에서 낯선 사람들과 함께할 수 있는 방향으로 이기심을 완화할 도덕 규칙이다. 정의는 재산·신체 자유에 대한 침해를 막아준다. 그것은 분배 정의가 아니다. 스미스의 정의는 누구도 침해할 수 없는 자유를 개인들에게 똑같이 확립하는 역할을 한다. 자유를 침범하는 것은 불의다. 정의는 국가가 강제로 집행할 이유다. 정의를 실현하기 위한 입법원칙이 법치다. 이는 법이 법다우려면 갖추어야 할 조건이다. 그런 입법원칙이야말로 질서정책의 핵심이다. 중상주의 정책에서처럼 부국강병의 이름으로 대기업에 부여하는 특혜는 질서정책과 정면으로 충돌하는 불의의 정책이다. 그런 특혜적 입법은 규칙으로서의 법이 아니다. 그러니까 의회에서 정했다고 해서 모두 법이 아니다. 형식적 법은 통치자의 명령일 뿐이다. 최소임금제, 골목상권 보호를 위한 대형백화점 규제, 억강부약 등도 법치에 어긋나는 정책이라는 이유에서 불의다.

스미스는 익명의 거대사회에서 우리가 의지할 것은 정부가 아니라 시장의 낯선 사람들의 상호작용에서 의도치 않게 형성되는 결과라는 것을 분명히 했다. 정부는 우리의 행복을 위해 무엇을 어떻게 해야 할 것인지를 전혀 알지 못한다는 이유에서다. 스미스야말로 미제스나 하이에크보다 약 150년 전에 '사회주의의 불가능 논리'를 정립했다고 볼 수 있다. 교환을 통해 삶의 조건을 개선하는 것은 동감적 인간에게 도덕적으로 정당하다. 이런 의미에서 교환은 정의와 함께 사회통합에 매우 중요하다.

자유주의에 대한 비판적 입장에 공세적으로 맞설 근거를 마련해준 것이 스미스의 '보이지 않는 손(가격과 일반규칙)'에 의해 형성되는 자생적 질서다. 자유를 제일의 원칙으로 여기는 스미스의 사상은 법을 통치자의 명령쯤으로 이해하는, 그래서 입법 만능주의에 빠진 한국사회의 정치권에 대한 경종이다. 입법 만능주의가 불러온 것은 양곡관리법, 노란봉투법, 간호사법과 같은 포퓰리즘 정치의 입법이다. 포퓰리즘 정치는 치명적인 불의의 정치일 뿐만 아니라 자유를 파괴하여 모든 사람의 삶을 어렵게 한다. 스미스가 가장 우려했던 것은 정치권의 이기심에서 나온 자기기만이다. 그가 우리에게 남겨준 과제도 정치권의 자기기만을 효과적으로 억제할 제도적 장치를 마련하는 일이다.

무능한 정부는 개인의 자유와 재산을 보호할 줄도, 자유로운 거래를 허용할 줄도 모른다. 그런 정부는 이익집단에 의해 포획되거나 이권추구(지대추구) 동기를 조장하여 결국에는 경제주체들의 부지런하고 성실하게 저축할 동기까지 소멸시킨다. 저축이야말로 역동적인 성장을 불러오는 생산구조의 확대·심화의 원천이고 분업의 확대와 심화를 위한 필수조건이다. 1960년대 이후 한국의 강력한 경제성장은 주로 무역의 성장을 통해 가능했던 것이다. 국내 산업의 역동적인 발전을 불러온 것도 무역의 파급 효과였다. 오늘날 가장 번영하고 평화로운 국가는 재산을 소유하고 향유할 자유, 사상의 자유, 언론, 종교의 자유 등 이 같은 자유주의의 가치를 지지하는 국가다. 자유와 법의 지배, 타인에 대한 관용, 강압에 대한 불관용이 우리의 삶을 풍요롭게 하고 활기찬 문명의 원천이라는 것은 애덤 스미스가 우리에게 가르쳐준 값진 교훈이다.

그러나 이런 원천이 위협을 받고 있다. 북한의 김씨 왕조를 숭배하는 종북세력, 맹목적으로 주체성이 없이 사회주의 중국에 의존하는 사대주의(事大主義)적 태도를 지닌 친중세력과 유엔사령부 해체와 정전협정 폐지를 주장하는 반(反)대한민국 세력 등 위협요소는 다양하다. 게다가 세계화의 물결에 힘입어 부를 누리게 되자 대외관계에서 호전적으로 변화되어 전체주의적 문화의 국제적 헤게모니를 장악하겠다는 전체주의적 독재국가인 중국의 의도에 동조하는 국내세력도 우리의 자유를 위협하고 있다. 이같이 오늘날 자유를 위협하는 세력들은 아주 많다. 그런 위협으로부터 자유를 보호하기 위해서는 한국 사회 혼자서는 어렵다. 가치 동맹을 의미하는 국제공조가 필요한 이유다.

참고문헌

김승욱(2023), “애덤 스미스 사상체계의 구조 및 함의”, 『공공선택학저널』 2(1), 57-78.

도메 다쿠오(2010), 『지금 애덤 스미스를 다시 읽는다』, 우경봉 옮김, 동아시아.

민경국(1993), 『헌법경제론: 진화론적 자유주의 관점에서 본 계약론적 입헌주의』, 강원대학교 출판부.

______(2007), 『하이에크 자유의 길: 하이에크의 자유주의 사상연구』, 한울.

______(2018), 『국가란 무엇인가: 자유주의 국가철학』, 북앤피플.

______(2021), 『민경국 교수의 자유론』, 북코리아.
______(2023a), “존 롤스의 자유론이 경제적 자유를 홀대하는 논거”, 『공공선택학 저널』 2(1), 33-55.
______(2023b), 『자유를 통한 한국경제 읽기』, 지식발전소.
이영석(2014), 『지식인과 사회』, 아카넷.
이황희(2019), 『애덤 스미스와 국가』, 경인문화사.
자유와창의경제교육원(2016), 『Smart 경제학』, 박영사.
장경덕(2023), 『애덤 스미스 함께 읽기』, 항아리.
황재홍(2019), “사회적 선호와 공정한 관찰자”, 『사회경제평론』 32(2), 85-111.
현진권 엮음(2015), 『사익론: 사익이 세상을 발전시킨다』, 백년동안.
Berry, Ch, J. (1992), “Adam Smith and the Virtues of Commerce,” *Nomos*, 34, 69-88.
Dunbar, R. I. M. (1992), “Neocortex size as a constraint on group size in primates,” *Journal of Human Evolution*, 22(6), 469-493.
Eucken, W. (1952/1990), Grundsätze der Wirtschaftspolitik, Tübingen: a Mohr Siebeck.
Evans-Prichard, E. E. (1954), *Social Anthropology*, London: Routledge & P. Kegan.
Evensky, J. (2005), “Adam Smith's Theor of Moral Sentiments: On Morals and Why They Matter to a Liberal Society of Free People and Free Markets,” *Journal of Economic Perspective*, 19(3), 109-130.
Ferguson, A. (1767/1995), *An Essays on History on Civil Society*, Cambridge: Cambridge University Press.
Haakonssen, K. (2002), “Introduction to The Theory of Moral Sentiment,” in Adam Smith, *The Theory of Moral Sentiments*, Cambridge: Cambridge University Press, vii-xxiv.
Hayek, F. A. (1997), 『자유헌정론 I, II』, 김균 옮김, 자유기업원, *Constitution of Liberty*, Chicago, 1960.
______ (1967), *Studies in Philosophy, Politics and Economics*, Chicago: University of Chicago Press.
______ (1978), *New Studies in Philosophy, Politics, Economics and The History of*

Ideas, London: Routledge and K. Paul.

_____ (1998), 『개인주의와 경제질서』, 박상수 옮김, 자유기업원, *Individualism and Economic Order*, 1948.

_____ (2018), 『법, 입법 그리고 자유』, 민경국·서병훈·박종운 옮김, 자유기업원, *Law, Legislation, and Liberty*, London, Routledge K. Paul, 1988.

Horwitz, S. (2001), "From Smith to Menger to Hayek Liberalism in the Spontaneous Order Tradition," *The Independent Review*, 6(1), 81-97.

Hume, D. (1742/1985), *Essays Moral, Political and Literary*, Liberty Fund.

Langlois, R. (1986), "The New Institutional Economics: An Introductory Essay," Langlois, R. (ed.), *Economics as a Process, New Institutional Economics*, Cambridge: Cambridge University Press, 1-25.

Mestmäcker, J.-E. (1978), "Die Sichtbare Hand des Rechts: Über das Verhältnis von Rechtsordnung und Wirtschaftssysten bei Adam Smith," Mestmäcker, J.-E. (ed.), *Die Sichtbare Hand des Rechts*, Baden-Baden, 139-170.

Mises, L. v. (2011), 『인간행동』(I), 민경국·박종운 옮김, 지만지, *Human Action*, 1949.

Montesquieu (2016), 『법의 정신』, 하재홍 옮김, 동서문화사, *L'Esprit des Lois*, 1748.

Otteson, R. (2021), 『본질적인 애덤 스미스』, 황수연 옮김, 도서출판 리버티, *The Essential Adam Smith*, 2010.

_____ (2000), "The Recurring 'Adam Smith Problem'," *History of Philosophy Quarterly*, 17(1), 51-74.

_____ (2011), *Adam Smith*, New York: Continuum.

Paganelli, M. P. (2010), "The Moralizing Role of Distance in Adam Smith", *History of Political Economy*, 42(3), 425-441.

Rawls, J. (2020), 『정치적 자유주의』, 장동진 옮김, 동명사, *Political Liberalism*, 2003.

Sandel, M. (1998), *Liberalism and the Limits of Justice*, Cambridge: Cambridge University Press.

Smith, A. (2015), 『국부론』(개역판), 김수행 옮김, 비봉출판사, *An Inquiry into the Nature and Causes of Wealth of Nations*, 1776.

_____ (2009), 『도덕감정론』(개역판), 박세일·민경국 옮김, 비봉출판사, *The*

Theory of Moral Sentiments, 1790.

Solomon, R. C. (1993), "Beyond Selfishness: Adam Smith and the Limits of the Market," *Business Ethics Quarterly*, 3(4), 453-460.

Sowell, Th. (1990), 『세계관의 갈등』, 이구재 옮김, 인간사랑, *A Conflict of Visions*, 1987.

Stigler, G. J. (1975), "Smith's Travels on the Ship of State," Skinner, A. S. and T. Wilson (ed.), *Essays on Adam Smith*, Oxford: Clarendon Press, 237-246.

Tocqueville, A. (1995), 『미국의 민주주의』(I, II), 임효선·박지동 옮김, 한길사, *Democracy in America*, 1848.

Wennerlind, C. (2011), "Role of Political Economy in Hume's Moral Philosophy," *Mises Studies*, 37(1), 43-64.

ADAM SMITH

제2장 애덤 스미스: 경쟁과 혁신[1]

안재욱

1. 서론

애덤 스미스는 『국부론』에서 국부의 본질은 재화와 서비스의 생산에 있다고 했다. 재화와 서비스가 증가해야 경제가 성장하며 국부가 증가해 국민이 잘살게 된다는 것이다. 그리고 재화와 서비스를 증가시키는 가장 중요한 동인(動因)이 경제적 자유라고 했다. 자유로운 경제환경에서 기업가정신이 혁신을 유도하고, 이 혁신으로 분업이 증가해 생산성이 향상됨에 따라 재화와 서비스가 증가한다는 것이다. 재화와 서비스가 더 많이 생산되기 위해서는 더 많은 자본과 노동이 투입되어야 한다.[2] 그러나 자본과 노동의 생산요소 그 자체는 재화와 서비스를 창출할

1 이 글은 2023년 6월 7일 개최된 '애덤 스미스 탄생 300주년 기념 심포지엄'의 발표문을 보완하여 『제도와 경제』 17(3) (2023. 8.)에 게재한 나의 논문 "애덤 스미스: 경쟁과 혁신"을 이 책의 원고로 수정한 것이다.

2 재화와 서비스의 양이 생산요소의 투입량과 기술 진보 때문에 결정된다는 것은

수 없다. 생산요소들은 나무에 열매가 맺히듯 저절로 재화와 서비스를 생산하고 수익을 낼 수 있는 것이 아니기 때문이다. 기업가에 의해 생산요소가 생산과정에 투입되어야 비로소 재화와 서비스가 생산된다. 생산요소를 살아 숨 쉬게 하여 수익을 내고 가치를 창출하는 것이 기업가다.[3]

기업가는 기업을 설립하고 기업을 통해 활동한다. 미래를 내다보고 기업을 통해 자기 아이디어와 새로운 사업을 실현하려고 한다. 이를 위해 노동자를 고용하고 새로운 생산기술을 찾아 사용하며 가치를 창출한다. 이때 가장 크게 고려되는 것이 기업 환경이다. 경제성장과 국부의 증가에 기업 환경이 중요한 이유다. 특히 자유로운 경쟁은 기업가의 혁신을 유도하고, 이 혁신은 생산성을 늘려 재화와 서비스가 더 많이 생산됨에 따라 경제성장이 이루어진다.

2. 기업가의 혁신 활동과 경제성장

경제에서 중요한 것은 생산이다. 우리의 욕구를 충족시킬 수 있는 수단(재화와 서비스)이 생산되어야 하기 때문이다. 생산에는 토지, 노동, 자본의 생산요소가 필요하다. 그러나 단순히 얼마나 많은 생산요소를

신고전학파의 기본적인 생각이다. 그 대표적인 것이 솔로(Solow, 1956) 모형이다. 신고전학파의 경제성장 이론들은 기본적으로 솔로 모형을 기반으로 한다. 솔로 모형은 왜 기술 진보가 일어나는지를 설명하지 못하는 한계가 있다. 로머(Romer, 1986)는 '자본에 대한 한계수익 체감'을 가정하는 솔로 모형을 수정·보완하여 경제성장의 핵심요소인 기술진보를 경제주체들의 이윤 극대화에 의해 발생하는 내생적 요인으로 간주하는 성장모형을 개발했다.

3 생산요소들을 결합하는 일은 바로 기업가에 의해 이루어지므로 생산요소들을 결합하는 일은 '기업가정신(entrepreneurship)'에 의해 이루어진다.

사용하느냐의 문제가 아니다. 생산요소의 투입량과 산출량 간에는 일정한 관계가 없기 때문이다. 물론 더 많은 생산요소를 사용하면 더 많은 산출량을 만들어낼 수 있다. 그러나 자원은 무한정하지 않다. 제한된 자원으로 더 많은 재화와 서비스를 생산하는 것이 중요하다. 제한된 생산요소를 가지고 더 많은 것을 생산할 수 있는 것은 혁신이다. 혁신을 통한 생산성 향상으로 우리는 더 많은 재화와 서비스를 소비할 수 있게 된다. 새로운 제품, 새로운 생산기술, 새로운 재료, 새로운 조직 등의 혁신은 재화와 서비스를 생산하는 방식을 근본적으로 변화시킨다. 기업가는 새로운 기술을 효과적이고 실용적으로 적용하여 낮은 비용으로 소비자를 만족시키는 새로운 제품을 생산해낸다. 기업가는 가치를 증가시키는 쪽으로 자원을 사용하거나 재배치해 이윤을 얻는다. 이러한 기업가의 혁신 활동은 생산을 증가시켜 경제를 성장시키고 사람들의 삶의 질을 높인다.

애덤 스미스는 『국부론』 곳곳에서 기계 발명과 같은 혁신이 노동자들의 노동량을 줄여주었을 뿐만 아니라 생산물의 증가로 노동자들의 삶이 나아졌다는 것을 피력하고 있다.[4]

> *"기술이 서툴렀던 리넨과 모직물 제조업도 크게 개선되어 노동자가 싸고도 질 좋은 옷을 입게 되었으며, 마찬가지로 금속 제조업 기술도 개선되어 값싸고 품질 좋은 작업 도구뿐 아니라 편리하고도*

---

4 스미스는 이러한 기술혁신이 이루어지기 위해서는 자산축적이 필요함을 강조한다. "본질적으로 자산의 축적은 분업에 선행되어야 하며, 사전에 자산이 많이 축적되면 될수록 그에 비례하여 노동이 더욱더 세분될 수 있다. 노동이 세분되면 동일한 수의 사람들이 다룰 수 있는 재료의 양이 노동이 나눠는 정도와 비례하여 증가한다. 그리고 각 노동자의 작업이 점점 단순해짐에 따라 작업을 용이하게 하고 간소화할 수 있는 각종 새로운 기계들이 발명된다."(WN, 제2권 서론)

보기 좋은 가구들을 마련할 수 있게 되었다."(WN, 제1권 8장)

300년 전 산업혁명을 기점으로 기술의 변화는 우리의 세상을 변화시켰다. 증기기관, 내연기관, 전기, 핵에너지는 주 에너지원이었던 인간과 동물의 힘을 대체했다. 기차, 자동차, 그리고 비행기로 인해 교통혁명이 일어났다. 세탁기, 난로, 전자레인지, 컴퓨터, 그리고 산업용 기계의 안전 장비 등, 노동력을 줄여주는 발명품들 때문에 적은 시간에 더 많은 것을 생산할 수 있게 되었다. 기술이 발달함에 따라 경제가 성장해왔다.

애덤 스미스 이후 혁신과 경제성장 간의 관계에 관한 연구는 대단히 많다. 슘페터(Schumpeter, 1942)는 경제성장에서 "기업가의 창조적 파괴 활동"이 주요한 역할을 행한다는 점을 강조했다. 울크(Ulku, 2004)와 아기온과 그 동료들(Aghion et al., 2005)도 역시 동일한 견해를 피력했으며, 퍼먼과 그 동료들(Furman et al., 2002)과 그리고 하산과 투치는 혁신 활동이 직간접적으로 거시경제 요인을 통해 경제성장에 영향을 미친다고 했다(Hassan and Tucci, 2010). 나디리도 혁신, 생산성 및 생산성 향상 간의 연관성을 강조하며, 경제성장은 외생적으로 결정되는 혁신에 영향을 받는다는 것을 보여줬다(Nadiri, 1993). 한편 웡과 그 동료들은 37개국의 데이터를 이용하여 기술혁신과 경제성장 간의 관계를 검토하여 높은 성장 잠재력의 기업가정신이 경제성장에 커다란 영향을 미침을 발견했다(Wong et al. 2005). 마라다나 외(Maradana et al., 2017)도 1989~2014년 동안 19개 유럽 국가의 혁신과 1인당 경제성장 간의 장기적인 관계를 조사하여 혁신과 1인당 경제성장 사이에 인과관계의 존재를 발견했다. 한편 하이에크는 기업가정신이 경제성장의 기초라고 했다. 한 기업가적 통찰력은 또 다른 기업가적 통찰력의 기초가 되며,

이렇게 추가적인 기업가적 통찰력이 이어짐에 따라 경제가 성장한다고 했다. 그러나 추가적인 기업가적 통찰력이 이루어지기 위해서는 '기업가적 통찰력'에 따라 행동하는 개인을 허용하고 그렇게 하는 것에 보상하는 환경이 중요함을 강조했다(Hayek, 1945). 이런 점은 자유로운 경제 환경이 기업가정신을 유도한다는 애덤 스미스의 견해와 동일하다.

분명히 인적 및 물적 자본은 생산과정에 들어가는 중요한 요소들이지만, 그것들 자체는 경제성장을 창출할 수 없다. 오히려 기업가정신을 고취하는 제도적 환경이 인적 및 물적 자본을 증가시킨다. 투자와 경제성장 간의 상관관계는 바로 기업가정신으로부터 나온다. 따라서 경제성장을 위해서는 시장을 활성화하고 생산적 활동에 보상하는 '제도적 환경'을 만드는 것이 무엇보다도 중요하다.[5]

3. 자유경쟁이 중요한 이유

애덤 스미스는 기업가의 혁신에 따른 경제성장과 국민의 삶의 개선을 위한 필요조건으로 경쟁을 강조한다. 자유롭게 경쟁하도록 해야 기업가들이 경쟁자에게 고객을 빼앗기지 않기 위해 고객에게 더 나은 재화와 서비스를 제공하게 되고 그에 따라 경제적 이익이 커지게 된다

5 커즈너(Kirzner, 1973)는 기업가를 "그 성공 여부를 알 수 없는 불확실한 상업 세계에서 아직 발견되지 않은 이윤 기회를 능동적으로 찾아 나서는 행동인(行動人, acting person)"으로 정의했다. 기업가는 그러한 기회를 발견하여 소비자의 욕구를 충족시켜줌으로써 이윤을 얻는다. 커즈너는 아직 발견되지 않은 기회를 발견하고 이윤을 포착하기 위해 움직이는 '기민성(alertness)'이야말로 기업가의 중요한 특징 중의 하나라고 한다. 보몰(Baumol, 2002)은 기업가정신이 발현되는 것은 기업가의 행위에 대한 사회의 보상체계, 즉 게임의 규칙에 달려 있다고 주장한다.

는 것이다.

> "자유경쟁을 하도록 하면 모든 은행가는 경쟁자에게 고객을 빼앗기지 않기 위해 고객에게 더욱더 서비스를 잘하지 않을 수 없다. 일반적으로 어떤 사업이든 그것이 사회를 이롭게 한다면 경쟁이 자유롭고 많을수록 그 이익은 더욱 커질 것이다."(WN, 제2권 마지막 부분)

경쟁상대가 없을 때보다는 경쟁상대가 있을 때 혁신과 발전의 속도가 더욱 빨라진다. 또 새로운 사업을 시작할 때는 대개 새로운 아이디어나 방법이 필요하다. 이런 새로운 아이디어나 방법은 기존 기업을 보호해주는 법적인 진입장벽이 없을 때 가능하다. 경쟁적 시장에서는 수많은 기업이 들어오고 나가곤 한다. 물론 경쟁으로 기업이 퇴출당함으로써 일자리나 재산을 잃어버린 사람들에게는 소비자들의 판단이 냉혹하게 느껴질 수 있을지 모르지만, 경쟁에 의한 시장의 창조적 파괴는 인간사회에서 매우 중요하다. 자원의 희소성 때문이다. 자원의 희소성은 인간이 직면한 근본적인 문제다. 자원의 희소성이 인간 세계에서 피할 수 없는 문제인 한, 사회가 지속적으로 생존 번영하기 위해서는 주어진 자원을 가장 낭비 없이 효율적으로 사용하며 소비자들이 만족하는 가치 있는 재화와 서비스를 생산해야 한다.

자유경쟁은 바로 소비자에게 가장 잘 봉사하고 효율적인 기업에 희소한 자원의 통제권을 넘기는 장치다. 자유경쟁이 비효율적인 기업들을 퇴출함으로써 자원을 사용하지 못하도록 만들며, 기업들로 하여금 소비자를 만족시키기 위해 값싸고 질 좋은 제품을 생산·공급하도록 한다. 또 새로운 방식과 경영방식을 찾아내게 한다. 그 결과 새로운 일자리가 만들어지고 경제는 발전하게 된다. 따라서 자유경쟁에 의한 비효율적이고 소비자를 만족시키지 못하는 기업의 퇴출은 경제 전체를 위해 바람직하다.

마차는 자동차가 나올 때까지 가치 있는 재화였다. 그러나 자동차가 발명되고 더 큰 가치를 제공함에 따라 말과 마차 산업은 사라졌다. 자동차가 마차 산업을 퇴출했듯이 PC와 워드프로세서는 타자기를 사라지게 했고, 디지털카메라와 반도체 메모리의 등장으로 필름 시장이 사라졌다. 또 한때 PC 업계 1위였던 델(Dell) 컴퓨터, 휴대전화기 시장에서 최고의 시장점유율을 자랑했던 노키아(Nokia) 등이 새로운 기술과 시장 상황에 적응하지 못해 추락했다. 이것은 슘페터가 말하는 창조적 파괴로서 비록 어떤 기업과 산업이 파괴되더라도 새로운 것을 통해 경제가 성장한다.[6]

경제는 이런 창조적 파괴 과정을 통해 성장한다. 만약 이런 과정을 막는다면 경제는 성장할 수 없다. 소비자의 선택에 맡기지 않고 정부가 산업과 기업을 인위적으로 보호하고 살려준다면 경제는 성장하기 어렵다. 기업가들은 끊임없는 경쟁 압력 속에서 생산 방법을 지속적으로 개선하고 혁신하며 가장 효율적인 방법으로 생산하도록 하는 유인을 갖는다. 혁신과 효율적 생산을 촉진하는 이런 유인구조가 생산량을 증가시키는 근본적인 원인이다.

---

6 '창조적 파괴'는 경제학자 조지프 슘페터(Joseph Schunpeter)가 대중화시킨 용어다. 슘페터는 기업가의 혁신이 경제의 동태적 발전을 이끄는 동인이라고 하며, 기업가의 혁신 활동에 따른 경제의 변화를 '창조적 파괴'라고 했다.

4. 자유경쟁 대 완전경쟁

일반적으로 자유경쟁을 완전경쟁으로 오해하는 경우가 많다. 자유경쟁은 특정 기업이나 산업이 정부의 보호나 특혜를 받지 않는 경우를 말한다. 반면 완전경쟁은 기업의 수가 많은 경우를 말한다. 경쟁적 시장은 자유경쟁을 의미하는 것이지 완전경쟁을 의미하지 않는다. 그런데도 일반적으로 기업의 수가 많아야 경쟁적이라는 잘못된 믿음이 생겼다. 그러한 믿음이 생긴 것은 '완전경쟁' 이론 때문이다.[7]

자유경쟁과 완전경쟁의 차이를 이해하기 위해서 먼저 경쟁의 개념을 정확히 정의할 필요가 있다. 경쟁은 인간사회에서 자원의 희소성 때문에 발생한다. 따라서 경쟁은 인간사회에서 피할 수 없는 필수 불가결한 것으로서 시장참여자가 자원의 사용 기회를 획득하려는 것이다. 그런데 생산자든 소비자든 경쟁자보다 거래당사자에게 더 매력적인 기회를 제공해야 자원의 사용 기회를 얻을 수 있다. 생산자는 다른 생산자보다 낮은 가격으로 더 나은 재화와 서비스를 제공해야 자원의 사용 기회를 얻을 수 있고, 소비자는 다른 소비자보다 더 높은 가격을 제시해야 재화와 서비스를 획득할 수 있다. 그러나 상대방보다 더 매력적인 기회를 제공하기 위해서는 새로운 기술 탐구 및 습득, 혁신과 도전 등 끊임없이 노력해야 한다. 그러므로 경쟁은 가장 나은 것을 '발견해가는 과정(discovery procedure)'인 것이다.[8] 정부가 특정 사업자에게만 사업 활동을

---

7 완전경쟁 이론에 대한 자세한 논의는 안재욱·김영신(2022) 제9장 참조.

8 경쟁 개념은 스포츠를 보면 쉽게 이해할 수 있다. 2023년 항저우 아시안게임 배드민턴 여자 단식, 여자 단체에서 금메달을 딴 안세영 선수는 어렸을 때부터 '셔틀콕 천재'라고 불렸지만, 상대방과 경쟁하면서 상대를 물리치기 위해 엄청난 노력을 했다. 그녀의 목표는 상대방을 이기는 것이고 다른 누구보다 압도적인 위치에 오르는 것이다. 사실

할 수 있는 권리를 부여하지 않는 '자유경쟁' 시장에서는 누구도 특혜를 받지 않기 때문에 이러한 '발견해가는 과정'이 극대화된다.

이와는 달리 완전경쟁은 '과정'이 아닌 '상태(state)'의 개념이다. '완전경쟁' 시장의 조건은 우선 수많은 판매자와 구매자가 있어야 한다. 그리고 무엇보다 판매자와 구매자가 완전한 정보를 가지고 있다고 가정한다. 이 상태에서는 더 이상 경쟁적 행위가 존재하지 않는다. 즉, 완전경쟁은 서로 경쟁하는 많은 기업이 산업에 자유롭게 진입하여 경쟁한 결과, 더 이상 경쟁하지 않는 수많은 기업이 존재하는 상태를 의미한다. 완전경쟁에서 생산자들은 가장 효율적인 생산 방법을 알고 있으며, 소비자들은 재화와 서비스에 대한 수요를 알며 또 얼마의 가격을 지불할 용의가 있는지도 안다고 가정한다. 즉, 생산자나 소비자는 각각 생산 방법과 수요에 대한 지식을 모두 갖추고 있다고 가정한다. 그러나 현실에서 이러한 지식은 경쟁 행위를 통해서 획득되는 것이다. 그래서 하이에크는 "경쟁과정 없이 균형 상태에서 이러한 지식을 가지고 있다고 가정할 수 없으며, 이런 점에서 경쟁은 발견적 절차이고, 사람들은 경쟁을 통한 발견적 절차에 의해 지식을 창출하고 집적하여 경제 활동에 대한 견해를 형성한다"라고 했다(Hayek, 1948).

게다가 구매자와 판매자가 완전한 정보를 갖는다는 것은 확실성의 세계를 가정하는 것과 같다. 확실성의 세계에서는 기업가의 활동과 기업가정신이 들어설 자리가 없다. 미래가 알려져 있으므로 미래의 소비자 수요의 형태를 상상할 필요가 없기 때문이다. 소비자의 수요를 더 잘

모든 스포츠 선수들의 목표가 그러하다. 기업가들도 이와 다르지 않다. 아마존의 제프 베이조스(Jeff Bezos)가 온라인 쇼핑몰을 통해 유통비용을 낮춘 것, 삼성전자의 이건희 회장이 반도체와 스마트폰을 생산하며 삼성을 글로벌 기업으로 성장시킨 것 역시 마찬가지다.

만족시키는 생산과정을 조직하는 방법을 생각하고, 새로운 제품, 새로운 시장, 새로운 일자리를 창출할 일이 없다. 완전경쟁 시장은 '정체되고 정지된 상태'의 세계인 것이다.

'완전경쟁' 이론이 경제학에 도입되게 된 배경에는 쿠르노(Antoine Augustin Cournot, 1801-1877)가 있다. 쿠르노는 1838년 출판된 『부의 이론의 수학적 원리에 관한 연구』에서 경제 분석에 수식을 이용하며 수학의 여러 가지 개념을 도입했다. 경쟁의 최종 결과에 관해 관심을 가진 쿠르노 이후 경쟁은 '상태'를 의미하게 되었다. 쿠르노는 각 기업의 생산물이 산업의 총생산량에 비해 미미하여 그 생산 여하가 가격에 전혀 영향을 미치지 않을 때 경쟁의 효과가 그 한계에 도달한다고 했다. 이는 매우 많은 수의 판매자가 존재한다는 사실을 의미하고, 수리적으로는 판매자가 직면하는 수요곡선이 수평임을 뜻한다. 이러한 경쟁 개념이 제번스(William Stanley Jevons)와 에지워스(Francis Ysidro Edgeworth) 등에 의해 시장구조와 결합했으며,[9] 이후 클라크(John Bates Clark)와 나이트(Frank Hyneman Knight) 등에 의해 정교해져 오늘날 통용되는 완전경쟁 개념으로 자리 잡게 되었다.[10]

시장에서 실제로 일어나고 있는 경쟁은 '상태'가 아닌 '과정'으로서의 경쟁이다. 시장참가자는 경쟁자보다 거래당사자에게 더 매력적인 기회를 제공하기 위해 노력한다. 그러한 경쟁 행위를 통해 새로운 기회를 발견하고 자원을 효율적으로 배분함으로써 자연이 준 자원의 한계를 완화하여 모두의 삶을 개선한다. 경쟁에서 누구나 승자가 되기를 원하지만, 모두가 승자가 될 수는 없다. 패자가 생기기 마련이다. 그러나

---

9 쿠르노가 명시적으로 시장구조라는 주제에 관해 설명하지는 않았다.

10 완전경쟁의 역사적 고찰에 대한 자세한 것은 스티글러(Stigler, 1957) 참조.

인간사회의 경쟁에서는 패자라고 해서 동물 세계에서의 경쟁과는 달리 폐기되는 것이 아니다. 경쟁과정을 통해 자신에게 가장 적합한 위치로 옮겨가게 된다. 모든 사람이 동일한 한 가지 자원이나 자리를 차지하기 위해 다투는 것이 아니라, 어떤 사람은 사과를 재배하고, 어떤 사람은 자동차를 만들고, 어떤 사람은 테니스 선수가 되고, 어떤 사람은 권투 선수가 되듯이 자신에게 걸맞은 자원이나 자리를 차지하게 된다. 그리고 각자의 자리에서 다른 사람들과 협동하며 산다. 요컨대 인간사회의 경쟁은 최후의 승자를 가리는 것이 아니라 각 개인이 원하는 고유한 목적의 달성을 위해 서로 협동하는 것이라고 할 수 있다. 자연이 준 먹이만을 둘러싼 싸움이 아닌 '교환학적' 경쟁을 통해 생산을 증가시키며 갈등을 조화로 해결하는 것이다.

시장에서 실제로 일어나고 있는 이러한 경쟁은 기업의 수의 많고 적음과는 상관이 없다. 그런데도 완전경쟁 모형에 근거해 기업의 수가 한 개일 경우를 독점이라고 정의하고, 기업의 수가 두 개 이상인 경우를 과점으로 정의하며, 기업의 수가 많아야 경쟁적이라고 한다. 완전경쟁 모형에 준거한 독점과 경쟁이 오늘날 대표적 패러다임으로 자리 잡으면서 시장에 대한 정부 개입을 정당화하는 근간이 됐다. 한국의 〈독점규제 및 공정거래에 관한 법률〉 역시 이를 바탕으로 하고 있다. 공정거래법에 따르면 1 사업자의 시장점유율이 50% 이상이거나 3 이하 사업자의 시장점유율이 75% 이상이면 시장지배적 사업자로 추정되어 각종 규제를 받는다.

5. 완전경쟁 이론에 근거한 기업규제 사례[11]

1) 삼익악기의 영창악기 인수 사례

완전경쟁 이론에 근거하여 만들어진 잘못된 기업규제들이 대단히 많다. 대표적인 것이 삼익악기의 영창악기 인수 사례다. 2004년 9월 공정거래위원회는 삼익악기의 영창악기 인수를 허용하지 않았다. 삼익악기가 영창악기를 인수하면 업라이트 피아노 기준으로 시장점유율이 92%에 달하게 되어 시장지배력을 남용할 소지가 매우 크다는 이유에서였다. 공정거래위원회는 삼익악기가 취득한 영창악기의 지분 48.6%를 1년 안에 제3자에게 처분하도록 명령했고, 그로부터 12일 후 영창악기는 부도가 났다.

피아노 시장에서 경쟁은 국내 피아노 회사들에 국한되지 않는다. 당시 국제시장에서 삼익악기의 경쟁상대는 일본의 야마하와 독일의 슈타인 바흐였다. 당시 미국 시장에서 가장 시장점유율이 높은 기업은 야마하였다. 야마하가 32%, 삼익악기가 26%, 영창악기가 9%를 차지하고 있었다. 만일 삼익악기가 영창악기와 합병했을 경우 야마하나 슈타인 바흐와 국내시장과 국제시장에서 더 효과적으로 경쟁할 수도 있었다. 그런데 공정거래위원회가 삼익악기의 영창악기 인수를 허용하지 않음에 따라 결과적으로 외국기업인 야마하나 슈타인 바흐에게 경쟁의 압력을 줄여주는 도움을 주었다. 게다가 경쟁에 따른 소비자들의 이익 증가가 차단되었다.

---

11 여기에 있는 내용은 안재욱·김영신(2022)의 제9장 제3절의 일부임.

2) 스탠더드 오일 사례

미국의 스탠더드 오일과 마이크로소프트 사례 역시 완전경쟁 이론에 근거한 기업규제다. 1870년 록펠러에 의해 설립된 스탠더드 오일(Standard Oil)이 1890년 미국 내 88% 시장점유율을 기록하자 1911년 반독점법 위반으로 스탠더드 오일을 34개 독립회사로 분할 해체했다. 그러나 스탠더드 오일이 분리된 이후 정유 가격이 급격히 상승하여 분리 이전보다 크게 높아졌다. 지배기업이 분리된 이후에 이들 기업의 시장점유율이 하락했음은 물론이다. 시장점유율이 하락한 그 자리를 중소 경쟁 업체들이 차지했다. 그러나 이러한 변화는 소비자를 위한 것이 아니었다. 오히려 분리로 인해 비용과 가격이 상승했고 비효율적인 기업들이 생산과 판매를 확대했다. 이러한 반독점 조치로 이익을 본 것은 소비자가 아니라 특정 경쟁 업체들이었다. '경쟁을 창출'했던 규제당국의 조치는 오히려 많은 경제적 손실을 초래했다.

3) 마이크로소프트 사례

1999년 미 연방법원은 마이크로소프트(MS)사에 대해 반독점법 위반 예비 판결을 했다. 독점 기업이었다는 기준으로 MS사의 시장점유율 85% 이상을 들었다. 또 다른 근거는 MS사가 윈도(Window)를 팔 때 독점력을 이용하여 인터넷 브라우저인 인터넷 익스플로러를 끼워 팔았다는 것이다. 시장점유율 자체만 놓고 본다면 윈도의 공급자인 MS는 독점 기업이라 할 수 있다. 그러나 행위를 기준으로 보면 MS는 독점이라고 할 수 없다. 85%의 시장점유율은 그만큼 소비자가 구매해서 사용하고 있다는 것의 방증이며, 달리 표현하면 MS가 소비자를 만족시키기 위해 치열하게 노력했다는 것을 보여주는 것이다.

실제로 끼워 팔기 소송과정에서 윈도 가격이 독점가격인지 아닌지를 판정하기 위해 MS가 독점력을 충분히 활용하면 윈도 가격을 얼마까지 받을 수 있을 것인가에 대한 추정이 이루어졌다. MS 측 경제학자인 슈말린지(Schmalense)는 960달러, 정부 측 경제학자인 프랭클린 피셔(Franklin Fisher)는 265달러로 추정했다. 그러나 당시 실제의 윈도 OEM 가격은 그 두 가격보다 훨씬 낮은 65달러였다. 이것은 MS는 거의 PC 운영체제 시장에서 거의 유일한 공급자였지만, 시장점유율에 바탕을 두고 '독점적 행동'을 할 것이라는 추정이 잘못되었다는 것을 보여준다. 게다가 익스플로러, 윈도 미디어플레이어 등 독립적으로 팔면 상당한 값을 받을 수 있는 소프트웨어들을 대부분 윈도에 끼워서 무료로 제공한 것은 매우 치열한 경쟁적 행동이며, 소비자에게 이익이 되는 행동들이다.

높은 시장점유율을 누리고 있다고 하더라도 언제 어떻게 경쟁자들이 나타나 시장점유율이 떨어질지는 아무도 모른다. 그러니 당장 시장점유율이 높다고 하더라도 고객 만족을 위해 치열하게 노력하는 것이다. 실제로 인터넷 익스플로러는 2002년과 2003년 그 사용률이 95%에 이르렀다가 구글의 웹 브라우저인 크롬의 등장으로 인터넷 익스플로러의 시장점유율이 크게 하락했다. 게다가 삼성의 안드로이드(Android), 애플의 아이폰 같은 스마트폰이 등장하면서 PC의 위상이 추락했고, 그와 더불어 MS의 위상도 점점 추락하고 있다.

6. 애덤 스미스의 경쟁 개념으로 복귀 필요

시장에 하나의 기업만 존재하는 이유에는 두 가지가 있을 수 있다. 하나는 정부가 특정 기업에 독점권을 부여하는 경우이고, 다른 하나는 자유경쟁 시장에서 발생하는 하나의 기업이다. 정부에 의해 독점권을 부여하는 것은 정부가 가진 인·허가권을 통해 특정 사업자에게만 사업 활동을 할 수 있는 권리를 부여하는 조치다. 즉 법적인 진입장벽을 만들어주는 것이다. 이것은 인위적인 장벽으로서 정부의 인허가를 얻지 못하면 그 사업 활동에 종사하지 못하므로 인허가받은 사업자는 자연스럽게 독점을 유지할 수 있다. 이러한 법적인 진입장벽 때문에 생긴 독점은 다른 기업들로부터 자유경쟁이 차단되므로 독점가격을 설정할 수 있을 뿐만 아니라, 설령 비효율적이라고 하더라도 시장에서 퇴출당할 염려가 없다. 그러므로 독점으로 인한 폐해는 바로 이런 정부의 진입장벽에 의해 생긴 독점이다.

이와는 달리 '자유경쟁' 시장에서도 '독점'은 생겨날 수 있다. 많은 기업이 자유롭게 경쟁한 결과 가장 효율적이고 소비자를 가장 잘 만족시킨 기업이 하나만 남아도 '구조적'으로는, 즉 기업의 수로는 독점이다. 그러나 이런 경우의 독점 기업은 항상 새롭게 시장에 진입하려는 잠재적 기업들에 의한 경쟁에 직면해 있으므로 독점가격을 설정할 수 없을 뿐만 아니라 자원배분을 왜곡하는 것도 아니고, 소비자 복지를 훼손하지 않는다. 이는 곧 경쟁의 결과로 나온 소위 '독점 기업'이 시장을 100% 점유한다고 하더라도 이를 문제 삼을 이유가 없음을 의미한다. 정부에 의한 진입장벽이 없다면 자유경쟁 시장에서 효율에 근거하지 않은 진입장벽은 없으므로 정부의 진입장벽에 의해 생긴 독점과 경쟁의 결과로 생긴 '독점'은 명확하게 구별되어야 한다. 그리고 자유경쟁의 결과로 생긴 '독점'을 독점이라고 부르면 잘못이다. 이 경우 역시 경쟁적 시장이다. 정부에 의한 인위적인 진입장벽이 없는 상황에서 경쟁을 통해 얻은 결과물인 시장점유율을 현재 상태를 기준으로 파악하는 것은 시장과정으로서의 경쟁 개념과는 배치되는 것이다.

애덤 스미스는 이러한 '과정으로서의 경쟁' 개념을 사용했다. 그는 정부로부터 특혜를 받아 그 권리를 누리는 것을 독점으로 정의하고, 그 반대의 개념으로 정부로부터 특혜를 받지 않는 것을 자유경쟁이라고 암묵적으로 정의했다. 정부의 특혜가 없는 경쟁적 시장에서 자원이 효율적으로 사용되고 경제성장을 촉진한다고 했다.

> *"국내에서 생산할 수 있는 재화를 수입하는 것에 관세를 높게 매기거나 절대 금지하여 제한하면 그 재화를 생산하는 국내 산업은 국내시장에서 어느 정도 독점을 보장받는다."(WN, 제4권 2장)*

> *"동업 조합원들 외에 다른 노동자를 고용하지 못하도록 막는 것이 동업 조합원들에게 이익이 되듯이, 국내시장에서 독점권을 확보하는 것이 상인과 제조업자에게 이익이 된다."(WN, 제4권 3장)*

> *"독점은 상업이윤율을 증가시켜 토지개량을 방해한다."(WN, 제4권 7장)*

시장과정으로서의 경쟁의 개념은 리카도(David Ricardo), 밀(John Stuart Mill) 등의 고전학파 경제학자를 거쳐 하이에크로 이어졌다. 현재 주류경제학인 신고전학파에서 '완전경쟁' 이론에 근거해 다루고 있는 경쟁과 독점의 개념은 애덤 스미스와 하이에크가 사용하고 있는 개념으로 복구되어야만 한다. 즉 경쟁을 '상태 개념의 경쟁'이 아닌 '과정으로서의 경쟁' 개념으로 복귀해야 한다. 완전경쟁 개념은 사람들의 행위로서의 경쟁을 설명하는 데 유용하지 않을 뿐만 아니라 경쟁 정책을 입안하는 데도 유용하지 않다. 완전경쟁 모형을 바탕으로 하면 잘못된 규제와 정책이 만들어진다. 완전경쟁 모형은 기업의 수가 많을수록 경쟁적이라는 것을 시사하므로 정부는 기업의 수가 적은 산업을 비경쟁적이라고 생각하여 인위적으로 기업의 수를 늘리는 정책을 쓸 수 있기 때문이다. 많은 수의 기업이 소규모로 생산하게 되면 대규모로 생산하는 경우보다 일반적으로 비효율적이고 가격이 높다. 정부 정책으로 소비자가 피해를 보고 경제 전체적으로 생산성이 떨어질 수 있는 것이다.

기업에 대해 잘못된 규제는 경쟁을 제한하여 가장 가치가 있는 곳에 자원을 사용하지 못하게 만들어 경제성장을 저해한다(Blanchard and Giavazzi, 2003).[12] 그뿐만 아니라 관료적 형식주의와 규제 부담들이 자본스톡을 조정하는 기업의 비용을 증가시키고 경제 여건의 변화에 대응하여 생산능력을 변화시키는 것을 방해한다.[13] 그리고 기업규제는 기업가의 혁신 활동을 방해하여 결국 연구·개발과 같은 투자의 감소로 이어진다(Vives, 2004; Acs, 2006; Carree & Thurik, 2005; Holcombe, 1998).

오늘날 기업에 대해 잘못된 정부의 규제와 경쟁 정책을 바로잡기 위해서는 최우선으로 선행되어야 할 것은 애덤 스미스가 사용한 경쟁의 개념으로의 복귀다. 최근 많은 이익을 낸 은행들이 성과급·퇴직금 잔치를 벌이자 은행의 과점 체제 때문이라고 하며 경쟁 체제 도입을 위

12 잔코프 외(Djankov et al., 2006)는 135개국의 기업규제와 경제성장 간의 관계를 연구한 결과, 좋은 규제를 하는 국가들의 경제성장이 더 좋음을 보여주고 있다.

13 마호니(Mahoney, 2001)는 작은 정부에 기초한 법체계를 가진 국가들이 높은 경제성장을 이룬다는 것을 보이고 있다.

해 은행의 수를 늘려야 한다는 이야기가 정부 내에서 나오고 있다. 이것 역시 완전경쟁 이론에 근거하고 있다. 한국의 5대 시중은행이 과점 체제인 것만은 분명하다. 그러나 이러한 과점 체제는 시장의 결과가 아닌 정부의 통폐합 정책, 즉 정부 관치금융의 소산물이다. 경쟁을 도입하기 위해 은행의 수를 늘릴 것이 아니라 관치금융을 없애는 것이 먼저다.

7. 요약 및 결론

애덤 스미스는 『국부론』에서 국가와 국민을 잘살게 하는 원천은 생산물의 증가, 즉 경제성장에 있음을 역설한다. 그리고 경제가 성장하기 위해서는 노동생산성이 향상해야 한다고 하며, 또 노동생산성이 향상하기 위해서는 자본가-기업가의 자본 축적과 함께 기술 진보와 혁신이 필수적임을 강조하고 있다. 애덤 스미스는 자본 축적을 통해 더 전문적이고 더 많은 노동을 절약할 수 있는 기계나 도구를 개발할 수 있고, 분업이 더욱 심화할 것이며, 이에 따라 노동에 대한 수요가 더 증가해 노동자의 임금이 상승할 것이라고 말한다. 결국 자본가-기업가의 자본 축적은 새로운 기술과 지식을 창출하게 하고, 기존 시장의 확대뿐만 아니라 새로운 시장을 개척할 수 있게 함으로써 경제를 성장시켜 국가는 물론 국민이 잘살게 된다는 것이다.

애덤 스미스는 기업가의 혁신에 따른 경제성장과 국민의 삶의 개선을 위한 필요조건이 경쟁임을 강조한다. 자유롭게 경쟁하도록 해야 기업가들이 경쟁자에게 고객을 빼앗기지 않기 위해 고객에게 더 나은 재화와 서비스를 제공하게 되고 그에 따라 경제적 이익이 커지게 된다는 것이다.

애덤 스미스가 말하는 자유경쟁은 오늘날 경제학 교과서에서 말하는 기업의 수로 정의하는 완전경쟁과는 다르다. 오늘날 경제학 교과서에서 기업의 수가 많으면 경쟁이고 기업의 수가 한 개이면 독점이라고 한다. 그래서 시장점유율이 높은 기업을 시장지배적 사업자로 규정하여 독과점 규제를 하고 있다. 이와는 달리 애덤 스미스는 독점을 정부가 특정 기업에 배타적인 특권을 부여하는 경우라 하고, 정부의 배타적 특혜에 의해 방해되지 않는 시장을 자유경쟁 시장이라고 했다.

자유경쟁 시장에서 많은 기업이 자유롭게 경쟁한 결과 가장 효율적인 기업 하나가 남게 되면 그것은 오늘날 경제학 교과서에 따르면 독점이지만, 정부의 진입장벽에 의한 독점과는 엄연히 다르다. 자유경쟁 시장에서 경쟁의 결과로 남게 되는 기업은 소비자에게 열심히 봉사하고 노력한 결과다. 따라서 자유시장에서 발생하는 이른바 '독점'은 우리가 우려하는 독점적 폐해가 발생하지 않는다. 그래서 기업의 수나 시장점유율을 가지고 독점 여부를 판단하여 규제하는 것은 정책 실패와 오류만 불러일으키고, 기업가의 혁신 활동을 떨어뜨려 경제성장을 훼손하여 국민의 삶의 개선에 방해가 된다. 특정 기업이나 산업을 보호하거나 특혜를 주는 정부 개입을 없앰으로써 애덤 스미스가 말한 경쟁의 개념, 즉 '과정으로서의 경쟁'을 확립해야 한다.

참고문헌

안재욱(2018), 『한 권으로 읽는 국부론』, 박영사.

안재욱·김영신(2022), 『경제학-시장경제원리』, 박영사.

Acs, Zoltan (2006), "How Is Entrepreneurship Good for Economic Growth?," *Innovations*, 1(1), 97-107.

Aghion, P., Bloom, N., Blundell, R., Griffith, R., Howitt, P. (2005), "Competition and Innovation: an Inverted U Relationship", Oxford Journals, *Quarterly Journal of Economics*, 120(2), 701-728.

Baumol, W. (2002). *The Free-Market Innovation Machine: Analyzing the Growth Miracle of Capitalism*, Princeton, N.J.: Princeton University Press.

Blanchard, Olivier J. and Francesco Giavazzi (2003), "Macroeconomic Effects of Regulation and Deregulation in Goods and Labor Markets," *Quarterly Journal of Economics*, 118, 879-908.

Carree, Martin A. and Thurik, A. Roy (2005), "The Impact of Entrepreneurship on Economic Growth," *Handbook of Entrepreneurship Research International Handbook Series on Entrepreneurship*, 1(7), 437-471.

Djankov, S., C. McLiesh, R. M. Ramalho (2006), "Regulation and Growth," *Economics Letters*, 92(3), 395-401.

Furman, J., Porter, M. E., and Stern, S. (2002), "The Determinants of National Innovative Capacity," *Research Policy*, 31, 899-933.

Hassan, I., and Tucci, C. L. (2010), "The Innovation-economic Growth Nexus: Global Evidence," *Research Policy*, 39(10), 1264-1276.

Hayek, Friedrich A. (1945), "The Use of Knowledge in Society," *American Economic Review*, 35, 519-530.

_____ (1948), "The Meaning of Competition," in *Individualism and Economic Order*, Chapter V, Chicago and London: University of Chicago Press, 1948, 92-106.

Holcombe, Randall G. (1998), "Entrepreneurship and Economic Growth," *Journal of Austrian Economics*, 1(2), 45-62.

Kirzner, Israel M. (1973), *Competition and Entrepreneurship*, University of Chicago Press.

Maradana, Rana P., Pradhan, Rudra P., Dash, Saurav, and Gaurav, Kunal (2017), "Does Innovation Promote Economic Growth? Evidence from European Countries," *Journal of Innovation and Entrepreneurship*, 6(1), 1-23.

Nadiri, I. (1993), "Innovations and Technological Spillovers," Working Paper 423, National Bureau of Economic Research, Cambridge, MA.

Romer, P. M. (1986), "Increasing Returns and Long Run Growth," *Journal of Political Economy*, 98, 71-102.

Schumpeter, J. A. (1942), *Capitalism, Socialism and Democracy*, New York: Harper and Row.

Solow, R. (1956), "A Contribution to the Theory of Economic Growth," *The Quarterly Journal of Economics*, 70(1), 65-94.

Stigler, George J. (1957), "Perfect Competition, Historically Contemplated," *Journal of Political Economy*, 65(1) (February), 1-17.

Ulku, H. (2004), "R&D, Innovation, and Economic Growth: An Empirical Analysis," International Monetary Fund Working Papers, WP/04/185, 2-35.

Vives, Xavier (2004), "Innovation and Competitive Pressure," Working Paper, INSEAD.

Wong, K. P., Ho, Y. P., Autio, E. (2005), "Entrepreneurship, Innovation and Economic Growth: Evidence from GEM Data," *Small Business Economics*, 24(3), 335-350.

제2부 자유와 정부

Adam Smith

ADAM SMITH

제3장 애덤 스미스: 시장과 정부[1]

김성준·홍승헌

1. 서론

정보통신기술(ICT)의 융합을 키워드로 진행되고 있는 4차 산업혁명 시대와 함께 디지털/데이터 기반 사회로 급속한 전환이 이루어지고 있다. 동시에 관련 산업에 대한 진흥이 우선인가 혹은 소비자 보호를 위한 규제가 우선인가라는 이분법적 논쟁이 뜨겁게 벌어지고 있다. 한편에서는 주요 선진국들에 비해 뒤처진 인공지능(AI)과 빅데이터와 같은 미래 산업에 적극적으로 대응하기 위해서는 불합리한 규제를 완화(deregulation)하고 필요시에는 과감하게 철폐해야 한다고 주장한다. 반면, 다른 한편에서는 융복합 기술 성격이 강한 다양한 신산업에 내재하는 위험성과 변혁적 효과에 주목하면서 사회적 신뢰를 확보하기 위해서는 오히려 규제를 강화하거나 재규제(re-regulation)하는 것이 불가피

1 이 글은 『질서경제저널』 26(3)에 게재한 논문을 수정·보완한 것이다.

하다고 주장한다.

물론 이러한 논쟁이 해당 이슈에만 적용되는 새로운 것은 아니다. 1990년대 후반 아시아 금융위기를 겪은 이후 규제개혁은 모든 정권의 예외 없는 단골 메뉴였다. 그럼에도 불구하고 이 같은 논쟁들이 지속적으로 제기되는 것은 여전히 시장에서 만족할 만한 수준의 규제개혁을 이루어내지 못했을 뿐만 아니라 새로운 변화를 수용할 만큼 유연하고 강건한 규제시스템을 구축하지 못했다는 점을 방증(傍證)한다.

이 글에서는 애덤 스미스 탄생 300주년을 맞아 정부의 역할에 대한 그의 생각을 돌아보고, 급변하는 시대에 우리나라 정부에 대한 정책적 함의를 탐구하고자 한다. 3세기 전 스코틀랜드의 이 위대한 사상가는 후대의 많은 학자들에게 '경제학의 아버지'라 추앙받지만, 때때로 그들의 입맛에 맞게 각색되기도 오해되기도 해왔다(Liu, 2022).

스미스의 『국부론』은 시장에서 자유로운 개인들이 자기 이익을 추구하면서 얻을 수 있는 사회적 질서와 국가의 부(wealth)를 주장함으로써 경쟁에 대한 제한을 성장의 걸림돌로 인식하는 것처럼 보이기도 하지만, 다른 한편으로 "규제가 노동자에게 유리할 때, 항상 정의롭고 공평하다(Smith, 1977)."라고 언급하면서 온건한 평등주의적인 입장을 보여주기 때문이다. 산업진흥과 정부규제 간의 이분법적 논쟁의 내면을 들여다보면, 그 본질은 시장과 정부와의 관계, 특히 국가의 번영을 위한 정부의 역할은 어떠해야 하는가에 있다. 시장에 대한 지원과 규제는 결국 특정한 행위를 하게 만드는 정부의 수단이라고 할 수 있기 때문이다(Reich, 2022). 스미스 탄생 300주년을 맞아 정부의 역할에 대한 스미스의 사상을 재조명해야 할 이유가 바로 여기에 있다.

이 장에서는 스미스가 어떤 모습의 정부를 이상적인 모델로 보았는지 규범적인 측면에서 살펴보고, 이에 비추어 현재 우리나라 정부는

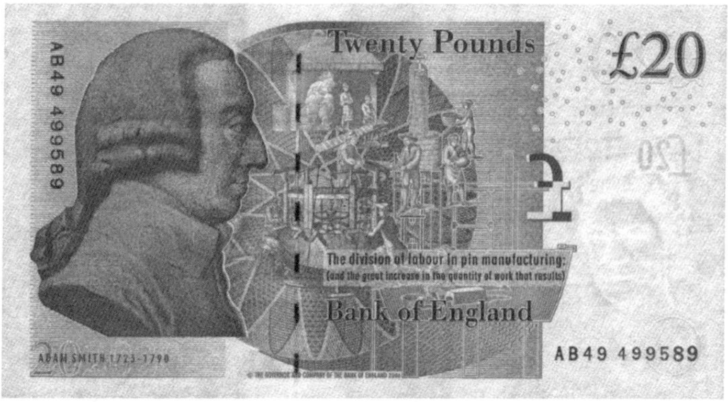

그림 1. 2007년 발행된 영국 20파운드 지폐에 등장한 애덤 스미스

출처: https://www.worldbanknotescoins.com/2015/05/england-20-pound-sterling-note-2007-adam-smith.html

어떤 모습이고 향후 어떤 모습으로 가야 하는지 현실적인 방향을 모색하고자 한다. 이를 위해 스미스의 『도덕감정론』과 『국부론』을 골격으로 그의 정부관에 해당하는 주요 내용을 검토하고 그 함의를 생각해보고자 한다.

먼저 애덤 스미스 사상의 뿌리를 살펴본다. 스미스는 스코틀랜드 계몽주의 철학자인 프랜시스 허치슨과 데이비드 흄으로부터 큰 영향을 받았다. 여기서는 이들과의 교감이 인간에 대한 스미스의 사상을 형성하는 데 어떻게 영향을 미쳤는지를 고찰한다. 둘째로, 정부의 역할에 대한 스미스의 관점을 살펴보고자 한다. 정부가 담당해야 하는 영역인 국방, 치안, 공공시설에 관한 스미스의 관점을 정리하고 정부가 조정자로서 보상과 처벌을 어떻게 활용해서 정의를 확립하고자 했는지를 살펴본다. 그리고 정부의 지나친 자만심이 정부 실패로 나아갈 수 있는 가능성에 대한 스미스의 경고를 살펴본다. 마지막 셋째로, 스미스 정부관이 가지는 현대적 의미를 살펴보면서 마무리한다.

2. 사상적 배경

1) 스미스 사상의 뿌리

스미스 사상의 가장 근본적인 뿌리는 스코틀랜드 계몽주의다. 스코틀랜드 계몽주의는 사회질서의 안정된 유지와 함께 국가경제 번영을 이룰 수 있는 인간의 본성은 무엇인가라는 질문으로부터 출발한다. 나아가 인간사회는 문명의 발전과 함께 어떤 방식으로 진화하는지 그리고 개인과 사회에 대한 근본적인 문제라고 볼 수 있는 도덕철학의 문제를 탐구한다.

스코틀랜드 계몽주의는 18세기 중반에 글래스고(Glasgow)와 에든버러(Edinburgh) 등 스코틀랜드 주요 도시를 중심으로 일어난 사조로서, 인간의 본성을 과학적으로 탐구함으로써 인간을 도덕적으로 구속하는 원칙을 설명하고자 한 유럽의 자연법(natural law) 전통의 영향을 받았다. 18세기 초부터 예술, 정치, 과학, 의학, 공학 등 다양한 분야에서 비판적 연구 모임이 에든버러 등지의 클럽에서 일어나기 시작했고, 이들은 자신을 둘러싼 세계의 원칙에 대한 철학적 질문을 던지고 답을 찾고자 했다. 예를 들어, '사물을 아름답게 만드는 것은 무엇인가?', '인간은 도덕적이기 위해 종교가 필요한가?' 등이다. 애덤 스미스, 데이비드 흄, 애덤 퍼거슨, 프랜시스 허치슨 등이 대표적이다. 사회문제에 관심이 많았던 스코틀랜드 계몽주의자들은 사회질서의 안정된 유지와 함께 국가경제 번영을 이룰 수 있는 인간의 본성은 무엇인가라는 질문에서부터 출발하고자 했다. 인간사회는 문명의 발전과 함께 어떤 방식으로 진화하는지와 사람과 사회에 대한 근본적인 문제라고 볼 수 있는 도덕철학의 문제를 탐구했던 것이다.

스미스의 사상에 큰 영향을 준 두 인물로 프랜시스 허치슨과 데이비드 흄을 들 수 있다. 허치슨은 자연법 사상에 기초한 도덕철학자이자 글래스고 대학 교수로서 스미스의 은사이기도 하다. 자연법 사상에 의하면 우주에는 인간의 이성으로 접근할 수 있는 근본적인 도덕적 질서가 존재한다. 허치슨은 자연법이 인간에게 본성적으로 주어진 것이며, 이는 인간이 보다 나은 삶을 추구하는 데 도움이 된다고 주장했다. '최대 다수의 최대 행복'을 최초로 언급한 철학자이기도 한 허치슨은 도덕적으로 선한 행위란 타인의 행복에 대한 열망인 자비심에 의해 동기가 부여된 행위이며, 이때 행위의 범위가 넓을수록 도덕적으로 더 좋은 행위라고 주장했다.

18세기 스코틀랜드 계몽주의를 이끌었던 철학자이자 정치경제학자인 데이비드 흄(1711-1776)은 인간의 모든 지식은 감각적 경험에서 비롯되므로, 타고난 지식이나 선험적 지식 같은 것은 존재하지 않는다고 주장했다. 그는 『인간본성론』에서 경험과 관찰을 통해 인간 본성의 전체적인 그림을 그리고자 했다. 경험주의자인 흄은 홉스와 로크 등의 사회계약설에 동조하지 않았다. 그는 국가 성립의 논리적 근거를 이성적이고 평등한 사회구성원들 간의 가정적인 사회계약에 두고 있는 사회계약론은 역사적 사실에 부합하지 않을 뿐만 아니라 자칫 혁명적 사고와 연결될 수 있다고 지적한다. 즉, 사회계약론에 따르면 통치자가 인민을 억압하는 경우 일종의 계약을 위반한 것이기 때문에 통치권을 강제로 박탈할 수 있다는 정당성을 옹호하기 때문이다(Hume, 1994).

물론 사회계약론자들 사이에도 사회계약의 파기 가능성에 대한 견해가 조금씩 다르다. 대표적으로 정치철학자이자 최초의 민주적 사회계약론자로 불리는 토머스 홉스(1588-1679)는 『리바이어던』에서 다음과 같이 주장한다. 개인들의 계약을 통해 자기 보호의 권리를 절대자인 리바이어던에게 이양시킨 것으로, 엄밀한 의미에서 리바이어던은 계약 당사자가 아니기 때문에 사회계약의 파기가 어렵다고 보았다. 그리고 설령 리바이어던이 전제군주가 되더라도 다시 자연상태로 돌아가는 것보다는 나을 수 있다고 주장했다. 이에 대해 이후의 사회계약론자들은 국가(정부)를 계약의 당사자로 보았기 때문에 국가가 개인의 생명과 재산을 보호하지 못할 경우에는 언제나 계약을 철회할 수 있어야 한다고 보았다.

이 같은 사회계약론자들의 주장과는 달리 흄은 개혁은 필요하지만 안이하게 접근할 경우 안정된 사회질서를 해쳐 오히려 해롭다고 보았다. 경험과 관습을 통해 점진적으로 구축되어온 사회제도를 중시한 반면, 이성의 힘이라는 이름으로 급진적으로 사회를 개혁할 수 있다는 사고방식에 회의적이었다. 한마디로 계몽이라는 명분으로 초래될 수 있는 이성의 오만함을 경계한 것이다. 스미스는 허치슨과 흄의 이 같은 통찰과 철학을 수용했다.

2) 스미스의 인간관

스미스는 개인의 자유의지에 전적으로 맡기면 시장이 모든 경제문제를 스스로 해결할 수 있다고 믿지 않았다. 그는 소위 자유방임주의자가 아니었고 무정부주의자는 더더욱 아니었다. 스미스가 현대 사회과학에 미친 영향이 너무 큰 탓이었을까? 아니면 주류경제학을 비롯한 자유주의 철학과 이념이 스미스를 선점해서였을까? 일부 자유주의 사상에 반발하고 저항하는 이들은 이렇게 스미스를 자유방임주의자로 프레임을 씌웠다.

왜 스미스를 자유주의자 혹은 고전자유주의자로 부르지 않고 굳이

'방임'이란 말을 추가했을까? 방임(放任)의 사전적 의미는 놓을 방(放), 맡길 임(任)으로 그냥 내버려둔다는 뜻이다. 긍정적으로 해석하면 간섭하지 않는다는 의미지만, 방임이라는 단어가 부정적인 의미로 해석되는 우리 사회에서는 누군가 간섭하지 않는다는 것을 생각이나 행동에 남의 시선, 남에 대한 배려를 전혀 하지 않고 자기 마음대로 한다는 뜻으로 해석되기 쉽다. 즉, 방임이 마치 아무 거리낌 없이 자기 멋대로 행동한다는 '방종(放縱)'의 의미로 받아들여진다.

이렇게 프레임을 짜게 되면 스미스를 이해하지 못하는 대중은 그의 자유주의 사상을 아무런 도덕적·윤리적 개념도 없이 오직 자신만을 위해 멋대로 행동하는 개인을 지지하는 것으로 오해하게 된다. 그 결과, 스미스의 사상과 자유주의 철학을 부정적으로 바라보고 거부감을 불러오게 된다. 인간의 이기심(self-interest)을 인간의 자연스러운 본성으로 보지 않게 되는 것이다. 스미스의 인간관과 정부관에 대한 조명이 다시 필요한 이유다.

그렇다면 스미스는 어떤 인간관을 가지고 있었을까? 근대 상업사회의 도래와 뒤이은 산업사회의 등장, 그리고 자본주의의 확산으로 시장경제의 비중이 커짐에 따라 그 부작용도 커져갔다. 경제적 불평등의 해소, 소외계층에 대한 배려 등 시장경제의 문제점에 대한 해결이 요구되었고, 정부의 개입이 계속 늘어났다. 많은 사회과학자는 시장과 정부를 시스템과 제도의 관점에서 바라보고, 규범적 처방과 실증적 분석을 통한 정책적 함의를 제시하는 데 집중하는 경향이 있다. 하지만 이러한 과정에서 우리는 시장과 정부의 본질적인 측면을 놓치고 있다. 그것은 바로 '인간'이다.

동시대의 많은 사상가처럼 스미스 또한 인간본성에 대한 깊은 연구를 토대로 사회질서와 국가 번영을 가져오는 원리(principles)를 도출하고자 했다. 16~18세기 합리주의적 르네상스 운동이 일어났던 시대 이전에는 종교(특히, 가톨릭)가 사회질서의 중심이었고, 사상과 철학 등 모든 학문이 신본주의 학문 아래에서 움직였다. 이후 자연신학자들은 중세의 신학적 사고에서 벗어나 이성이나 경험을 통해 신이 만들어놓은 법칙을 탐구하는 데 관심을 두었다. 이들처럼 스미스 역시 자연의 법칙에 포함되는 인간사회의 원리를 찾고자 했던 것이다.

스미스는 시장과 정부를 이해하려면 먼저 인간의 본성을 이해해야 한다고 생각했다. 시장의 본질인 교환의 주체는 인간이며, 정부를 운영하고 정책을 추진하는 주체도 역시 인간이기 때문이다. 그는 인간의 본성을 올바로 인식하고 이해할 수 있을 때 비로소 시장뿐만 아니라 정부와 정부의 역할을 설명할 수 있다고 보았다. 다만 이 장은 스미스의 정부관에 초점을 두기 때문에 여기서는 그의 글에서 나타난 인간관에 대한 내용의 핵심만을 소개하고자 한다.

스미스는 인간의 본성을 어떻게 이해하고 있을까? 인간의 본성은 어느 한 가지로 규정할 수 없는 매우 다양하고 복잡한 측면을 가지고 있다. 그중에서도 스미스는 인간은 근본적으로 자신의 이해관계에 최우선의 관심을 갖는 이기적인(self-interested) 존재라는 점을 인식하면서, 동시에 사회적(social) 존재임을 강조했다. 인간의 이기심에 대해 스미스는 이렇게 말한다.

> "대부분 동물들은 성장하게 되면 각자 완전히 독립적이며 자연 상태에서 다른 살아있는 생명체의 도움을 받을 기회가 없다. 반면 인간은 거의 끊임없이 다른 사람들(형제들)의 도움을 받을 수 있는 기회를 가진다. 하지만 인간이 타인의 자비심만을 기대하고 도움을 바라는 것은 헛된 일이다. 만일 그가 다른 사람의 자기애(self-love)에

유리하도록 관심을 가지고, 그가 타인에게 요구하는 것을 해주는 것이 스스로의 이익을 위한 것이라는 것을 보여줄 수 있다면 타인의 도움을 받게 될 가능성이 더 높을 것이다. 다른 사람에게 어떤 거래를 제안하는 사람은 누구에게나 이를 제안한다. 만일 내가 원하는 것을 주면 당신도 원하는 것을 가질 것이라는 게 모든 거래 제안이 지닌 의미다. 그리고 우리가 필요로 하는 좋은 자리(사무실)의 대부분을 서로에게서 얻는 것이 바로 이런 방식이다. 우리가 저녁식사를 기대하는 것은 정육점이나 양조장 주인, 제빵업자의 자비심 때문이 아니라 그들이 자신의 이익을 생각하고 헤아려보기 때문이다. 결국 우리는 다른 사람들의 인간성(humanity)이 아니라 자기애에 호소하는 셈이다. 우리는 결코 자신에게 필요한 것을 부탁하지 않고 다른 사람들이 유리한 것에 대해서만 알려준다. 남에게 빌어먹고 사는 거지 외에는 누구도 다른 사람들의 자비에 대부분을 의존하도록 선택하지 않는다." (『국부론』 1권, 30-31)

인간의 행동을 지배하는 가장 강력한 동기는 자신의 이익을 실현하는 것이다. 하지만 스미스가 생각하는 자기 이익의 실현은 일부 사회계약론자들과는 다르다. 예를 들어, 홉스는 인간은 생존이라는 근본적인 자기 이익을 가지고 있으며 이러한 개인의 이익추구가 서로를 '만인의 만인에 대한 투쟁' 상태로 몰아넣는다고 주장했다.[2] 자연상태에서 인간의 자기 이익추구는 곧 서로에 대한 공포와 불신, 두려움을 야기하기

2 모든 생명체는 생존(survival)과 번식(reproduction)의 본능을 갖는다. 영국의 진화생물학자인 리처드 도킨스(Richard Dawkins)는 1976년에 출간한 그의 저서 『이기적 유전자』(*Selfish Gene*)에서 결국 인간을 비롯한 모든 생물은 단지 유전자를 보존하고 전달하기 위한 생존기계일 뿐이라고 주장한다. 어떤 의미에서 그의 주장은 철학적으로 홉스와 맥을 같이한다고 볼 수 있다.

때문이다. 따라서 인간은 상호 간의 계약을 통해 이러한 자기 이익을 추구할 권리를 포기하고 이를 대신 지켜줄 절대자에게 이양함으로써, 타인이 나를 해할 것이라는 공포와 불신, 두려움을 버린 채 자기가 하고자 하는 바를 실현해나갈 수 있다(Hobbs, 2007).

로크의 자연 상태에서는 인간의 생명, 재산, 자유라는 자기 이익의 추구가 불확실하고 불편하다. 나의 신체와 노동력에서 비롯된 재산은 타인의 사유재산과 충돌하거나 타인에 의해 침해될 수 있는데, 이러한 경우 침해자를 처벌하고 공정한 판결을 내려줄 엄정한 심판관이 필요하기 때문에 정부와의 계약을 통해 자신의 자연적 권리와 더불어 분쟁을 판결할 권리까지 위임하게 된다(Locke, 2002).

이렇듯 인간의 자기 이익추구가 상충될 수 있다고 본 사회계약론자들과 달리, 스미스에게 자기 이익의 실현이란 타인의 이익 실현으로부터 유리되거나 배척되는 것이 아니다. 오히려 자기 이익은 타인의 자기 이익 실현 욕망과 조화를 이룰 때 달성할 수 있다. 위의 인용문에서 스미스는 "우리가 저녁식사를 기대하는 것은 정육점이나 양조장 주인, 제빵업자의 자비심 때문이 아니라 그들이 자신의 이익을 생각하고 헤아려보기 때문이다"라고 언급한다. 저녁식사에 빵을 먹고자 하는 나의 이익은 빵을 판매함으로써 이익을 얻으려는 제빵업자의 자기이익 실현이 있기에 현실화될 수 있는 것이다. 이렇듯 자기이익 실현이라는 유사한 동기를 지닌 개인들 사이에서 교환이 이루어지게 된다.

스미스의 인간관에서 중요한 점은 한편으로는 인간이 자기이익 실현이라는 강력한 동기에 의해 움직이지만, 동시에 사회적 존재로서 다른 사람들과 동감하고 동시에 그들로부터 동감받기를 원한다는 것이다. 빵을 먹으려는 나의 이익은 빵 판매를 통해 돈을 벌고자 하는 제빵업자의 이익 실현을 인정하지 않고서는 달성되기 어렵다. 즉, 타인의 이익과 이익추구를 인정하지 않는다면 자신의 이익추구 행위 또한 인정받을 수 없으며, 타인의 자기 이익추구가 없다면 나의 자기이익 실현도 불가능하다. 따라서 자신의 이익을 추구하고자 하는 개인은 타인의 이익추구 행위를 인정하게 될 것이고 이들 간에는 상호 동감이 발전하게 될 것이다.

> *"그러므로 다른 사람들에게는 많이 느끼고 자신에게는 적게 느끼며, 이기심을 억제하고 자비심을 베푸는 것이 인간 본성의 완벽함을 이루는 것이다. 그것이 사람들 사이에서 인류의 우아함과 품위를 구성하는 감정과 열정의 조화를 만들어낼 수 있다. 우리가 자신을 사랑하듯이 이웃을 사랑하는 것은 기독교의 위대한 율법이므로, 우리가 이웃을 사랑하는 것처럼 또는 이웃이 우리를 사랑할 수 있는 것처럼 우리 자신을 사랑하는 것이 자연의 큰 계율이다."* (『도덕감정론』 1부 1편 5장 5).

여기서 스미스는 다른 사람에 대한 느낌(feeling), 즉 애정과 동감과 같은 감정은 인간의 이기심을 통제하고 도덕성을 배양하여 사회를 발전시킨다고 주장한다. 시장 또한 이러한 인간의 사회적 본성에 기초하여 성립된다. 그는 개인의 이기심이 동감에서 생겨나는 정의감에 의해 조절될 때 시장은 경제적 질서를 유지하고 번영을 가져올 수 있다고 믿는다. 『국부론』이 주로 인간의 자기 이익에 기초한 경제의 영역에 초점을 두었다면, 스미스가 그보다 먼저 쓴 『도덕감정론』은 자기 이익을 추구하는 인간이 질서를 유지하면서 조화롭게 살 수 있기 위한 기초로서 인간의 도덕적 측면을 다루고 있다. 도덕철학이 스미스 정치경제학의 토대인 셈이다.

도덕감정은 사회적 동물로서 집단생활을 하는 인간이 자기관리와 동료애를 느끼는 과정에서 일종의 사회화 과정을 통해 얻어진 결과라고 볼 수 있다. 도덕에 대한 인식과 감정이 없다면 시장은 결코 올바르게 작동할 수 없다. 왜냐하면 개인의 이기심만 추구할 경우 때로는 시장에서 교환을 통해 이익(상호이익)을 얻는 것보다 도둑질, 사기, 약탈에 의해 강제로 빼앗는 것이 더 유리하다고 생각할 수 있기 때문이다. 따라서 정부는 사유재산에 대한 법적 보호, 안전한 거래를 위한 장치들을 마련해야 한다.

사회질서는 도덕원리에 기초하며, 도덕원리는 인간의 감정들에 근거한다. 사회질서란 일정한 규칙·규율을 토대로 사회를 구성하는 사람들이 조화롭게 균형을 이룬 상태다. 사회질서가 확립된 국가에서는 구성원들이 법의 보호 아래 안정된 생활을 할 수 있게 된다. 스미스는 바로 이 사회질서를 유도하는 인간의 본성을 탐구하여, 그것을 도덕감정들이라고 했다. 다시 말해, 사회질서의 토대가 되는 구성 원리로서 도덕원리는 인간의 감정들에 근거한다는 것이다. 그는 기쁨, 슬픔, 분노, 자혜와 같은 인간의 다양한 감정들이 서로 작용하면서 사회질서가 형성된다고 생각했다. 여기서 주의할 것은 도덕 원리는 특정한 하나의 감정이 아니라 여러 '감정들'을 바탕으로 한다는 것이다. 스미스는 동감이라는 감정에 대해 이렇게 말한다.

> *"비록 인간은 이기적인 존재이지만 그 천성에는 이와 상반되는 몇 가지 본성들이 있다. 연민과 동정심이 여기에 해당한다." (『도덕감정론』, 1부, 1편, 1장)*

인간의 본성에는 자기애·이기심도 있지만, 자신의 이해관계와 관계없이 타인의 감정, 행동, 처지 등에 관심을 갖고 어떤 감정을 느끼고 이해하려는 천성도 있다는 것이다. 『도덕감정론』의 핵심 개념인 동감(sympathy)이란 이렇듯 타인의 감정과 행위의 적정성(propriety)을 판단하는 마음의 작용을 말한다. 동감은 희로애락과 같은 다른 사람의 감정들을 상상을 통해 자신의 마음속으로 옮겨 같은 감정을 유도하는 또는 유도할 수 있는지 없는지를 판단하는 인간의 감정이다. 동감은 중국 전국시대의 사상가 맹자의 역지사지(易地思之)의 감정으로도 해석될 수 있다. 상상을 통해 자신과 다른 사람의 입장을 바꾸어보는 것이다. 친구 부모님의 부고(訃告)를 듣고 나라면 얼마나 슬플까라고 상상해보는 것이다. 그리고 상상을 통한 감정이나 행위를 실제로 관찰되는 사람의 그것과 비교하여 그 둘이 일치할수록 다른 사람의 감정과 행위를 적정한 것으로 인정하고 서로 다를수록 부적정한 것으로 보고 부정한다.

3. 정부의 역할

1) 정부의 기본 역할

스미스에 따르면 자기 이익을 자신의 방식대로 추구하는 자유로운 개인들 간의 교환이 시장에서 이루어지고, 이는 '보이지 않는 손'에 의해 인류의 부와 번영을 창출한다. 반면 정부의 작동원리는 시장과 다르다. 정치인, 사법기관, 경찰, 군대 등은 강제(coercion)를 통해 목표를 달성해나간다. 스미스는 정부의 역할을 매우 제한적으로 생각했다. 개인이 이기심만 추구하거나 단기적인 이익을 추구할 때는 시장에서 교환을 통해 이익을 얻는 것보다 도둑질, 사기, 약탈에 의해 강제로 빼앗는 것이 더 유리하다고 생각할 수 있다. 정부가 시장에 개입하는 것은 바로 이때다.

> "자연스러운 자유 체제에서 군주는 세 가지 일에만 마음을 쓰면 된다. 사실 이 세 가지 일은 매우 중요하면서도 평범한 수준의 이해력만으로도 충분히 이해할 수 있을 정도로 자명한 것이다. 그 세 가지 일은 첫째, 다른 독립국가가 폭력을 행하고 침입하려 할 때 국가를 보호하는 일, 둘째, 가능한 한 사회구성원이 다른 구성원에게 억압받거나 부당함을 당하지 않게 보호하는 일, 즉 엄정한 사법제도를 확립하는 일, 셋째, 일정한 공공사업과 공공시설을 건설하고 유지하는 일이다." (『국부론』 4권, 914-915)

스미스는 정부의 역할이 국민을 다른 나라의 침략으로부터 방어하고, 엄정한 사법제도의 확립을 통해 법적 권리를 집행하고 범죄를 처벌하며, 도로나 교량과 같은 공공시설을 건립하고 공공사업을 진행하는 것에 있다고 보았다. 정부의 역할을 개인의 자유와 사유재산에 대한 법적 보호, 안전한 거래를 위한 장치를 마련하는 것이자, 시장의 원리로 확보하기 어려운 것들로 한정한 것이다.

첫째, 스미스는 가장 중요한 정부의 역할을 외부로부터 자국민을 보호하는 '국방'이라고 생각했다. 이는 한 국가가 존재하는 데 필요한 가장 기본적인 요건이다. 오늘날 국방이라고 불리는 군사력은 이웃의 침략으로부터 국가를 방어하고 국가를 유지하는 데 필수적인 힘이다. 국방은 사회적으로 반드시 필요한 공공재이지만, 시장원리로 최적의 생산이 이루어질 수 없기 때문에 정부의 대규모 지출로써 달성 가능한 영역이다. 플라톤 이래 서구의 정치철학자 중 국방의 중요성에 반대한 이는 거의 없었다고 해도 과언이 아니다. 타국의 침략을 방어하는 데 실패한 사회의 구성원들 간에는 자유도 정의도 보장되기 어렵기 때문이다.

스미스가 글래스고 대학에서 도덕철학 교수로 재직 당시 영국에서는 전쟁을 직업으로 하는 상비군으로의 전환이 일어나고 있었고, 이는 국가재정에 큰 부담이 되는 일이었다. 대규모 병력을 동원한 영토분쟁이 잦았던 유럽대륙으로부터 영국은 상대적으로 고립되어 있었고 내부적으로 왕당파와 의회파 간의 내전이 오랫동안 지속되었기에, 스코틀랜드 계몽주의자들 간에도 상비군이 시민의 자유에 위협이 될 수 있다는 인식이 지배적이었다. 스미스는 상비군이 시민의 자유를 위협할 가능성에 대해서 부인하지는 않았다. 그러나 상비군이 없을 경우 외국의 침략으로부터 쉬운 먹잇감이 될 수 있다는 점 또한 알고 있었다. 따라서 상비군 지휘관들의 이익이 특수이익에 좌우되는 것이 아니라 국가의 헌법에 부합될 때 상비군은 "자유에 위험이 될 수 없으며, 오히려 자유에 유리한 경우도 있다"라고 주장했다(Bullock, 1936: 128). 그리고 이러한 상비군을 중심으로 국방을 유지함으로써 외부로부터 자국민을 효과적으로 보호하는 것이 정부의 가장 중요한 역할이라고 생각했다.

외국의 위협으로부터 개인의 생명과 재산을 지키는 국방이 정부의 첫 번째 역할이라면, 두 번째 역할인 치안은 사법행정을 통해 사회구성원 간에 발생할 수 있는 억압과 부당함으로부터 구성원 개개인의 생명과 재산을 보호하는 것이다. 개인의 생명을 보호한다는 것은 너무나 명백한 것으로 재언할 필요가 없지만, 재산 보호의 문제는 특별한 의미를 갖는다. 재산권의 보장은 시장경제가 제대로 작동하고 거래에 참여하는 이들이 상호이익을 누릴 수 있는 가장 근본적인 토대이기 때문이다. 스미스는 사법행정에 대한 신뢰가 없다면 재산의 소유를 보장받지 못하고 계약의 법적 효력 또한 인정받지 못할 것이기 때문에 상업이 번성하기 어렵다고 믿었다. 스미스는 『국부론』에서 다음과 같이 언급한다.

> “사법행정이 원칙적으로 운영되지 않는 나라, 즉 국민이 재산소유를 보장받지 못한다고 느끼는 나라, 계약의 법적 효력이 신뢰받지 못하는 나라, 채무상환 능력이 있는 사람에게 채무를 상환하도록 강제하는 데 국가의 권위가 합당하게 사용된다고 믿지 못하는 나라에서 상업과 제조업은 지속적으로 번성할 수 없다. 요컨대 상업과 제조업은 정부의 정의(사법행정)에 대한 어느 정도의 신뢰가 없는 나라에서 번영하는 경우가 거의 없다. 일반적으로 상인과 제조업자가 자신의 재산을 특정 정부의 보호에 맡기는 것과 같은 확신은 특별한 경우에 재산의 사용에 대해 그 정부를 신뢰하도록 하는 것이다.” (『국부론』 5부, 1227-1228)

정부와 재산권 간의 관계의 뿌리는 매우 깊다. 재산권의 보호와 소유의 불평등이 정부가 탄생한 출발점이며, 재산권의 상태는 정부의 형태에 따라 달라진다. 계약의 바탕은 합리적인 기대다. 이 기대는 약속을 한 사람이 상대방의 내면에 일으키는 것이며, 이때 약속을 한 사람이 그 약속을 이행하지 않은 경우 약속을 이행하도록 강제하는 데 국가의 권위와 권력이 사용되지 않는다면, 계약관계에 있는 개인 간의 신뢰가 구축되기 어려워진다. 그뿐만 아니라 시장에서의 각종 계약에 대한 신뢰가 구축되기 어려워 결국 상업과 제조업이 번성하기 어렵다.

셋째, 스미스는 국방과 치안 외에도 ‘공공사업’을 수행하고 ‘기초교육’을 제공하는 것 역시 정부가 해야 할 일로 보았다. 공공사업은 사적인 이익이 아닌 공동 혹은 공공의 이익을 위한 사업이다. 현대적 의미로는 국가나 지자체가 공공의 경제적 목적을 위해 수행하는 사업을 말한다. 경제발전과 국가번영을 위해서는 생산 등 경제 활동의 토대를 형성하는 데 중요한 도로, 항만, 철도, 발전소, 통신시설 등의 산업 기반과 학교, 병원, 상하수도 등의 생활 기반이 필요하다. 현대적 의미로 해석하면 공공재의 공급이라고 할 수 있다.

나아가 스미스는 기초교육을 촉진시키는 것을 경제발전에 필요한 인프라와 유사한 것으로 보았다. 특히, 빈곤층에 초점을 맞춰야 한다고 주장한다. 부자들은 스스로 자식교육이 가능하지만 빈곤층은 생존 생활에 바쁜 나머지 자식교육에 소홀할 수밖에 없기 때문에 국가가 기초교육을 의무적으로 시행해야 한다고 주장한 것이다. 이때 기초교육은 주로 읽고, 쓰고, 계산하는 기본적인 역량을 키우는 것이다. 이런 기초교육을 통해 읽고, 쓰고, 계산하는 능력을 갖추게 되면 시장에서의 거래가 용이해지고 상업이 촉진된다고 보았다. 여기서 스미스가 지적한 흥미로운 점은 국가가 학교를 설립하는 비용을 조달할 수는 있지만 교원들의 임금 모두를 지불해서는 안 된다고 한 것이다. 만일 국가가 모든 임금을 책임지게 되면 교원들이 나태해질 수 있기 때문이다.

한 걸음 나아가 그는 성인에 대한 교육(과학, 철학, 대중오락)에서도 정부의 역할을 강조한다. 이는 당시 광신적인 교류로 사람들을 오도하는 사이비 종파들이 사람들의 이성적 사유를 분열시키는 경우가 많았기 때문이었다. 스미스는 이를 정상화하기 위해서는 성인들에게 과학과 철학을 가르치고 그림, 시, 음악, 연극과 같은 대중오락을 장려할 필요가 있다고 주장한다.

> "국가가 폭력 없이 공동 운영함으로써 나라가 분열된 모든 작은 종파의 도덕에서 비사회적이거나 불쾌할 정도로 엄격한 것을 시정할 수 있는 매우 쉽고 효과적인 두 가지 해결책이 있다. 그 치료법들

중 첫 번째는 과학과 철학의 연구인데, 이는 국가가 중산층 이상의 계급과 재산을 가진 사람들 사이에서 거의 보편적으로 만들 수 있다. (…) 만약 국가가 이 사람들에게 배움의 필요성을 강요한다면, 그들에게 적절한 교원을 제공하는 데 아무런 어려움을 줄 필요가 없을 것이다. 그들은 곧 국가가 그들을 위해 제공할 수 있는 그 누구보다도 더 나은 교원들을 찾을 것이다. 과학은 광신과 미신이라는 독에 대한 좋은 해독제다. 중산층 이상의 모든 사람들이 이 독에서 안전하게 되면 하층민들이 그 독에 크게 노출되는 일은 없을 것이다. (…) 대중의 광란을 부추기는 모든 광신적 선동자들에게는 대중오락이 언제나 두려움과 증오의 대상이었다." (『국부론』 5권, 1060-1061)

마지막으로 스미스는 정의의 실현을 정부의 근본적인 역할로 보았다. 스미스는 다른 사람들의 침해 행위로부터 개인을 보호하는 것(to secure from injury)이 바로 정의의 목적이라고 했다(스미스, 2016: 8). 개인이든 가족이든 여러 종류의 침해를 당할 수 있다. 개인은 생명, 재산, 명예를 침해당할 수 있고, 국가의 구성원인 시민으로서 통제와 억압에 의해 침해당할 수 있다. 인간이 자신의 생명, 재산, 명예를 다른 사람의 침해로부터 보호할 권리를 '자연권'이라고 한다. 정부의 가장 근본적인 역할은 사회구성원들이 타인의 재산을 침탈하거나 자신의 재산이 아닌 것을 빼앗지 못하도록 하는 데 있다(Meek et al., 2002, 80).[3]

3 스미스는 법이 대상으로 하는 네 가지를 정의, 행정, 세입, 군비로 분류한다. 이 가운데 정의 실현은 정부의 가장 중요한 목적으로, 이를 위해서는 정부의 행정력이 필요하고 행정에 수반되는 비용, 즉 재정이 확보되어야 하고 이에 세수가 필요하다. 나아가 이 모든 것을 안정적으로 지키기 위해 정부는 외부의 침입으로부터 국가를 보호해야 하기 때문에 군비를 확보해야 한다는 것이다(『법학강의』 상, 89).

> "정의의 법들이 상당한 정도 준수되지 않고서는 사회가 존속할 수 없고, 서로를 해치려는 행위를 자제하지 않는 사람들 간에 어떠한 사회적 교류도 일어날 수 없다. 이러한 필요성에 대한 고려가 바로 우리가 정의의 법들을 위반한 사람들을 처벌함으로써 정의의 법을 시행하는 것을 인정하는 근거라고 생각된다. (…) 불의는 필연적으로 사회를 파괴한다. 따라서 불의가 나타날 때마다 인간은 놀라고, 방치할 경우 그에게 소중한 모든 것을 급속하게 파괴시켜버릴 불의한 사건의 진행을 중지시키려 한다. 만약 온당하고 공정한 방법으로 이를 그만두게 할 수 없다면 그는 힘과 폭력에 의지해서라도 이를 타도해야 한다. 따라서 인간은 종종 정의의 법을 위반한 사람들에 대해서 심지어 극형에 처하면서까지 정의의 법을 시행하는 것을 인정한다. 공공의 평화를 방해하는 자는 이렇게 세상에서 사라지고 다른 사람들은 그의 죽음을 보고 겁이 나서 감히 그의 행위를 모방하지 못하게 한다." (『도덕감정론』 2부 2편 3장 6)

이때 정의의 기초는 법률이나 효율성이 아니라 『도덕감정론』에서 강조한 '동감'이다. 즉, 공정한 관찰자로서 피해자의 분개라는 감정이 부정의(정의롭지 못함)의 기초다. 김승욱(2016)은 이를 '동감정의론'으로 정의하고 정의의 근거를 효용에서 찾는 효용정의론과 구별했다. 그는 이와 달리 만약 정의의 근거를 효용에 둘 경우 중상주의 시대 국가·정부가 규제를 남용하는 규제만능주의 정책을 용인하는 결과를 낳을 수 있다고 주장한다.

스미스는 우리 마음속의 공평한 관찰자가 비난할 만하다고 판단할 행위를 모두 피해야 하고 정의가 타인의 생명, 재산, 명예에 해를 끼치는 행위를 하지 않도록 우리 자신에게 지시해야 한다고 주장한다. 하지만 정의는 인간이 태어나면서 저절로 얻어지는 것이 아니다. 또한 처음부터 사람들이 의도해서 일반적 규칙으로 형성하는 것도 아니다. 정의는 다른 사람들과의 교류와 교제를 통해 자신이 속한 사회 안에서 경험적으로 깨닫고 알아내는 '사회적 본성'인 것이다. 즉, 구체적으로 어떤 행위가 정의에 부합하는지 또는 그렇지 않은지를 경험에 의해 알게 된다(다쿠오, 2008: 63-64).

인간은 자신의 이해관계를 추구하지만 공동체와 사회를 이루면서 다른 사람들에게 해를 끼치지 않고 함께 살아갈 수 있어야 한다. 그 방법론의 핵심이 인간의 사회적 본성인 정의다(Buttler, 2018: 40-41). 인간은 정의를 통해 서로를 해치지 않고 함께 살 수 있다. 스미스는 정의를 사회의 생존에 필요한 최소한의 일이라고 보았기 때문에 누군가에게 정의를 요구할 수 있다. 실제로 더 바람직한 일은 자혜·선행(beneficence)이다. 하지만 자혜는 자발적으로 이루어지기 때문에 요구할 수 없다.

> "만약 강도와 살인자들 사이에도 어떤 사회가 존재하려면, 적어도 그들 간에 서로 강탈하거나 살해하는 것을 자제해야 한다. 따라서 자혜는 사회를 유지하는 데 있어 정의보다 덜 중요하다. 비록 최선의 상태는 아닐지라도 사회는 자혜 없이도 존속할 수 있다. 그러나 불의의 만연은 사회를 철저하게 파괴시킨다." (『도덕감정론』 2부 2편 3장 3)

"비유하자면 자혜는 건물을 지탱하는 기초가 아니라 건물을 아름답게 꾸미는 장식이므로 그 실천을 권고하는 것으로 충분하고 강제할 필요는 결코 없다. 반면에 정의는 모든 건물을 지탱하는 주요 기둥이다. 만약 정의가 사라지면 거대한 인간사회라는 구조물은 틀림없이 한순간에 산산이 부서지고 말 것이다. (…) 그러므로 정의의 준수를 강제하기 위해, 즉 약자를 보호하고 난폭한 사람을 억제하고, 죄 지은 자를 응징

하기 위해, 신은 인간의 가슴속에 악행에는 악한 응보가 따른다는 인식과, 정의를 위반할 때 가해지는 응분의 처벌에 대한 공포를 인간사회의 위대한 파수꾼으로서 심어주었다." (『도덕감정론』 2부 2편 3장 4)

2) 보상과 처벌에 대한 정부의 역할

스미스는 『도덕감정론』에서 인간의 어떤 행동이 보상 또는 처벌을 받을 만한가에 대해 언급했다. 여기서는 이를 소위 시장 실패의 외부효과·외부성에 대한 정부의 역할로 해석하고자 한다. 적절한 보상과 처벌이 중요한 이유는 그것이 공동체를 이롭게 하거나 해롭게 하는 사회적 기능을 수행하기 때문이다.

> *"사회가 존재하기 위해서는 부당하고 정당한 이유 없는 악의가 적절한 처벌에 의해 억제되어야 한다. 따라서 그러한 처벌을 하는 행위는 도덕적으로 옳고 칭찬할 만한 행동으로 간주되어야 한다."*(『도덕감정론』 2부 1편 5장 10)

스미스는 적정한 보상과 처벌을 통해 "잘 기능하는 사회질서(well-functioning social order)"를 확립할 수 있다고 보았다(Buttler, 2018). 그는 잘 기능하는 사회질서를 위한 개인들의 행동을 비유하기 위해 시간을 올바로 표시하기 위해 시계 속에 들어있는 톱니바퀴들이 조화롭게 작동하는 사례를 들고 있다.

> *"시계의 톱니바퀴들은 모두 그 제조 목적인 시간의 지시를 위해 놀라울 정도로 정교하게 조정되어 있다. 모든 톱니바퀴의 다양한 운*

> 동들은 가장 정교한 방식으로 협동하여 이 효과를 나타내고 있다. 비록 그 운동들이 이 같은 효과를 내려는 욕구나 의도를 가지게 된다고 하더라도 시간을 표시하는 목적을 더 잘 수행하지는 못할 것이다. 그러나 우리는 그 같은 욕구나 의도를 시계의 톱니바퀴들에게 돌리지 않고 시계 제조업자에게 돌린다. 그리고 우리는 톱니바퀴들이 용수철에 의해 움직이기 시작한다는 것을 알고 있으나 용수철이 자신이 만들어내는 효과에 대한 어떤 의도를 가지고 있지 않다는 것은 톱니바퀴들과 마찬가지다."(『도덕감정론』 2부 2편 3장 5)

보상과 처벌에 대한 문제를 해결하기 위해 스미스는 사람들의 동기와 그 결과로서의 행동을 구별해야 한다고 지적한다. 이를 토대로 보상과 처벌을 결정해야 한다는 것이다. 그는 누구나 동감할 수 있는 긍정적인 동기로부터 유익한 결과가 나타날 경우에만 그 행동이 보상받을 만한 가치가 있고, 사람들이 동감하지 않는 부정적인 동기로부터 유해한 결과가 나타날 경우 그 행동은 처벌받을 만하다고 주장한다(『도덕감정론』 2부 1편 4장). 즉, 상호 간의 동감이야말로 누군가의 행동에 대한 보상과 처벌을 하게 만드는 근간이 된다는 것이다.

공정한 관찰자가 가지게 되는 동감을 바탕으로 행위자에 대한 보상과 처벌을 하게 된다는 스미스의 주장은 다음과 같이 이해될 수 있다(Paganelli & Simon, 2022). 행위자가 상대방에게 어떤 행동을 하는 것을 관찰하는 제3자는 그 행동이 보상이나 처벌을 받아야 한다고 느낄 수 있다. 스미스는 이때 관찰자가 행위자의 행동에 대해 고마움이나 분노를 느끼기 때문에 그러한 판단에 이르게 된다고 주장한다. 이때 관찰자가 고려하는 것은 두 가지다. 행위자의 동기와 당해 행위가 상대방에게 미치는 결과다. 예를 들어, 행위자가 누군가가 판매하는 상품을 훔쳤다고 가정해보자. 제3자인 관찰자는 도둑질이라는 행위가 판매자에 미치는 결과를 고려하고, 판매자의 억울함과 분노에 동감을 느껴 함께 분노하게 될 수 있다.

그런데 이때 중요한 것은 이러한 판단에 이를 때 관찰자는 도둑질이라는 행위가 판매자에게 미치는 결과만을 고려하지는 않는다는 점이다. 행위자가 도둑질이라는 행위를 저지르게 된 동기 또한 고려할 것이다. 다른 사람에게 부정적인 결과를 가져오는 행위가 반드시 유해를 가하려는 나쁜 동기에서 나온 것이 아닐 수도 있다. 즉, 나쁜 동기가 반드시 나쁜 행동을 초래하지 않을 수 있으며, 심지어 좋은 결과를 가져올 수 있다. 이와 반대로 선의의 동기에 따른 행동이 다른 사람들에게 부정적인 결과를 가져올 수도 있다. 따라서 관찰자는 행위자의 동기에 더해 그 행위가 상대방에게 미친 결과를 함께 고려할 것이다.

스미스는 기본적으로 동기는 사람들의 마음속에 들어있기 때문에 우리가 알 수 없다고 말한다. 만약 나쁜 동기만을 처벌해야 한다면 누구도 나쁜 동기를 가질 수 있다는 의심으로부터 안전할 수 없다. 결국 인간의 동기를 정확하게 알 수 없기 때문에 동기에 대해 처벌할 수 없다는 것이다. 따라서 결과에 대한 판단은 행동의 동기에 대한 판단을 완성하고 강화한다. 그리고 관찰자의 내면에서 도덕적 보상을 받을 만한 방식으로 행동하고 원한과 분노는 피하려는 욕구를 일으킨다. 이때 행동의 동기보다 피해자의 분노에 더 동감한다면 관찰자는 처벌이 적절하다고 생각할 것이다.

그렇다면 행동·결과에 대해 처벌해야 하는가? 이에 대해 자연·신은 견고한 대답을 제시한다. 우리는 실제로 또는 고의로 해악을 초래하는 나쁜 행동들에 대해서는 처벌해야 한다는 것이다. 보상과 처벌에 대한 정부의 역할 또한 이러한 자발적인 동감에 기반하여 이루어질 필요가 있는 것이다.

3) 정부계획에 대한 경계: 이성에 대한 과신과 치명적 자만

동감을 기반으로 한 보상과 처벌이 허치슨의 도덕철학에 영향을 받은 것이라면, 스미스는 이성의 힘을 과신하고 자만하는 것을 경계해야 한다는 교훈을 흄으로부터 물려받았다고 할 수 있다.

> "어느 한 체제에 매몰된 사람은 자신이 매우 현명하다고 자만하기 쉽기 때문에 흔히 자신의 이상적인 정부계획의 아름다움에 지나치게 현혹되어 그 계획의 어떤 부분이 조금이라도 달라지는 것을 용납하지 않는다. 그는 자신의 계획에 반대될 수도 있는 강한 편견이나 큰 이해관계에 대해서는 어떤 고려도 없이 자신의 계획을 완전하고 전면적으로 추진해나간다. 그는 거대한 사회에 살고 있는 구성원들을 마치 체스판(chessboard)에서 손으로 말들을 배열하는 것만큼이나 매우 쉽게 배열할 수 있다고 생각하는 것 같다. 체스판의 말들은 인간의 손이 힘을 가하는 대로 움직일 수밖에 달리 운동원리가 없지만 인간사회라는 거대한 체스판에서는 각 개인이 자신의 행동원리를 가지고 있으며, 이는 입법기관이 그들에게 부과하는 것과는 전혀 다른 것이다." (『도덕감정론』 6부 2편 2장 17).

여기서 두 가지를 생각할 수 있다. 우선, 정부계획에 대한 정치인과 관료의 지나친 확신이다. 하이에크가 주장했듯이 정부를 움직이는 사람들의 '치명적 자만'이다. 이에 대해 버틀러는 다음과 같이 해석한다(Buttler, 2018: 95). 스미스의 도덕적 분석과 경제적 분석은 모두 기능적 시스템(functional system)이라는 점에서 유사하다. 첫째, 본능의 원리에 따라 움직이고, 둘째, 개인에게 자유롭게 맡기고 간섭하지 않으며, 셋째, 사람들의 행복을 증진시키고자 기능하는 특징을 가지고 있다는 것이다. 그렇기 때문에 그는 도덕과 시장 시스템을 개혁하는 데 섬세한 주의가 필요하다고 주장한다. 특히 드러난 모습은 근사해 보이지만 실제로는 사회 전체의 작동원리와 구조를 불안정하게 하는 방식으로 도덕과 시장 시스템을 바꾸어서는 안 된다는 것이다.

스미스가 이성의 힘에 대한 과신을 경계한다고 할 때 중요한 것 중 하나는 그가 소위 정치엘리트와 보통 시민을 구분하고 있다는 것이다. 그가 경계하는 것은, 보다 정확하게 말하면, 전자의 횡포와 자기확신이다. 과도한 자기확신의 위험성에 대해서 언급할 때 스미스는 일반 시민을 대상으로 삼지 않는다. 앞서 보았듯이 스미스는 거대사회의 구성원을 마치 체스판의 말을 움직이듯이 쉽게 배열할 수 있다는 생각을 거부한다. 체스 플레이어의 의지에 따라 움직일 수밖에 없는 체스판의 말과 달리 개인은 자신의 행동원리, 즉 자유의지를 가지고 있기 때문이다. 자유의지를 가진 개인들이 타인과 상호 동감을 이루면서 교환을 통해 자유롭게 자기 이익을 추구해나가는 모습이 스미스가 그리는 시장의 모습이라고 할 수 있다. 그리고 정치인과 정부의 역할은 이러한 시장이 제대로 작동할 수 있도록 공정한 시스템과 안전한 환경을 제공하는 것이라 할 수 있다. 스미스의 『도덕감정론』이 평등주의적으로 평가되는 주요한 이유다.

비슷한 맥락에서 스미스는 정치인(군주)의 개혁에 대해도 다음과 같이 경고하고 있다.

> "정치인의 관점을 지도하는 데에는 자신이 제안하는 정책과 법률의 완전성에 대한 보편적이고 체계적인 관념이 필요하다. 그러나

> 모든 반대를 무릅쓰고 관념이 요구하는 모든 것을 수립하고자 강력하고 즉각적으로 수립하도록 주장하는 것은 가장 오만한 것이 분명하다. 그것은 옳고 그름을 판단하는 데 자신의 평가기준을 최고인 것으로 내세우는 것이다. 이는 자신이 세상에서 유일하게 총명하고 고상한 사람이며, 따라서 다른 사람들이 자기에게 맞추어야지 자기가 그들에게 맞출 수 없다고 생각하는 것이다. 바로 이런 이유에서 모든 정치거간꾼(political speculator) 중에 군주가 가장 위험한 인물이다. 그들은 오만함에 매우 익숙해 있어 자신의 판단이 무한히 우월하다는 것에 전혀 의심하지 않는다. 그러므로 개혁적인 황제나 국왕들이 자신의 통치하에 있는 국가 체제에 대해 생각할 때, 자신의 의지를 실행하는 데 반대되는 장애물만큼 잘못된 것은 없다고 생각한다. 그들은 플라톤의 신성한 잠언을 경멸하면서, 국가가 자신을 위해 만들어진 것이지 자신이 국가를 위해 존재하는 것은 아니라고 생각한다. 따라서 그들이 생각하는 개혁의 중요한 목표는 그러한 장애물들을 제거하고, 귀족의 권한을 줄이고, 도시와 지방의 특권을 폐기하는 것이다. 또한 가장 뛰어난 개인이나 계층을 가장 천한 사람이나 계층과 마찬가지로 자신의 명령에 반대하지 못하도록 만드는 것이다." (『도덕감정론』 6부 2편 2장 18).

군주에 대한 스미스의 경고 역시 정치엘리트들의 오만함과 독선에 대한 경계를 내비치고 있다. 스미스는 "군주란 국민의 종(servant)이며, 대중이 원하는 바에 따라 복종하거나 저항하거나 퇴위시키거나 처벌" 할 수 있어야 한다고 생각했다(『도덕감정론』 1부 3편 11장 3). 그는 이것이 이성과 철학의 교리를 따르는 것이라고 생각했다. 그러나 현실에서 많은 이들은 군주에게 복종하고 우월한 지위 앞에서 떨고 고개를 숙일 수밖에 없다는 것 역시 인식하고 있었다. 그리고 이러한 상황에서 군주는

"자신이 세상에서 유일하게 총명하고 고상한 사람이며, 따라서 다른 사람들이 자기에게 맞추어야지 자기가 그들에게 맞출 수 없다고 생각"하게 된다. 군주가 이렇게 자신의 생각이 옳고 "자신의 평가 기준이 최고"라고 생각하는 자가당착에 빠지게 되면 국민의 이익이 아니라 자신의 이익을 위해 통치하게 될 가능성이 높다.

4. 결론

국가를 지탱하는 제도적 두 기둥은 시장과 정부다. 원시 공동체사회로부터 인간의 자유로운 교환을 통해 자생적으로 발생한 시장은 지금도 여전히 사회를 지탱하는 중심기둥이다. 하지만 현대사회에서 이러한 자유로운 시장을 보장하기 위한 정부 역시 빼놓을 수 없는 중요한 기둥임에 틀림없다. 다만 시장과 정부 모두 태생적으로 불완전하기 때문에 특정 상황에서의 시장 실패와 정부 실패는 불가피하다(김성준, 2020).

칼 포퍼 역시 국가가 법적 질서를 세우고 보장하는 상태에서만 자유시장이 존재할 수 있다고 했다(Popper, 2008). 그 역시 자유시장과 개인의 자유에 대한 제한을 인정한 것이다. 포퍼는 때로는 정부로부터 강제되는 제한이 정부가 존재하지 않을 때 폭력집단이 강제하는 자유의 제한보다 더 낫다고 주장한다. 이는 스미스가 정부의 역할을 강조한 것과 일맥상통한다. 시민의 자유를 보장하기 위해서는 개인과 집단 간의 폭력과 부당한 침해를 통제해야 하고, 사익을 추구하는 과정에서 초래될 수 있는 경제 활동(예컨대, 외부불경제)을 제한하는 규제가 마련되어야 한다. 다만, 정부가 규제하려고 하는 대상에 오히려 규제가 포획

(regulatory capture)될 가능성을 경계해야 한다. 이와 함께 가능한 한 정부가 시장에 직접적으로 개입하는 명령지시적 성격의 규제는 최소화하고 비규제 대안(non-regulatory alternative)을 모색해야 한다(김성준, 2006).

그렇다면 스미스가 생각한 정부와 시장과의 관계 그리고 바람직한 정부의 역할에 대한 그의 생각이 오늘날 전달하는 메시지는 무엇일까? 물론 스미스가 18세기를 살았던 인물이기 때문에 그의 사상은 그가 살아가던 시대 속에서 이해되어야 한다는 점은 사상사 연구에서 중요한 고려사항이다(Skinner, 1969). 따라서 스미스가 정부의 역할을 국방과 치안, 공공사업 등으로 한정 지었다는 것을 이 시대에 그대로 적용하는 것은 그의 정부관을 오해할 여지가 있다. 예를 들어, 이미 국방에 있어 큰 비중을 차지하는 방위산업의 경우 민간의 역할이 확대되고 있으며, 우리의 일상생활에서 안전을 확보하기 위한 치안에서도 치안 서비스를 제공하는 사설 경비업체가 차지하는 비중은 지속적으로 늘어나고 있는 추세다. 선진국의 경우 다리와 터널, 철도 등 대규모 사회기반시설의 건설을 온전히 국가재정으로 해결하는 모습은 오히려 찾아보기 힘들 정도다.

이렇듯 정부의 역할에 대한 스미스의 주장을 현시점에 그대로 적용하는 것이 가지고 있는 시대착오 오류의 우려가 다소 있지만, 스미스의 사상이 300년이 지난 오늘의 상황에 어떠한 함의를 지니는지를 유추해볼 수는 있을 것이다. 중요한 것은 그가 국가와 시장의 역할을 구분할 때 당시의 시대적 맥락에서 사고했을 거라는 점이다. 18세기 영국은 적극적인 시장 개입과 개인의 자유에 대한 제한을 통해 부국강병을 추구하던 중상주의가 지배하는 시대였다. 따라서 이러한 맥락적 요인을 제외한 정부 역할의 원칙이 무엇인지를 고려할 필요가 있다.

스미스는 국방에 더해 사법행정을 통한 국민의 생명권, 재산권, 자유권 보호와 공공사업 등은 완전히 시장에 맡겨두지 않고 정부가 일정 부분 제공해야 한다고 생각했다. 즉, 사법행정을 통해 사회구성원 간의 억압과 부당함으로부터 시민을 보호해야 한다는 것은 엄정한 조정자로서의 역할이 시장이 아니라 정부에 주어져야 한다는 것이다. 개인들 간의 부와 권력의 차이는 결국 사회적 불평등을 낳고 불평등한 관계 속에서는 자칫 강자가 약자를 부당하게 대우할 수 있다. 스미스가 사회적 불평등에 대한 구조적 문제의식을 가졌다는 것은 과도한 해석일 수 있지만, 그는 분명 구성원 간의 부의 차이, 업주와 노동자 간의 비대칭적 권력관계에 대해 인식하고 있었다. 나아가 중요한 의사결정이 주인의 위치를 차지하는 엘리트들에 의해서 내려지는 것의 위험성에 대해서도 인지하고 있었다. 따라서 이러한 조정자로서의 역할을 국가가 수행할 때, 의사결정이 사회의 다양한 이해관계자의 참여 속에서 이루어지도록 하는 것이 중요하다.

이러한 스미스의 시각은 노예제에 대한 그의 시각에서도 일관되게 확인된다. 스미스가 "노예제를 폐지하기란 거의 불가능하다."라고 언급했지만, 그는 노예제 옹호론자가 아니라 오히려 노예제 폐지론자에 가까웠다. 경제적인 관점에서도 스미스는 노예제가 자유노동보다 비싸고 비효율적이라고 생각했다. 자신의 이익에 반하는 행동을 강요하는 데에는 많은 비용이 들기 때문이다. 노예제는 권력을 더 많이 가진 주인에게 혜택이 집중되는 반면, 노예 자신과 사회가 비효율성이라는 사회적 비용을 부담하게 된다. 스미스는 누구로부터의 강요가 아닌 자신의 이해관계를 추구하는 자유로운 사람들에 의해 인류의 번영이 가능하다고 믿었다. 따라서 자유로운 사람들이 자신의 이익을 위해 행동할 수 있는 환경과 법, 제도적 틀을 만들어주는 것이 정부의 핵심적 역할이라고 생각했던 것이다.

앞서 언급했듯이, 개인의 자연권은 다른 사람들로부터 그리고 정부의 통제와 강제에 의해서도 침해당할 수 있다. 정부의 가장 근본적인 역할 중 하나는 타인의 침해 행위로부터 개인을 보호하는 것이다. 자율규제(self-regulation)라는 개념이 스미스의 시대에는 없었을 수도 있지만, 노동자들이 자신의 이익이 아니라 타인의 이익을 위해 봉사하도록 만들어진 상황을 바로잡는 것은 시장에 맡겨둘 일이 아니라 정부가 나서야 하는 정의의 영역이라는 것을 스미스의 사상으로부터 추론할 수 있다.

하지만 다른 한편으로 스미스가 정부의 역할을 특정한 것으로 한정했다는 것 또한 그의 사상을 이해하는 데 중요하다. 그가 정부규제의 필요성을 인정했다는 것이 정부규제를 강화해야 한다는 주장으로 확대·해석되어서는 곤란하다는 것이다. 스미스는 개인의 자연권에 대한 침해 발생이라는 매우 제한적인 경우에 정부의 개입을 인정했다. 즉 그 이외의 경우에는 정부가 함부로 개인의 삶과 시장에 개입해서는 안 된다는 것으로 해석되어야 한다. 스미스는 특정한 이슈들을 제외하고는 정부의 개입이 불필요하다고 생각했다. 그렇다고 해서 스미스를 탈규제자로 바라보는 것도 온당치 않다. 정부규제는 수많은 규제 중 하나의 형태에 불과하다. 따라서 정부가 직접적으로 규제하지 않더라도 시장의 경쟁에 놓인 많은 기업들은 다른 형태의 규제 또는 규율을 받게 된다. 그리고 많은 경우 시장에서의 규제는 정부규제보다 더 가혹하거나 무자비하기까지 하다.

예를 들어 서비스의 품질을 제고하는 것은 스미스가 생각했던 정부 개입이 필요한 이슈에 포함되지 않을 것이다. 서비스 품질 제고는 정부가 직접적으로 규제하지 않고 시장에 맡길 경우 그 목적이 더 분명하고 직접적으로 달성될 수 있는 유형에 해당된다. 소비자가 만족할 만한

그림 2. 에든버러시 로열마일에 위치한 스미스 동상

2008년에 건립되었다. 지구본 위에 놓은 스미스의 오른손이 망토에 가려져 있는데, 이는 전 세계 경제에 대한 스미스의 관심과 그의 영원한 비유인 '보이지 않는 손'을 암시한다.

출처: https://en.wikipedia.org/wiki/File:Adam_Smith_statue_by_Alexander_Stoddart.jpg

품질을 제공하지 못하는 기업은 경쟁에서 도태되고 결국 시장에서 퇴출될 것이기 때문이다. 경쟁에서 도태되지 않기 위해 기업들이 노력을 경주한다는 말은 곧 이들이 다양한 사회적·시장적 규제에 노출되어 있음을 의미한다. 시장의 경쟁에서 패하여 도태된다는 두려움, 이로 인해 일자리를 잃을지도 모른다는 두려움은 경영자와 노동자 모두의 행동을 보다 강하게 규율하는 동기다. 새로운 경쟁자의 시장진입을 막는 인허가 등의 진입규제가 오히려 기존 기업들의 경쟁력을 약화시키고, 규제포획과 같은 퇴행적 관행을 묵과하는 방향으로 작용하는 사례를 찾아보는 것은 그리 어렵지 않다.

그렇다고 스미스가 정부의 역할을 소극적인 것만으로 국한 지었다고 단정하는 것은 지나치게 좁은 해석일 수 있다. 정부규제나 보조를 통해 시장 경쟁이 촉진되고 개인의 자유가 신장되는 경우도 있기 때문이다. 인증제(certification)가 대표적인 사례다. 인증에도 종류가 다양하여 인증요건을 매우 까다롭고 의무적으로 정해놓을 수도 있지만, 최소한의 안전요건이 충족되면 받을 수 있는 자발적 인증제도 다수 존재한다. 정보 보호 및 개인정보 보호 관리체계 인증(ISMS-P)의 경우, 중소기업들은 의무인증 대상이 아니지만 인증받기를 원하는 기업들은 자율적으로 신청해서 인증심사를 받을 수 있다.

이렇게 인증을 받은 기업은 자사가 수집하는 개인정보를 잘 관리한다는 국가의 공식적 인증을 득함으로써 경쟁력과 소비자 신뢰를 강화하고 소비자들의 선택에 영향을 줄 수 있다. 음식품의 구성요소와 같은 각종 정보를 용기 외부에 표시하도록 한 표시규제(labelling) 역시 정부가 시장에서 소비자들의 선택에 직접 개입하지 않으면서 이들의 자유를 충분히 보장하는 규제라고 할 수 있다. 동등한 수준으로 공개되는 정보를 통해 소비자들은 상품에 대한 정보를 투명하게 얻는 동시에 본인이 선호하는 상품을 선택하는 기회를 얻게 될 것이기 때문이다. 이는 곧 스미스의 사상이 자유방임주의에 가깝지 않다는 것을 보여준다. 시장경쟁을 촉진하기 위해서 국가가 택할 수 있는 방법은 다양하다.

서론에서 우리는 디지털 대전환의 시대에 새롭게 등장하는 융복합 산업에 대해서 정부가 어떠한 입장을 보여야 하는지에 대한 화두를 던졌다. 새롭게 등장하고 있는 인공지능, 플랫폼, 빅데이터, IoT 산업 등은 모두 오랜 시간 동안 정착되어온 기존 산업지형과 이질적이다. 이미 많은 공유경제 모델들은 임대업과 숙박업, 여객운수업의 지형을 허물고 있으며, 수요응답형 모빌리티 서비스는 여객운수업과 화물업의 인허가 지형에 도전장을 내밀고 있다. 데이터 기반으로 제공되는 다양한 맞춤형 의료, 법률, 금융 서비스들은 전통적인 전문가 엘리트 집단의 배타적인 면허권을 위협하고 있다.

스미스가 살았던 당시 영국은 제국주의적 팽창과 산업혁명이 무르익어가면서 새로운 산업으로의 전환이 일어나던 시기였다. 그는 새롭게 대두되는 산업을 통한 국가번영이 이루어지기 위해서 이들의 시장 진입을 금지하거나 제한하기보다는 시장이 건강하게 작동할 수 있도록 하는 것이 중요하다고 생각하지는 않았을까? 각종 인허가 제도를 통해 기존 집단의 이익을 보호하기보다는 이들을 새로운 경쟁에 노출시켜 시장의 선순환을 도모하는 것이 중요하다고 생각하고 진입규제의 과감한 철폐 또는 완화를 주장하지 않았을까? 다른 한편으로는 자유시장을 과도하게 신봉하면서 정부의 역할을 지나치게 최소화하는 시도는 또 다른 도그마로 빠질 수 있다고 경고하지는 않았을까? 스미스의 사상이 주는 교훈은 국가가 시장에서의 경쟁을 촉진하고 개인의 자유를 신장하면서도 약자의 이익이 보장될 수 있도록 역할을 다해야 한다는 것이다. 스미스라면 시장경쟁이 약자를 누군가의 노예로 만드는 것으로 귀결되는 상황을 반가워하지 않았을 것이기 때문이다. 스미스 탄생 300주년을 맞아 정부 역할에 대한 그의 생각을 다시 한번 조명해보아야 할 이유다.

참고문헌

김근배(2016), 『애덤 스미스의 따뜻한 손: 국부론과 도덕감정론에서 찾은 자본주의 문제와 해법』, 중앙북스.

김성준(2006), "비규제 대안으로서 사회마케팅의 가능성 탐색", 『한국정책과학학회보』 10(3), 한국정책과학학회.

______(2020), 『공공선택론』(제2판), 박영사.

김승욱(2016), "갈등·분노·증오 사회 … 애덤 스미스에 '정의'를 묻다", 자유경제원.

김옥경(2003), "애덤 스미스의 도덕감정론에 나타난 정의 개념", 『사회와 철학』 5, 동아시아 사상과 민주주의.

도메 다쿠오(2008), 『지금 애덤 스미스를 다시 읽는다』, 우경봉 옮김, 동아시아.

이호선(2015), "애덤 스미스의 시장 개념에 대한 정확한 이해를 위한 전제", 『법과 사회』 49, 법과사회이론학회.

Bullock, C. J. (1936), *Economic Essays*, Cambridge: Harvard University Press.

Buttler, E. (2018), 『애덤 스미스의 도덕감정론 및 국부론 요약』, 이성규 옮김, 율곡출판사.

Dawkins, R. (1976), *The Selfish Gene*, Best Books.

Hobbs, T. (2007), 『리바이어던』, 신재일 옮김, 서해문집(1651).

Hume, D. (1994), 『인간 본성에 관한 논고 1』, 이준호 옮김, 서광사(1739).

Liu, G. M. (2022), *Adam Smith's America: How a Scottish Philosopher Became an Icon of American Capitalism*, Princeton: Princeton University Press.

Locke, J. (2002), 『통치론: 시민정부의 참된 기원, 범위 및 그 목적에 대한 시론』, 강정인·문지영 옮김, 까치(1689).

Meek, R. L. et al. (2002), 『애덤스미스의 법학강의』(상, 하), 서진수 옮김, 자유기업원(1982).

O'Rourke, P. J. (2007), *On the Wealth of Nations*, Grove Press.

Paganelli, M. P. & Simon, F. (2022), "Crime and Punishment: Adam Smith's Theory of Sentimental Law and Economics," *Journal of the History of Economic Thought*, 44(2).

Popper, K. (2008), 『열린사회와 그 적들』, 이한구 옮김, 민음사(1945).

Reich, R. (2022), "America Used to Regulate Business. Now Government Subsidises It," The Guardian.

Skinner, Q. (1969), "Meaning and Understanding in the History of Ideas," *History and Theory*, 8(1).

Smith, A. (1977), *An Inquiry Into the Nature and Causes of the Wealth of Nations*, University of Chicago Press.

_____ (1996), 『도덕감정론』(제6판), 박세일·민경국 옮김, 비봉출판사(1790).

_____ (2002), *The Theory of Moral Sentiments*, Knud Haakonssen (ed.), Cambridge University Press.

_____ (2016), 『정의에 대하여』, 정명진 옮김, 도서출판 부글북스(1896).

ADAM SMITH

제4장 애덤 스미스의 국가관: 간섭주의적 해석의 문제

임일섭

1. 서론

『국부론』에 등장하는 표현인 '보이지 않는 손'을 강조하면서 중상주의 정책을 비롯한 각종 규제를 혹독하게 비판한 애덤 스미스가 국가의 역할에 대해 어떠한 견해를 가졌는지는 오랫동안 지대한 관심을 받았다. 전통적으로 스미스의 사상은 자유방임주의, 야경국가와 시장 우위론의 시각에서 이해되었다.

자유방임주의에 따르면, 국가의 강제 없이 개인의 자유로운 활동이 보장되면 시장에서 바람직한 사회질서가 형성된다. 따라서 국가의 자유주의 혹은 비개입주의 이념에 따라 국가의 개입을 최소화하는 것이 바람직하다. 그러므로 자유방임주의하에서 국가의 역할은 국방과 법질서의 안정을 유지하는 정도에서 최소한으로 제한된다.

이 사상 조류는 대공황을 거치면서 20세기 중반에 등장한 국가개입주의적 성격을 띤 케인스주의 경제학에 밀려났다. 이후 케인스주의가 퇴조하고 1980년대부터 완벽한 수준의 합리적 인간관, 국가의 기능에 대한 불신 및 시장에 대한 신념을 토대로 작은 정부와 큰 시장, 규제 철폐, 민영화, 금융 탈규제, 노동시장의 유연화, 복지제도의 축소 등을 강조하는 흐름이 강해지면서 '자연적 자유'를 강조한 스미스의 사상이 다시 주목받기 시작했다.

그런데 일부 스미스 연구자들은 통상 '신자유주의'라고 불리는 이러한 흐름을 자유방임주의, 야경국가론, 값싼 정부론의 회귀로 규정하고, '자연적 자유'를 스미스의 핵심 사상으로 간주하는 해석은 스미스의 문헌을 상세히 읽지 못했거나 학문적 칸막이에 얽매여 종합적으로 고찰하지 못한 소치라고 비판했다. '수정주의적' 스미스 연구자라고 불리는 이들은 스미스가 시장을 정치로부터 분리된 자율적이며 절대적 우위를 갖는 영역으로 보았기 때문에 정부의 기능을 최소한으로 축소할 것을 주장했다고 보는 해석은 일차원적이고 객관적인 근거가 모자란 것이라고 비판하면서 애덤 스미스가 국방과 사법뿐 아니라 공공사업 및 기구의 유지처럼, 훗날 '사회간접자본'이라 명명될 광범위한 영역에 국가가 적극적으로 관여할 것을 주문했다는 점을 강조한다.

이 장은 애덤 스미스에 대한 이러한 '수정주의적' 해석을 소개하고 평가하는 것을 목적으로 한다. 단지 이 장에서는 '수정주의'라는 표현보다 '간섭주의'라는 표현을 쓰려고 한다. 여기서 간섭주의란 경제에 있어서 국가의 개입을 통해 시장이 해결하지 못하는 여러 경제문제들 — 빈부 격차, 실업, 공황, 인플레이션, 경제의 불안정성 — 을 해결할 수 있다는 신념을 말한다. 이렇게 다른 표현을 쓰는 이유는 '수정주의'라는 표현은 방대한 애덤 스미스의 사상 체계에 대한 해석에서 도대체 어느 부분을 어느 방향으로 수정하려고 하는지를 분명히 밝히지 않기 때문이다. 오히려 '간섭주의' 혹은 '개입주의'라는 표현이 스미스의 사상을 국가의 직접적 관여를 지지하는 방향으로 해석하는 이들의 경향을 더 명확하게 한다고 볼 수 있다. 이에 따라 애덤 스미스에 관한 간섭주의적 해석이란 이러한 신념을 애덤 스미스의 주요 저작인 『도덕감정론』과 『국부론』 여러 군데에서 발견할 수 있다고 해석하는 경향을 의미한다. 물론 이러한 해석 경향을 따르는 사람들은 자신들을 '간섭주의자'라고 부르지 않고, 스미스가 경제문제 해결에서 시장의 역할을 중시했다는 것을 부정하지는 않는다. 그러나 이들이 자유주의적 스미스 해석에서보다 스미스가 국가에 부여한 역할을 강조한다는 특징을 갖는 것은 분명하다. 따라서 이 장에서는 이들의 스미스 해석을 편의상 '간섭주의적 스미스 해석'이라 부르겠다.

2. 애덤 스미스에 대한 신자유주의자들의 해석과 그 평가

앞에서 언급했듯이 간섭주의자들은 애덤 스미스가 국가의 임무를 국방과 사법을 넘어서 포괄적으로 규정했는데도, 신자유주의자들이 스미스를 편협하게 해석하여 최소국가 혹은 야경국가를 지지해왔다고 주장한다. 그렇다면 간섭주의자들의 애덤 스미스 해석을 소개하고 평가하기 전에 간략하게나마 실제로 신자유주의자들이 국가의 역할을 야경국가로 축소했으며, 이러한 입장이 애덤 스미스를 야경국가의 옹호자로 해석한 것에 기인했는지부터 살펴보려고 한다.

우선 신자유주의의 대표적 학자로 알려진 프리드리히 하이에크부터 국방과 사법을 넘어선 다양한 형태의 정부 개입의 필요성을 무조건 배척하지 않았다. 예를 들어 그는 인플레이션 퇴치에 있어 통화정책의 유효성을 인정했다. 사회보장정책 문제에서도 소득 재분배를 목적으로 하는 사회보장정책은 반대했지만, 빈민 구제를 목적으로 모든 사람에게 최소 수준 이상의 수입을 보장하는 사회보장정책의 필요성은 인정했다(하이에크, 2018: 575).

밀턴 프리드먼도 인플레이션과 경기변동이 통화정책으로 통제될 수 있다고 보았고(Friedman, 1959), 사회보장정책 분야에서는 기본소득의 선구적 역할을 한 음(陰)의 소득세를 주창했다(Friedman, 2002 [1962]: 182 이하).

또 다른 신자유주의자 제임스 뷰캐넌(James Buchanan)은 민주주의 정치도 정부의 그릇된 행동을 막기는커녕 유발한다는 점을 통렬하게 비판했지만, 스미스가 국방과 사법뿐 아니라 여러 분야에서 자연적 자유를 제한하는 국가의 개입을 허용했다는 점은 명확히 이해했다(Buchanan, 1976: 7). 이 자유주의자들이 케인스주의자나 다른 좌파적 학자들에 비해 정부의 역할을 제한하기를 바란 것은 사실이지만, 그렇다고 이들의 국가관을 최소국가론이라 규정하는 것은 지나친 것이다.

물론 국가의 역할을 최소국가론에 근접하게 이해한 신자유주의자도 있다. 루드비히 폰 미제스는 국가의 역할을 재산·자유·평화의 보호, 즉 국방과 사법에 한정했다(Mises, 1985: 37). 그러나 그는 이러한 자신의 국가론이 18세기 애덤 스미스의 자유주의와 다르다는 점을 분명히 밝혔다(Mises, 1976: 34). 이것은 미제스가 스미스의 국가론을 자신의 최소국가론보다 더 넓게 국가의 역할을 규정한 것으로 정확히 인식했다는 것을 의미한다. 즉 정부의 역할을 최소한으로 축소하려고 한 자유주의자조차 애덤 스미스의 국가관을 편협하게 이해해서가 아니라 — 이 논문에서는 다룰 수 없는 — 다른 이유에서 자유방임론에 근접하는 정부관을 제시했던 것이다.

지금까지의 서술에서 밝혀진 것처럼 신자유주의자들은 간섭주의

자들의 비난처럼 국가의 역할을 야경국가로 국한하지 않았고, 최소국가론을 주장한 신자유주의자들조차 자신의 입장을 스미스의 국가론과 명시적으로 구별했다. 그런 점에서 간섭주의자들은 주요 신자유주의자들에 대한 충분한 이해 없이 이들을 비판했다고 볼 수 있다.

물론 간섭주의자들이 신자유주의자들을 오해했다는 점 때문에 간섭주의자들의 애덤 스미스 해석을 평가할 필요가 없어지지 않는다. 이 장은 간섭주의자들이 여러 신자유주의자들의 정부관을 얼마나 정확하게 이해했는지를 논하는 것이 아니라, 애덤 스미스의 정부역할론에 관한 간섭주의자들의 해석을 소개하고 평가하는 것이 목적이기 때문이다. 따라서 다음부터 간섭주의자들이 스미스의 국가관을 어떻게 해석하며 이 해석이 얼마나 스미스의 주요 저작들의 본문에 충실한지를 살펴보려고 한다.

본격적으로 국가 개입주의적 스미스 해석을 다루기 전에 한 가지 언급할 것이 있다. 스미스를 간섭주의 관점에서 해석하는 학자들이 스미스를 같은 방식으로 해석하는 것은 아니고, 개별 구절을 같은 비중으로 다루는 것도 아니다. 한 학자가 중시하는 주제를 다른 학자가 다루지 않는 경우도 있고, 같은 주제에 대해서도 다소 다른 견해를 밝히는 경우도 많다. 간섭주의자들 사이의 그러한 차이점을 일일이 다룬다는 것은 너무 방대한 작업이라 이 장에서는 학자별로 그들의 의견을 소개하지 않고 개입주의적으로 해석된 구절과 논점을 중심으로 소개하고 논평하려고 한다.

3. 『도덕감정론』에 대한 간섭주의적 해석과 그 평가

스미스가 『도덕감정론』에서 다룬 문제는 다음과 같다. 사적 욕망을 자유로이 추구하는 개인들이 모인 사회는 어떻게 질서 속에서 조화롭게 발전할 수 있는가?

이에 대해 스미스는 『도덕감정론』 제3부 제6장에서 인간행동을 규율하는 일반준칙 중에서 정밀하고 정확한 일반준칙에 따라 조절해야 할 격정과, 느슨하고 부정확한 일반준칙에 따라 조절해야 할 격정을 구분한다. 전자의 일반준칙은 분노와 이기심에서 발생하는 문제를 다루는 정의(正義)와 연관되는 법률로, 이것이 국가의 영역이라고 할 수 있다. 후자의 일반준칙은 신중, 자선, 관대, 감사, 우정 같은 사회적(우호적) 격정을 다루며, 이러한 종류의 격정은 도덕적 금언과 같이 느슨하고 부정확하고 많은 예외를 허용하는 준칙에 따라 조절해야 한다고 했다. 스미스는 이러한 우호적 격정을 법률 같은 엄격한 규칙에 따라 조절하는 것을 황당하고 가소롭다고 조롱한다(스미스, 2007: 324-328. cf. 앞의 책 67 이하). 달리 표현하자면 우호적 격정은 법률을 제정하는 국가의 소관 사항이 아니라는 것이다. 이처럼 스미스는 국가의 역할의 적정한 범위에 대한 도덕철학적 기준을 제시했다.

그러나 간섭주의적 스미스 해석에서는 『도덕감정론』의 다음 구절을 근거로 스미스가 사회적 격정도 국가의 법률의 관할 대상이 될 수 있다고 보았다고 주장한다(Johnson, 1990: 255).

스미스는 『도덕감정론』 제2부 제2편 제1장 8번에서 다음과 같이 말했다.

> "사실 윗사람이라면 때로는 그의 권한 범위 내에 있는 사람들에

> 게 서로에 대해 도덕적으로 옳은 행동을 하도록 어느 정도까지는 강제할 수도 있으며, 그런 강제는 보편적 시인을 받을 것이다. 모든 문명국가의 법은 부모들에게 그들의 자녀를 부양하도록 강제하고, 자녀들에게는 그들의 부모를 부양하도록 의무 지우며, 사람들에게는 그 밖에 많은 자혜의 의무를 부과한다. 행정관리에게는 부정한 행위를 규제하여 공공의 평화를 유지시킬 권한뿐만 아니라 양호한 기율을 확립하고 모든 종류의 부도덕한 행위와 정당하지 못한 시민들 상호 간의 침해행위를 금지할 뿐만 아니라 그들 상호 간에 어느 정도 선행을 하도록 명령할 수도 있다." (스미스, 2009: 153)

그러나 스미스는 바로 뒤에 다음과 같이 국가의 권한을 제한하는 언급을 덧붙였다.

> "그러나 입법자들의 모든 임무 중에서 이러한 명령이야말로 도덕적 적정성과 올바른 판단을 가지고 집행하기 위해서 최고의 치밀함과 신중을 기하여야 하는 임무다. 이것을 완전히 게을리하면 국가는 무수한 혼란과 충격적인 범죄 행위에 시달리게 되고, 이것을 과도하게 수행하면 모든 자유, 안전 그리고 정의는 위태롭게 될 것이다." (스미스, 2009: 153-154).

물론 로저 존슨(Roger D. Johnson)도 스미스가 국가의 권한을 제한했다는 것을 인정한다(Johnson, 1990: 267). 그러나 그는 스미스가 시장경제의 발전에 따라 사람들의 우호적 격정(social passions)이 약해질 수 있어 국가가 제도 개혁이나 어떠한 '행위'를 법제화하는 식으로 개입할 필요가 있다고 인정하여 법률로 바람직한 행태를 습관화하여 미덕을 함양할 수 있다고 보았다고 하면서(Johnson, 1990, 253-254) 이러한 해석을 뒷받침하기 위해 『도덕감정론』의 일부 본문들을 제시했다(『도덕감정론』 3부 3장 24번, 제3부 4장 12번, 3부 5장 2번).

그러나 존슨이 제시한 『도덕감정론』의 해당 본문들이 그의 해석을 뒷받침하는지 의심스럽다. 우선 제3부 3장 24번 단락은 우호적 격정의 약화를 해결하는 문제를 다루지 않는다. 제3부 4장 12번 단락의 경우는 일반준칙인 법이 분노를 제어하여 폭행을 동반한 잔인한 복수를 하지 않게 한다는 내용이지 우호적 격정을 함양하는 방법을 다루는 대목은 아니다(스미스, 2009: 289-290). 3부 5장 2번 단락은 친구들을 접대하고픈 마음이 없을 정도로 기분이 안 좋은 경우에라도 "예절과 친절의 일반준칙"을 존중하여 친구들을 예의에 맞게 접대하게 된다는 내용이다. 이 단락에서 일반준칙으로 조절되는 격정이 사회적 격정인 것은 맞지만, 여기서 적용되는 일반준칙은 본문에 명시되었듯이 '예절과 친절'에 관한 것이지 법률은 아니다(스미스, 2009: 303).

즉 존슨은 자신이 인용한 본문조차 제대로 파악하지 않고 마치 스미스가 법제화를 통해 사회적 격정을 함양할 수 있다고 주장한 것처럼 곡해한 것이다. 이처럼 존슨이 인용한 『도덕감정론』의 구절들로부터 스미스가 사회적 격정을 법으로 조절할 수 있다고 주장했다는 결론을 도출할 수 없다. 그의 오독은 스미스의 일반준칙을 국가가 제정한 법률로 협소하게 이해한 데서 비롯된다.

4. 『국부론』에 대한 간섭주의적 해석과 그 평가

앞에서 언급했듯이 스미스는 국가의 임무로 국방, 사법행정, 공공사업 및 공공기구의 유지, 그리고 국왕의 존엄을 들었다. 그러나 그 밖에도 스미스가 『국부론』 곳곳에서 정부 개입의 필요성을 역설한 사례들은 많다. 윌리엄 그램프(William D. Grampp)는 스미스가 그의 주요 저작들에 걸쳐 35~40개의 정부의 개입을 지지했다고 보았다. 그램프는 이처럼 많은 국가 개입의 사례들은 스미스 자신의 '자연적 자유'의 체계와 충돌하며, 그런 점에서 스미스를 비롯한 고전파 경제학은 중상주의의 부정이 아니라 연장이라고까지 주장했다(Grampp, 1993: 79-80; Grampp, 2000: 460). 마이클 클라크(Michael Clark)도 스미스가 자신의 저작 곳곳에서 발견되는 국가 개입의 숱한 사례를 보면 자신이 자연적 자유에 대해 얼마나 많은 예외를 허용했는지 스스로 놀랄 것이라고 했다(Clark, 2010: 80).

스미스가 그의 저작에서 국가 개입을 요청한 사례가 많다는 점은 그의 사상의 정치적 성향에 관한 이해에도 영향을 미쳤다. 일찍이 제이콥 바이너(Jacob Viner)는 스미스가 훗날 사회주의자들이 자본주의 비판에 써먹을 만한 수단을 제공했다고 주장했고(Viner, 1927: 215), 같은 맥락에서 버지니아 대학의 정치학자 데버라 부코야니스(Deborah Boucoyannis)는 스미스를 조지프 스티글리츠(Joseph Stiglitz), 폴 크루그먼(Paul Krugman), 제이콥 해커(Jacob Hacker), 폴 피어슨(Paul Pierson) 같은 미국 좌파 지식인과 결을 같이한다고 본다.[1]

이제 과연 이러한 주장들이 얼마나 스미스에 대한 정확한 이해에 기반하고 있는지 살펴보려고 한다. 그전에 먼저 『국부론』에 나타나는

1 Boucoyannis (2014). 폴 크루그먼과 조세프 스티글리츠는 임금인상과 최저임금제의 지지자다. 특히 스티글리츠는 2006, 2007년 베네수엘라의 후고 차베스(Hugo Chavez) 좌파 정권의 경제정책을 공개적으로 칭송했다. 제이콥 해커와 폴 피어슨은 『승자독식의 정치학』(한글판: 『부자들은 왜 민주주의를 사랑하는가?』)의 공저자로 미국의 정치가 미국 금융자본의 로비에 의해 조종되고 있음을 신랄하게 비판했다.

수많은 국가 개입의 사례를 어떻게 정돈된 형태로 다룰 것이냐 하는 문제부터 해결해야겠다. 나는 편의상 『국부론』 내에서 국가 개입의 사례가 발견되는 위치에 따라 세 개의 범주로 나눈 후, 각각의 범주별로 간섭주의자들이 스미스의 국가관을 어떻게 해석했는지를 살펴보려고 한다. 첫 번째로 스미스는 국가의 역할을 『국부론』 제4편 '정치경제학의 학설 체계'에서 중상주의와 중농주의를 비판하는 맥락에서 다루었다. 두 번째로 제5편 제1장 '국왕 또는 국가의 지출'에서 국가의 임무를 규정한 부분이다. 세 번째 범주는 앞의 두 범주를 제외한 『국부론』에 산재한 다양한 국가의 정책이다. 이러한 나의 구분 방식은 스미스의 국가론을 개입주의적으로 해석하는 간섭주의자들의 해석 방식과 일치한다. 첫째로 간섭주의에서는 중상주의와 중농주의 같은 국가 개입적 정치경제학설을 비판한 제4편에 등장하는 '보이지 않는 손'이란 용어에 대한 해석을 통해 '자연적 자유'가 적용되는 분야를 축소한다. 둘째, 간섭주의에서는 스미스가 국가의 정당한 임무라고 인정한 분야를 확대한다. 셋째, 간섭주의에서는 『국부론』 곳곳에 흩어져 있는 다양한 정책 분야에 대한 구절들에서 스미스가 강력한 국가 개입을 요구했다는 결론을 도출한다.

1) '보이지 않는 손' 혹은 '자연적 자유'의 범위를 축소하는 간섭주의 해석

(1) '보이지 않는 손'의 적용 범위에 대한 축소 해석

스미스가 '보이지 않는 손' 혹은 '자연적 자유'를 포괄적으로 적용하지 않았다는 주장은 일찍이 제이콥 바이너가 제기했다. 그는 스미스가 자연적 자유의 체계를 현실 전체를 포괄적으로 일반화한 개념이 아니라, 자본을 해외가 아닌 국내에 투자하려고 하는 개인들의 노력에 국한하여 적용했다고 말했다(Viner, 1927: 210). 바이너가 간략하게 언급한 것을 이후 윌리엄 그램프는 보다 자세하게 논의했다. 그램프 역시 '보이지 않는 손'이란 용어가 『국부론』에서 자본을 해외무역보다 국내에 투자하려고 하는 개인들의 노력을 설명하는 문맥에서만 유일하게 사용됐다고 함으로써 이 용어의 적용 범위를 극도로 국한한다. 즉 국가의 간섭을 받지 않고 자신의 이익을 추구하는 개인들의 노력이 사회 전체적으로 이익을 가져오게 하는 '보이지 않는 손'의 작용은 자본이 국내에 머물러 있게 하여 국방에 기여하는 경우에만 해당한다는 것이다. 스미스에게 있어 사회 전체의 이익 중 국가 안보가 으뜸이고, 국가의 안보는 국방에 필요한 자원이 잠재적 적대국이 될 수 있는 외국이 아니라 국내에 있을 때 가장 확실히 보장된다는 논리다. 이러한 해석을 근거로 그램프는 '보이지 않는 손'이 『국부론』의 핵심 사상도 아니고, 두드러진 위상조차 갖지 않는다고 주장한다(Grampp, 1993: 78; Grampp, 2000: 442-444).

이러한 해석은 『국부론』에 대한 스미스 자신의 평가와 충돌한다. 스미스는 1780년 덴마크 상공회의소 위원 안드레아스 홀트(Andreas Holt)에게 쓴 편지에서 『국부론』을 "대영제국의 상업주의 체제 전체(the whole commercial system)에 대한 나의 매우 격렬한 공격"(Smith, 1987: 251)이라고 압축해서 표현했다. 『국부론』의 핵심이 중상주의('상업주의') 비판과 '자연적 자유'의 옹호에 있음을 분명히 한 표현으로, '보이지 않는 손'을 축소해서 적용한 간섭주의적 해석과 대립하는 것이다. 물론 앞서 인용한 그램프와 클라크의 말처럼 스미스가 『국부론』 안에 자연적 자유와 대립하는 제안들을 하고서도 그것을 인식하지 못한 오류를 범했을 수도 있다. 아무리 위대한 사상가라고 해도 유한한 인간으로서 논리적 일관성이 없는 태도를 취할 수 있다는 점을 배제하긴 어려우므로, 무조건 스미스가 편지에서 밝힌 입장을 근거로 개입주의적 해석을 배척하지 않고, 이러한 해석이 얼마나 본문에 충실한지를 검토해보기로 하겠다.

'보이지 않는 손'의 범위를 축소해서 해석하는 근거로 제시되는 『국부론』의 본문은 다음과 같다.

> "그러나 한 사회의 연간 수입은 그 사회의 노동의 연간 총생산물의 교환가치와 정확히 같다. 또는 오히려 그것의 교환가치와 정확히 동일한 것이다. 따라서 각 개인이 최선을 다해 자기 자본을 본국 노동의 유지에 사용하고 노동생산물이 최대의 가치를 갖도록 노동을 이끈다면, 각 개인은 필연적으로 사회의 연간 수입이 가능한 한 최대의 가치를 갖도록 노력하는 것이 된다. 사실 그는, 일반적으로 말해서, 공공의 이익을 증진하려고 의도하지도 않고, 공공의 이익을 그가 얼마나 촉진하는지도 모른다. 외국 노동보다 본국 노동의 유지를 선호하는 것은 오로지 자기 자신의 안정을 위해서고, 노동생산물이 최대의 가치를 갖도록 그 노동을 이끈 것은 오로지 자기 자신의 이익을 위해서다. 이 경우 그는, 다른 많은 경우에서처럼, 보이지 않는 손에 이끌려서 그가 전혀 의도하지 않았던 목적을 달성하게 된다. 그가 의도하지 않았던 것이라고 해서 반드시 사회에 좋지 않은 것은 아니다. 그가 자기 자신의 이익을 추구함으로써 흔히, 그 자신이 진실로 사회의 이익을 증진시키려고 의도하는 경우보다 더욱 효과적으로 그것을 증진시킨다." (스미스, 2007: 552-553)

우선 『국부론』에서는 '보이지 않는 손'이란 표현이 유일하게 방금 인용한 대목에서만 나오는 것은 사실이다. 이 대목만을 보면 '보이지 않는 손'이란 용어가, 자기 이익을 추구하는 개인이 자본을 외국보다 국내에 투자하는 경우에 한정되어 사용된 것처럼 보인다. 그러나 이 인용문 앞부분에 나오듯이 스미스가 사회의 이익 혹은 공공의 이익(public benefit)이라고 본 것은 그램프의 주장처럼 '국방'이 아니라 '사회의 연간 수입'이다. 즉, 각 개인이 자신의 노동이나 자본을 외국보다 본국에 유지하는 것을 선호하는 것은 자신의 안정과 자신의 이익을 위해서지만 결과적으로 사회의 연간 수입이 최대의 가치를 갖게 되어 사회 전체의 이익을 증진한다는 논지다. 즉 스미스는 간섭주의자들이 주장하듯이 자본을 국내에 유지하는 것이 국방에 도움이 되기 때문에 전 사회의 이익이라고 본 것은 아니었다.

그러나 더 중요한 것은 자기 이익을 추구하는 개인들이 외국보다 국내에 투자하기를 선호하는 것은, 인용된 본문의 바로 앞 단락에 나오듯이, "항상 자본의 보통 이윤 혹은 보통 이윤보다 아주 작지 않은 이윤을 얻을 수만 있다면"이라는 조건(스미스, 2007: 549-550)에 결부되었다는 점이다. 여기서 보통 이윤(ordinary profit)이란 국내 혹은 외국 중 어디에 투자하든 비슷한 수준으로 벌게 되는 이윤으로, 스미스가 바로 뒤 단락에서 말한 것처럼 "이윤이 같거나 거의 같다면" 모든 도매상은 자연히 국내 소비를 위한 대외무역보다는 국내 상업을, 그리고 중개무역보다는 대외 소비 무역을 선호한다고 주장한 것(같은 책, 550)과 상통한다.

스미스에 따르면 도매상이 이렇게 국내 상업을 선호하는 이유는 우선 국내 상업에서는 자기 자본이 자기의 감시를 벗어나지 않아, 자기의 일을 위임한 사람의 성격과 상황을 잘 알 수 있고, 그가 속았을 경우 구제를 청구해야 하는 법률을 더 잘 알 수 있기 때문이다. 다음으로 중개무역에서는 상인이 최소 두 개 국가에 분산되어 있어, 자본의 일부가 자신의 직접적인 감시와 지배를 벗어나고, 선적비와 하선비, 조세와 관세를 추가로 부담해야 한다. 또한 국내 상업에 투자한 자본은 대외 소비무역에 동일 액수의 자본보다 더욱 큰 양의 국내 노동을 필연적으로 가동함으로써 본국의 더욱 많은 주민에게 수입 및 취업의 기회를 제공한다(같은 책, 550-551). 이러한 이유로 국내 상업에 대한 투자를 선호하는 것은 스미스에 따르면 어디까지나 국내와 외국의 이윤이 같거나 비슷할 때 국한되는 것이다. 이것은 이 조건과 다른 상황에서는 개인의 투자 방향이 달라질 수도 있음을 의미한다.

국내와 외국의 이윤이 같다는 것은, 다른 조건이 동일하다면, 생산비가 같다는 것을 의미한다. 반면 국내와 외국의 이윤이 현저히 다르면 그것은 생산비 격차로 나타난다. 이렇게 보면 국내와 해외에서 얻는 이윤의 동일성 혹은 차이성의 문제는 국내 생산자와 해외 생산자의 생산비 격차의 문제와 연결된다. 이런 맥락에서 스미스는 국내의 특정한 수공업 및 제조업 제품에 대해 국내시장의 독점권을 부여하는 규제는 국산품이 외래품만큼 싸게 공급될 수 있다면 쓸모없고, 국산품이 외래품만큼 싸지 않다면 일반적으로 유해하다고 한다(같은 책, 553-554). 그는 만약 외국이 우리가 스스로 제조할 때보다 더욱 값싸게 공급할 수 있다면, 우리가 우위를 가진 국산품의 일부로 그것을 사는 것이 유리하다고 주장한다. 국내보다 외국에서 더 싸게 생산될 수 있는 상품은, 동등한 자본에 의해 고용된 노동이 그 자연적 과정을 따르도록 방임된다면 국내에서 생산했을 상품들의 일부 혹은 상품들의 가격의 일부만 가지고도 구매할 수 있었을 것이었다고 주장한다(같은 책, 554).

즉 국내에서 생산되는 것보다 싸게 생산되는 외국의 상품을 수입하는 것도 '자연적 과정을 따르도록 방임'하는 것, 즉 '보이지 않는 손'의 작동에 맡기는 것으로서, 국내 산업의 증진을 위해 외국 상품의 수입을 제한하는 것보다 사회의 연간 수입을 높이는 결과를 가져온다는 것이 스미스의 생각이었다. 따라서 스미스가 '보이지 않는 손'을, 자본을 국내에 투자하는 것을 선호하는 개인의 자기 이익추구에 국한하여 적용한 것처럼 해석한 간섭주의자들은 본문의 맥락을 무시했다고 볼 수 있다. 간섭주의적 해석이 즐겨 인용하는 이 본문은 오히려 국가가 규제를 통해 해외에서 더 싸게 생산될 수도 있는 재화를 국내에서 생산하도록 유도하는 것을 비판하려고 스미스가 전개한 논증의 일부다.

'보이지 않는 손'이란 수사적 표현과 관련, 우리는 이 표현이 『국부론』에서 유일하게, 그리고 처음으로 나온 대목이 기존의 주요 정치경제학 학설인 중상주의를 비판하는 앞부분에 나온다는 점에 주목할 필요가 있다. 스미스가 중상주의와 중농주의를 비판한 제4편을 구성한 방식을 보면 제1장 "상업주의 또는 중상주의의 원리"에서 중상주의 정책의 이론적 전제('금은이 국부의 근원')를 소개·비판한 후, 중상주의 정책의 첫 번째 사례로 제2장 "내에서 생산될 수 있는 재화를 외국에서 수입하는 것에 대한 제한"에서 처음 이 개념을 사용했다. 그 뒤에 서술되는 다른 중상주의 정책들(무역수지가 불리한 나라로부터의 상품 수입 규제, 세금 환불, 장려금, 통상조약, 식민지 정책)의 목록의 첫 번째 사례에서 '보이지 않는 손' 개념이 등장하는 것이다. 이 표현은 간섭주의적 해석처럼 자본의 국내 유치라는 특정 경우에 국한된 것이 아니라 '자연적 자유'의 체계를 옹호하기 위해 중상주의를 비판하는 긴 논증의 서두를 장식하는 수사로 본다면, 이 수사는 매우 높은 일반성을 지닌다고 할 수 있다.

방금 설명한 『국부론』 제4편 앞부분에 '보이지 않는 손'을 언급한 스미스의 서술방식은 '보이지 않는 손'의 쌍둥이 개념이라고 할 수 있는 '자연적 자유'에 대한 저명한 강조로 제4편이 마무리되고, 자연적 자유의 체계하에서 국가의 임무를 다루는 제5편으로 넘어간다는 점에서 다시 확인된다. 그러므로 특혜를 가하는 모든 제도가 완전히 철폐되면 분명하고 단순한 자연적 자유가 스스로 확립된다(같은 책, 848).

물론 이 문장은 중상주의가 아닌 중농주의 학설을 다루는 대목에 나오지만, 스미스는 중농주의, 특히 콜베르(Jean-Baptiste Colbert)의 정책이 중상주의의 모든 편견을 갖고 있었다고 지적하면서 중상주의와의 공통점을 강조한다. 콜베르는 대국의 상공업을 관청의 각 부서와 같은 방식으로 통제하려고 했으며, 또한 자유·평등·정의의 원칙에 따라 각 개인이 각자의 방식대로 자신의 이익을 추구하도록 허용하지 않고, 어떤 산업 부문에 대해서는 예외적인 특권을 부여하는 반면, 다른 산업 부문에 대해서는 특별한 제한을 가하기도 했다. 스미스는 또 같은 장에서 중농주의가 중상주의처럼 특정 산업을 다른 산업보다 제한 혹은 장려한다는 공통점을 지닌다고 비판한다(같은 책, 847). 이런 점에서 스미스가 사용한 '보이지 않는 손'은 간섭주의자들의 해석처럼 제한된 적용 범위를 갖는 것이 아니라, 자연적 자유에 반대되는 모든 정책에 대한 비판으로서 일반성을 지닌다는 것을 알 수 있다.

간섭주의자들이 '보이지 않는 손'이란 개념과 관련하여 범한 해석의 오류는 이 표현이 쓰인 단락에만 집중하여 자연적 자유의 이로운 효과가 적용되는 범위를 한정한 데서 비롯되었다고 할 수 있다. '보이지 않는 손'은 자연적 자유의 작용을 표현하는 수사로서 스미스가 이 수사만을 써서 자유로운 시장기구를 서술했다고 볼 이유는 없다. 오히려 어떤 저자이든 동일한 수사적 표현을, 이 표현이 지칭하는 사실관계를 서술할 때마다 사용하는 것이 부자연스럽다. 수사적 표현이 아니라 사실을 그대로 서술하는 용어라고 해도 그 용어를 사용하지 않았다고 해서 그 사실을 서술하지 않았다고 볼 수 없다. 예컨대 하루를 돌아보고 반성하는 일기를 쓴 사람의 일기 속에 '반성'이라는 단어가 나와야만 하루를 제대로 반성한 일기라고 주장할 수 없다. 하물며 수사적 표현의 경우는 오죽하겠는가?

간섭주의자들이 '보이지 않는 손'을 하나의 특정한 사례(자본의 국내 투자)로 국한한 것은 『국부론』에서 이 표현을 쓰지 않으면서도 이 수사가 지칭하는, 자연적 자유의 정당성과 그 유익한 효과를 강조한 수많은 구절을 무시하는 심각한 오류를 범한 것이다. 그런 점에서 '보이지 않는 손'이란 개념과 그 배후에 있는 기본적 사상은 결코 사소한 것이 아니라는 플라이셰커의 지적(Fleischacker, 2004: 141)은 적절하다.

(2) 자연적 자유를 위한 임시 조치로서의 항해법과 보복관세

간섭주의자들이 『국부론』 제4편에 나오는 스미스의 중상주의 비판에서 자연적 자유의 예외로 드는 것은 항해법과 보복관세다. 분명 스미스는 무역 제한을 반대했지만, '항해법(Navigation Act)'과 보복관세는 인정했고 이것을 간섭주의자들은 자연적 자유로부터의 예외로 보았다(Viner, 1927: 223; Grampp, 2000: 451).

그러나 항해법의 경우, 스미스는 영국의 국방이 선원 선박의 수에 크게 의존하고 있기 때문에, 1651년 제정된 항해법이 외국 선박을 절대적으로 금지하거나 무거운 세금을 부담시키는 방법으로 영국의 선원·선박에, 영국 해운업에 독점권을 주려고 한 것은 정당하다고 주장한 것이었다(스미스, 2007: 561 이하). 다시 말해 스미스가 항해법을 지지한 것은 국방을 위한 것이었는데 국방은 스미스의 '자연적 자유의 체계' 내에서 국가의 첫 번째 임무였다(같은 책, 848). 따라서 항해법은 자연적 자유의 체계 바깥에 있는 것이 아니라, 그 내부에 있는 것이다.

또한 스미스가 프랑스산 와인에 대한 보복관세를 옹호한 것에도 이유가 있다. 그런데 이것은 이미 상대국인 프랑스가 자국(영국) 제품에 대해 수입 관세를 부과하고 있는 상황에서 영국만 프랑스 제품에 대해

아무런 조처를 취하지 않는 것이 적절하지 않고, 오히려 고율의 관세를 부과함으로써 상대국인 프랑스에 관세 철폐를 압박할 수 있다고 본 데서 나온 것이다(같은 책, 566). 보호주의가 국제적으로 만연한 상황에서 어떤 나라가 일방적으로 보호주의 조처를 취하지 않거나 철폐한다고 자유무역이 회복되는 것이 아니기 때문이다. 다시 말해 스미스는 보호주의적인 외국에 관세 철폐를 압박하여 자유무역에 도달하려는 수단으로 보복관세를 찬성한 것이다. 그런 점에서 스미스가 제안한 보복관세도 그 의도에서는 자연적 자유와 충돌하는 것은 아니었다.

2) 국가의 임무에 관한 간섭주의의 확대해석

이제 스미스가 『국부론』 제5편 제1장에서 다룬 국가의 임무에 관한 간섭주의적 해석을 소개하고 평가할 차례다. 스미스는 자연적 자유의 체계하에서 국가의 임무를 국방, 사법, 공공사업 및 공공기관의 설립 및 유지, 그리고 국왕의 존엄 유지로 들었는데, 이 중 국방과 사법 분야에 대해서는 간섭주의자의 해석이 전통적 해석과 차이가 없고, 국왕의 존엄 유지는 전통적 해석에서든 '간섭주의 해석'에서든 별로 관심을 받아온 주제가 아니어서 여기서 다루는 것이 무의미하다. 이렇게 보면 스미스가 언급한 4대 국가의 임무 중 간섭주의적 해석의 개입주의적 특징이 가장 잘 드러나는 것은 '공공사업 및 공공기관의 설립 및 유지' 분야라고 할 수 있다. 이 분야는 다시 상업을 촉진하기 위한 공공사업과 공공기구(이른바 사회간접자본)와 청년을 위한 교육, 그리고 성인을 위한 교육으로 세분된다.

간섭주의자들 역시 스미스가 말한 공공사업 및 공공기관의 유지에 사회간접자본 등의 공공재뿐 아니라 기초 의무교육, 과학과 철학의 진홍, 예술 활동과 연극 상연, 전시회, 대중오락 등 문화 활동의 지원, 그리고 성직자에 대한 인사정책을 정부의 역할에 포함했다(김광수, 2015: 282, 285 이하).

이러한 정책 분야의 목록은 『국부론』 목차만 봐도 확인할 수 있는 것이라 다른 해석의 여지가 없어 보인다. 그런데 문제는 간섭주의자들이 이 분야를 자연적 자유를 강조했던 스미스 자신의 견해와 충돌하는 것으로 간주한다는 점이다. 예컨대 켈러(Keller)에 따르면 공공사업과 공공기구에 대한 서술은 스미스 자신이 그전에 국가와 개인의 활동 영역의 경계를 그었던 것을 무색하게 만든다고 주장했다. 그것은 『국부론』 제4편까지 국가의 임무를 제한했던 스미스가 공공사업과 공공기구의 건설 및 유지라는 사안에 관해 광범위한 영역을 국가의 임무에 포함했기 때문이라는 것이다.[2]

그러나 이러한 해석은 이 분야의 정책을 구체적으로 시행하는 데 있어서 그가 적용한 원칙들과 이 분야를 국가의 임무로 삼은 스미스의 동기를 살펴보지 않은 데서 비롯된다.

(1) 공공사업과 공공기구를 운영하는 방식에 대한 스미스의 입장

우선 '상업을 촉진하기 위한 공공사업과 공공기구'와 관련해서 스미스는 다음과 같은 원칙들을 제시한다. 먼저 시장이 제공할 수 없는 종류의 서비스만 공공이 제공해야 한다. 다음으로 이러한 종류의 서비스는 자기부담 원칙과 효율성에 부합하게 제공되어야 한다. 자기부담 원칙은 스미스에 따르면 공공 서비스를 사용하는 사람들이 그 비용을 부

---

2 P. Keller (1955), *Dogmengeschichte des wohlstandspolitischen Interventionismus*, Dissertation, 49 이하. 여기선 Wille & Gläser (1977), 57에서 재인용.

담한다는 것을 의미한다. 그는 도로와 교량, 운하들은 그것들을 이용하는 마차들에 대해 통행료를 거두는 것에 의해 건설되고 유지될 수 있고, 항구는 거기에 화물을 싣거나 부리는 화물의 톤 수에 항만세를 부과하되, 각 교통수단의 무게에 비례하여 부과하는 식이 공정하다고 보았다(스미스, 2007: 892-893). 효율성 원칙에 따르면 공공서비스는 그것을 가장 필요로 하는 곳에 제공되어야 한다. 대규모의 도로는 상업이 요구하는 곳에 건설되고 유지되어야지, 단지 어떤 지방영주나 권력자의 시골 별장처럼 한적한 곳에 건설되어서는 안 된다. 그러나 공공서비스를 이용하는 사람이 그것의 건설과 유지에 필요한 비용을 부담하는 방식을 취하지 않는 나라에서는 이러한 불합리한 일이 종종 벌어진다(같은 책, 894). 또한 스미스는 모든 공공서비스는 효과적으로 공급하는 것이 자신에게 이로운 조직이 제공해야 하고, 사람의 이기심을 고려하는 방식으로 조직되어야 한다고 주장했다. 운하의 경우 제대로 유지하는 데 많은 수고가 필요하기 때문에 영리를 목적으로 경영하는 개인의 소유가 될 때 잘 관리된다. 이 경우 해당 개인이 통행료를 걷는 것이 당연하다. 반면 도로의 경우는 운하처럼 많은 관심을 기울이지 않아도 통행 불능의 지경에 이르지 않기 때문에, 관리나 수탁자의 관리하에 두고, 이들이 통행료를 걷는 것이 적절하다(같은 책, 894-895).

스미스는 '젊은이를 위한 교육'에서도 시장원칙을 강조한다. 서민층의 자녀를 위한 교육 분야에서 스미스는 교사 혹은 교수에 대한 보수를 학생들의 수업료에서 지급함으로 교사들이 성실하게 학생을 가르치도록 유도해야 한다고 했다. 그것은 당시 기부 재산에 의존했던 유럽의 교육 체계에서는 교사가 교육에 심혈을 기울일 필요가 감소했다는 인식 때문이었다. 어떤 직업에서도 그 직업을 수행하는 사람들 대부분의 노력은 그 노력을 해야 할 필요성에 항상 비례한다. 이 필요성이 가장 큰 것은 자기 직업에서 받는 보수가 그들이 획득하기를 기대하는 재산 혹은 일반 수입이나 생활수단의 유일한 원천인 사람들인데, 대학 교수의 보수가 주로 기부 재산에 의존하고 학생들의 사례비나 수업료에 의존하는 정도가 작아 교수들이 태만해진다는 것이다(같은 책, 933-934, 961-962).

다음으로 '모든 연령의 국민을 위한 교육'에서도 스미스는 한편으로 주요 공직자를 선발하는 과정에서 철학과 과학에 관한 소양을 검증하는 국가 차원의 시험과 공중오락을 제안했지만, 다른 한편 국가가 이 분야의 교육에 대해 직접 관여하지 말고 사람들이 이러한 교육을 수행할 교사를 직접 선택하는 자유를 줄 것을 권한다(같은 책, 976-978).

비록 이 장에서는 자세히 다루지 않지만, 국방과 더불어 국가의 핵심적인 영역이라고 할 수 있는 사법행정에서조차 스미스는 "공공업무는 그 업무를 끝마치지 않는 한 보수를 받을 수 없고, 더욱이 그 업무를 얼마나 열심히 수행했느냐에 비례하여 보수를 지급받은 곳에서 잘 이루어진다"(같은 책, 889)는 점을 지적한 바 있다. 이것을 보면 그가 얼마나 국가의 임무 수행에 있어서 시장원칙을 중시했는지를 알 수 있다.

이처럼 스미스는 자신이 명시적으로 국가의 임무로 인정한 영역에서도 구체적인 세부 사항들에서는 국가의 개입을 자제하고 시장의 원리와 민간의 자율성에 맡길 것을 주장했다. 그런데도 간섭주의자들이 이 분야가 자연적 자유의 원칙을 무색하게 만든다고 본 것은 이 분야의 국가 업무의 구체적 수행 원칙에 대한 스미스의 구체적인 서술을 숙지하지 않았기 때문이라고 할 수 있다.

(2) 공공사업과 공공기구를 국가의 관심사로 제안한 스미스의 동기

간섭주의가 간과한 것은 이 정책 분야에서도 스미스가 시장원칙에

중요한 의미를 부여했다는 점만이 아니다. 간섭주의자 중에는 이 분야에서 국가의 개입이 필요한 이유에 대해서도 애덤 스미스와 다르게 이해하는 경우가 있고, 이것은 이 정책 분야의 필요성에 관해서 중대한 견해 차이를 가져온다. 이에 대해선 매우 자세한 설명이 필요하다.

스미스는 국가가 각종 직업과 공직의 후보자를 상대로 과학과 철학 지식에 대한 검정시험을 실시할 것과 대중이 즐길 수 있는 각종 예술 및 문화 활동을 지원할 것을 제안했다. 그런데 간섭주의적 해석에 따르면 스미스의 이러한 제안은 시장경제 사회에서 발생할 수 있는 대중의 소외와 반사회성에서 비롯된다(김광수, 2015: 285). 이러한 주장에 따르면 시장경제가 정착한 사회에서는, 그리고 시장경제가 계속 발전하는 한, 국가가 과학과 철학, 예술과 문화와 관련한 정책을 펼치는 것은 정당하고 스미스의 국가관에도 부합하는 것이다.

그러나 실제로 스미스가 이 분야에 대한 국가의 정책적 개입을 촉구한 이유는 간섭주의자들의 해석과 달랐다. 스미스는 이러한 정책을 국가가 폭력을 사용하지 않고도, 나라를 분할하고 있는 모든 종교적 소종파의 비인간적이고 지나치게 엄격한 도덕을 바로잡을 수 있는 구제책이라고 보았다. 그는 과학이 종교적 광신과 미신의 독소를 제거하는 위대한 해독제이며, 대중이 즐길 수 있는 예술 및 문화 활동은 대중의 미신과 광기의 온상이 되는 우울하고 침울한 분위기를 대다수 사람에게서 쉽게 쫓아낼 수 있다고 보았다(같은 책, 976-977). 즉 스미스가 과학과 철학, 예술과 문화 분야에 국가가 관심을 가져야 한다고 촉구한 것은 종교적 광신과 미신으로 인한 국론 분열을 막기 위한 것이었다.

종교적 이유로 인한 국론 분열의 문제를 스미스는 "모든 연령의 국민을 교육할 기관의 비용"이라는 절(節) 서두에서부터 자세히 설명한다. 그는 교리적 차이로 서로 갈등하는 종파 중 국교의 위치를 차지한 종파가 다른 종파를 박해하기 위해 국가권력을 동원한 여러 사례를 든다. 로마 가톨릭 성직자들이 프로테스탄트를 박해하기 위해, 또한 잉글랜드 교회가 비국교도를 박해하기 위해 행정관서의 원조를 요청했던 것이 그것이었다. 종교적 논쟁이 격렬했던 시대는 정치적 마찰 또한 격렬했던 시대여서 정치 투쟁 자체가 종교의 지원을 받아 수행되었다. 그러다 보니 정치 투쟁에서 승리한 정치세력은 자신을 지원한 종파의 요구를 따라 그 종파와 경쟁 관계에 있는 다른 종파를 억압하고 자신을 지원한 종파의 성직자들에게 일정한 봉급을 지급해야 했다. 이러한 사정이 한 사회에 종교적 관용의 분위기가 정착되는 것을 방해했다. 그래서 스미스는 하나의 국교가 수많은 다른 소종파를 제압하는 것이 아니라 가급적 많은 소종파가 서로 경쟁하면서 공존하게 되면 종교적 관용이 확산하기 쉽고, 설령 각 소종파의 교리가 불관용적이라고 하더라도 그들의 과도한 종교적 열성이 사회에 해로운 결과를 가져오지 않을 것이라고 보았다. 그런데 소종파는 정해진 규칙과 질서를 중시하고 무절제와 경거망동을 용납하지 않는 도덕을 표방하기 때문에 자칫 지나치게 엄격하고 비인간적이 될 수 있다. 스미스는 이것을 방지하기 위한 대책으로 과학과 철학, 예술 및 문화 활동의 진흥을 국가의 임무로 인정했던 것이다(같은 책, 966-976).

종교적 열정이 초래할 수 있는 해악에 대해 스미스는 이미 『도덕감정론』에서 다룬 바 있었다. 그는 종교가, 한 사람의 행동을 관찰하는 타인의 시선뿐 아니라 눈에 보이지 않는 사람의 마음까지 보면서 그 사람의 행동을 현세뿐 아니라 내세에서도 심판하는 전지전능한 신(神)을 의식하도록 함으로써 인간의 자연적 도덕감정을 강화하는 종교의 순기능을 인정했다. 그러나 또한 종교가 그릇된 의무감을 심어줌으로써 가장 끔찍스러운 살인마저 정당화함으로써 인간의 자연적 도덕감정에 어긋날 수 있다는 점도 지적했다(스미스, 2009: 316-317, 329-330). 스미스는 종교가 인간의 도덕감정을 정면으로 거스른 대표적 예로 최소 5천 명에서 3만 명에 달하는 희생을 냈던 1572년의 성 바르톨로뮤 축일의 대학살을 들었다(같은 책, 332). 그 밖에도 스미스는 『도덕감정론』 곳곳에서 종교적 열정이 가져온 다양한 폐단을 지적했다. 우선 가톨릭교도가 압도적 다수였던 프랑스 툴루즈에서 개신교도였던 칼라스는 그의 아들이 자살했을 때, 개신교에 적대적이었던 그 지역 사법기관과 여론에 의해, 아들이 가톨릭교도로 개종하는 것을 막기 위해 살해한 것이라는 누명을 뒤집어쓰고 모진 고문을 겪으면서 끔찍한 처형을 받았다. 다음으로 청교도 혁명 당시 가톨릭을 지지하고 의회를 해산했던 찰스 1세를 처형했던 청교도의 행위를 두고, 스미스는 아랫사람보다 윗사람들의 행복과 불행에 더 동감하기 쉬운 인간의 감정을 무시한 것으로 "내전에서 무고한 사람들이 흘린 피가 불러일으킨 의분도 찰스 1세의 죽음이 불러일으킨 의분에 미치지 못했다"고 통렬히 비판했고, 이것이 훗날 왕정복고를 가져왔고, 나중에 다시 청교도가 혁명을 일으켰을 때 제임스 2세가 배를 타고 달아나다가 민중에게 체포되었을 때 그에 대한 동정이 일어나 하마터면 혁명이 저지당할 뻔했다고 지적했다(같은 책, 95-97, 228).

이상의 설명으로부터 왜 스미스가 국가의 임무로 철학과 과학 자격시험, 문화 및 예술 활동의 지원, 성직자에 대한 인사정책을 제안했는지를 알 수 있다. 스미스는 이러한 정책들을 통해 종교적 편견에 의한 무고한 죽음, 유럽 전역을 가톨릭과 개신교 간의 종교 전쟁의 참화로 끌어넣었던 종교적 미신과 열광주의의 확산을 막으려고 했다. 달리 표현하면 스미스가 과학, 철학, 문화, 예술, 종교 분야에 국가의 정책적 개입을 주장한 것도 종교전쟁으로 사회 전체가 파멸로 떨어지는 것을 막기 위함이었다. 이런 점에서 스미스가 필요하다고 간주한 '모든 연령의 국민을 위한 교육', 즉 과학·문화·예술·종교 정책 분야의 절박성은 국방의 그것에 견줄 수 있다. 국방의 소홀이 외적의 침입을 유발하여 오랫동안 힘들게 쌓아온 부를 하루아침에 잿더미로 만들거나 외적에게 약탈당하게 만들듯이, 종교적 동기로 인한 국론분열이 초래할 내전 역시 비슷한 결과를 낳을 위험이 있는 것이었다. 아니, 종교적 내전은 국가 간 전쟁과 달리 눈에 보이는 전선에 따라 적군과 아군이 형성되는 것이 아니라, 어제까지도 이웃이었던 사람끼리 신앙의 차이로 서로에게 칼을 휘두르는 식으로 전개되었다. 그래서 16세기 중반부터 1세기가량 영국과 유럽 대륙을 휩쓸었던 종교 전쟁 중엔 각 사람은 어디서 자신을 해치는 칼날이 들어올지 모르는 공포 속에서 살았다. 그런 이유에서 종교 문제를 어떻게 해결해야 할지는 국방 이상으로 한 국가의 존망이 걸린 문제였다. 이러한 절박함 속에 종교 정책 분야의 존재 이유가 있었다. 또한 자연적 자유의 관점에서 설명하더라도 종교에 대한 국가의 개입은 국방이나, 나중에 살펴볼 은행권 발행의 경우에서 보듯이 사회 전체의 안전을 자연적 자유의 행사보다 우선시한다는 원칙에 부합한다.

반면, 간섭주의적 해석에 따르면 시장경제의 부작용이 과학·문화·예술·종교 같은 '모든 연령의 국민을 위한 교육'에 대한 국가의 개입을 정당화한다고 스미스가 주장했다는 것인데, 이 해석을 주장하는 사람 중 누구도 스미스의 저작에서 출처를 대지 못한다. 또한 이들의 주장처럼 이 정책 분야가 시장경제의 부작용을 해결한다는 목적을 가진 것이라면 과연 스미스가 실제로 이 정책 분야에 부여한 절박성이 그대로 인정될 수 있을지가 의문시된다. 물론 시장경제의 부작용은 분업으로 인해 하루 종일 매우 협소한 작업에 매여 지적·도덕적 능력이 쇠퇴하게 되는 서민층에겐 심각한 것이지만, 종교 전쟁처럼 사회 전체 구성원을 유혈극의 소용돌이로 몰고 가는 포괄성과 잔인성을 지니지는 않기 때문이다. 다시 말해 간섭주의적 스미스 해석은 스미스가 과학·문화·예술·종교에 대한 국가의 개입을 요구할 정도로 절박한 이유가 아닌 경우에 대해서도 국가의 개입을 요구한 셈이다.

스미스가 과학·문화·예술·종교를 국가가 관심을 가져야 할 분야로 지목하게 할 정도로 종교적 갈등과 종교적 미신이 초래한 전 사회적 혼란은 16세기 종교개혁 이후 유럽의 특수한 경험에서 비롯된 것이고 시대와 장소를 뛰어넘는 일반적인 현상은 아니다. 더구나 시장경제의 확산이 종교적 가치관의 중요성을 퇴색시키면서 종교적 차이가 한 사회를 내전의 상태처럼 심각하게 분열시키는 경우가 드물어졌는데 시장경제의 부작용만을 이유로 과학·문화·예술·종교에 대해 계속 국가가 관심 가져야 하느냐는 의문이 제기된다. 이 분야가 국가의 존망을 결정하는 것이 아니라면, 국가가 관장하는 것보다 민간에 맡기는 것이 나을 것이 아닐까?

스미스가 국가의 임무 중 하나로 본 '공공사업과 공공기구의 유지'에 대한 간섭주의적 해석을 다룬 이 절(節)을 요약하자면 다음과 같다. 간섭주의적 해석은 스미스가 이 분야의 세부적인 부분에서는 국가의 직접적인 관여보다 시장의 원칙을 선호한 경우가 많다는 것을(사회간접자본, 교육) 간과했거나, 국가의 직접 관여를 요청한 경우는(과학·문화·예술·종교), 국가가 그것을 소홀히 하면 사회 전체가 참혹한 분열에 휘말릴 수 있다는 절박성 때문이었다는 점을 보지 못했다.

3) 『국부론』 여러 곳에 산재한 국가 개입에 관한 간섭주의적 해석

『국부론』 제5편 제2장에서 다루는 조세 정책과 『국부론』 내 곳곳에 흩어져 언급된 국가 개입의 사례는 그 성격이 매우 다양하다. 예컨대 국가가 발급하는 품질보증서, 알코올 소비를 줄이기 위한 맥주에 대한 세금 인하와 증류주에 대한 세금 인상, 선술집에 대한 세금 인상, 고용주가 임금을 현물이 아닌 화폐로 지원하도록 법으로 강제하는 것, 발명에 대해 특허와 저작권을 국가 차원에서 보증하는 것, 은행권 발행과 금융거래에 대한 국가의 규제, 위험이 높은 시장을 개척하는 기업에 일시적 독점권을 허락하는 것 등이다. 그리고 이런 사례들은 자연적 자유로부터의 이탈로 간주된다(Grampp, 1993: 74-75, 79-80).

앞서 언급한 그램프의 계산대로라면 수십 개나 되는 사례들을 여기서 일일이 다룬다는 것은 불가능하다. 그 대신 몇몇 선별된 사례들을, 그것이 얼마나 자연적 자유를 제한하는 것이며, 또 어떤 이유에서 자연적 자유를 제한하는지의 관점에서 다루려고 한다.

(1) 이자율 규제

스미스는 원칙적으로 이자율을 규제하는 것에 반대했다. 그는 고리대금의 금지는 아무 효과가 없으며 고리대금의 악을 오히려 증가시킨다고 보았다. 공식적인 대금업이 금지됨으로써 돈이 필요한 사람들은 돈을 빌리기가 더 힘들어지고, 불법적인 고리대금업자로부터 더 높은 금리로 돈을 빌려야 하기 때문이다. 예컨대 에드워드 6세(Edward VI, 1547-1553)는 종교적인 열광에 휩싸여 모든 이자를 금지했지만, 같은 종류의 다른 모든 금지와 마찬가지로 아무런 효과도 없었으며 고리대금의 악을 감소시키기보다 오히려 증가시켰다는 것이다(스미스, 2007:

117).

그러나 스미스는 적정한 정도의 이자율 규제를 지지했다. 그는 이자가 허용되고 있는 나라에서는 최저시장가격, 즉 가장 확실한 담보를 제공할 수 있는 사람이 화폐 사용에 대해 지불하는 이자율보다 약간 높은 수준의 최고이자율을 법으로 정해놓고 있으며 이것이 적정하다고 보았다. 이것을 들어 간섭주의자들은 자연적 자유의 원칙에 벗어나는 사례로 보고 있다.

그러나 스미스가 해당 대목에서 이러한 이자율 규제를 옹호한 이유를 보면 이것이 자연적 자유의 체계를 벗어나는 주장이 아니라는 것을 알 수 있다. 우선 최저시장가격보다 과다하게 높은 금리는 가장 확실한 담보를 제공할 수 있는 부유층만이 감당할 수 있는데 이들은 자신이 대출한 자본을 주로 사치스러운 낭비와 위험한 투기에만 쓰는 경향이 있기 때문이다. 그러나 법정 이자율이 최저시장가격보다 약간만 높은 경우엔, 확실한 담보는 없지만 빌린 돈을 신중하게 투자하는 사람들이 사업을 영위할 수 있다(같은 책, 437).

여기서 우리는 스미스가 이자율 규제를 통해 차입금이 낭비적인 용도로 흘러가 파괴되는 것을 막고, 수익성 있게 사용되어 한 나라의 자본이 증가하도록 하려고 했다는 것을 알 수 있다. 이것은 스미스가 『국부론』 제2편에서 국부를 증진하는 요인 중 하나로 자본이 유용하게 투자되는 것과 결을 같이한다.

게다가 이자율 규제 덕에 확실한 담보가 없어서 사업자금을 마련하지 못하는 중·하류층이 그리 높지 않은 이자율로 대출받을 수 있게 되어 시장에 진입하게 되면, 그것은 해당 시장에서 활동하는 경쟁자의 수를 늘리는 효과를 본다. 즉 이자율 규제도 자연적 자유의 체계 안에서 국부가 증진되는 방식에 관한 스미스의 원론적 입장과 일치하지, 그것에서 어긋나는 것은 아니다.

(2) 은행권 발행 규제

스미스는 금융에 대해서 예외적으로 정부의 개입이 필요하다고 보았다. 스미스는 은행의 방만하고 과다한 대출을 금하는 규제가 필요하다고 인정했다. 은행이 방만하고 과다한 대출로 인해 파산하게 되면 수많은 예금자가 예금이라는 재산을 상실할 수 있기 때문이다.

> *"그러나 사회 전체의 안정을 위협하는 몇몇 개인의 자연적 자유의 행사는, 가장 자유로운 정부이든 가장 전제적인 정부이든 간에 모든 정부의 법률에 의해 제한되고 있으며 또 제한되어야만 한다. 불길이 번지는 것을 막기 위해 방화벽을 쌓게 하는 법률은 자연적 자유에 대한 침해지만, 여기에서 제안하는 은행업의 규제와 정확히 동일한 종류의 침해다."*(스미스, 2007: 397)

금융업에는 현대 경제학의 용어를 빌리자면 '외부효과'가 존재하기 마련이다(이근식, 2006: 168). 금융기관의 도산이 수많은 예금자의 피해로 연결되는 것은 부정적 외부효과인 외부불경제 때문이다. 금융에 대한 국가의 규제가 자연적 자유의 행사를 제한하지만, 사회(경제) 전체의 안정을 위해 불가피하다는 스미스의 주장은 사회를 외적의 침입으로부터 지키는 국방을 국가의 가장 중요한 임무로 본 것과 같은 맥락에서 이해할 수 있다.

(3) 스미스와 임금 문제

간섭주의적 스미스 해석을 취하는 연구자들은 스미스가 임금 인상, 특히 법정 최저임금제를 지지했다는 해석을 다양한 방식으로 도출해왔다. 이들 모두 스미스가 서민층, 특히 노동자들의 복지에 관심을 가졌다는 점에서 출발한다.[3] 이들은 『국부론』의 다음 구절을 들어 스미스가 명백히 노동자를 비롯한 서민들에 대한 관심을 보여주었다고 강조한다. "하인, 노동자, 그리고 각종 직공은 모든 대국의 인구의 대부분을 이루고 있다. 그러므로 그 대부분의 상태를 개선하는 것은 결코 전체에 불리한 것이라고 간주될 수 없다. 어느 사회라도 그 구성원의 대부분이 가난하고 비참하다면 번영하는 행복한 사회일 수 없다."(스미스, 2007: 102).

림링거는 서민층 혹은 노동자에게 우호적이었던 스미스의 태도를 중상주의들이나 19세기의 고전파 경제학자들과 상세하게 비교했다. 『국부론』이 출간되기 전 18세기 중상주의에서 노동자를 본 시각은, 빈곤은 악이 아니라 유용하다는 '빈곤의 유용성' 이념이었다. 즉 하층민들은 가난한 상태에 있어야만 열심히 일하여 경제성장에 도움이 된다는 것이었다. 프랑스의 리슐리외(Richelieu) 추기경은 서민층을, 너무 많은 휴식을 주면 버릇이 나빠지는 당나귀에 비교했고, 영국의 농업개량가 아서 영(Arthur Young)은 바보가 아닌 이상 하층 계급은 가난한 상태에 머물지 않으면 근면해지지 않을 것이라고 했다. 다른 중상주의자들도 높은 임금이 노동자를 게으르게 만들어 생산 저하를 초래할 것이라고 주장했다. 스미스의 사후 19세기에 들어서 고전파 경제학자들도 빈민과 사회적 약자를 도우려는 정부의 조처, 특히 빈민법을 비판했다. 이들은 맬서스(Thomas Rovert Malthus)의 인구론과 리카도의 한계생산 체감

---

3 Rimlinger (1976); Baum (1992); Clary (2009); McLean (2006), 135-136; Kaufman (2016).

법칙을 결합하여, 정부의 빈민 부조는 성욕을 억제하지 못하는 빈민들의 숫자를 농업 생산성보다 더 빨리 증가시켜 결국에는 빈민들 자신과 나라 전체에 해롭다는 주장을 전개했다(Rimlinger, 1976: 335-338).

반면 스미스의 임금론은 그의 친노동 성향을 잘 보여주었다. 스미스는 『국부론』 중 노동임금을 논하는 대목에서 임금이 아무리 하락한다고 하더라도 그 이상 떨어져서는 안 될 수준이 있다고 했다. 임금은 적어도 그의 생활을 유지하는 데 충분해야 할 뿐 아니라 자기 가족을 부양할 수 있을 정도가 되어야 한다는 것이었다(스미스, 2007: 89-90). 스미스는 노동자 자신과 그 가족을 부양할 수 있을 정도의 임금을 다시 노동자와 그 가족에게 필요한 재화로 표현하면서 "노동의 화폐 가격은 필연적으로 두 개의 사정에 의해 규제된다. 노동에 대한 수요와 필수품과 편의품의 가격이다"라고 했고, 다시 필수품을 다음과 같이 정의했다. "필수품이란, 생활을 유지하기 위해 필수불가결한 상품일 뿐만 아니라, 그 나라의 관습상 점잖은 사람의 체면 유지를 위해, 심지어 최하층 계급 사람들의 체면 유지를 위해서도, 없어서는 안 될 상품들을 가리킨다고 나는 생각한다."(스미스, 2007: 111, 1080) 스미스는 단순한 신체적 생존을 보장하는 최저임금뿐 아니라 사회적 요소를 고려한 생활임금(living wage)을 지지했고 간섭주의자들은 바로 이 점을 지적한다(Clary, 2009: 1066; Kaufman, 2016: 41).

이처럼 스미스가 경제적 약자나 빈자(특히 노동자)에 대해 지대한 관심을 보였고, 노동자의 실질임금이 증대하는 것이 사회가 발전하는 징표라고 보았다는 점은 스미스 연구자들 사이에는 일치된 견해다. 자유주의 논객 데이비드 프리드먼(David Freedman)도 이 점에서는 간섭주의자들의 해석에 동의했다(Friedman, 2023). 문제는 얼마나 스미스가 서민층이나 노동자의 상태를 개선하기 위해 정부가 최저임금제 같은 정책을 통해 임금을 높일 것을 요청했는지다. 샌디 바움(Sandy Baum)은 스미스가 노동문제를 해결하는 데 있어서 시장을 선호했지만 정부의 역할도 진지하게 고려했다고 지적했다. 그녀는 스미스가 노동자 자녀를 위한 교육, 하층민들이 주로 소비하는 생필품에 대한 낮은 과세 등을 제안했음을 지적했다.[4] 그러나 이러한 정책은 직접적으로 노동시장에 개입하는 성격의 것은 아니다. 노동시장에 대한 국가의 직접 개입을 옹호하는 맥락에서 간섭주의적으로 스미스를 해석하는 논자들은 스미스가 최저임금제를 명시적으로 제안하지는 않았지만, 스미스의 추론(reasoning)을 따르면 그런 결론에 도달할 수 있다고 주장했다(Rimlinger, 1976: 333; Kaufman, 2016: 41). 이하에서는 이들의 주장이 이들이 의존하는 스미스의 추론에 부합하는지 살펴보겠다.

추론 1: '노사 간 정보와 협상력의 비대칭 때문에 국가의 개입이 필요하다'

무엇보다 간섭주의자들이 스미스의 추론이라고 제시하는 것은 노사 간 세력의 격차다. 이들은 스미스가 노사 간에 존재하는 정보와 협상력의 비대칭을 지적함으로써 최저임금제 같은 국가 개입을 위한 근거를 제공했다고 주장한다. 이들은 스미스가 노사 간에 존재하는 정보와 협상력의 불균형을 지적했다는 점으로부터 스미스가 경제의 자연적 성장만으로 최저생활에 필요한 임금이 보장되지 못한다는 결론을 도출했다고 해석한다. 이들에 따르면 정보의 비대칭은 고용주인 상인과 제조업자들이 상업에 관한 그들의 우월한 지식을 이용하여 전체 사회에는 해로우면서 자신들에게만 이로운 중상주의 이론을 설파하여 정책으

4 Baum (1992), 152-153; McLean (2006), 135-136도 마찬가지 주장을 한다.

로 관철했다(cf. 스미스, 2007: 525, 601)는 점에서 드러난다. 또 협상력의 비대칭은 고용주들은 노동자들보다 숫자가 적어서 더 쉽게 연합할 수 있고, 모든 쟁의에서 더 오랫동안 버틸 수 있으며, 더 은밀하게 연합할 수 있다는 데서 비롯된다(Elliott, 2000: 439-440; Boucoyannis, 2013: 1055-1056. cf. 스미스, 2007: 87-88). 따라서 부코야니스는 스미스가 경제성장을 보장하는 '보이지 않는 손'에만 의존한 것이 아니라 정보와 협상력의 비대칭을 해결하기 위해 경제적 강자를 억제하는 현명한 입법을 제안했다고 주장한다. 그러나 그녀가 열거하는 스미스의 '현명한 입법' 중에서 최저임금제처럼 직접 임금에 영향을 미치는 입법은 없다. 그녀가 스미스의 정책 제안이라고 언급한 은행권 발행의 규제나 이자율 규제는 노동문제의 영역이 아니고, 협상과 정보의 비대칭 문제와도 연관이 없다. 그녀가 스미스의 노동 관련 입법에 대한 언급을 다룬 것으로는 노동의 자유로운 이동을 가로막는 정주법을 비판한 것이 유일한데(Boucoyannis, 2013: 1056쪽 이하), 이것은 명백히 시장의 자유로운 작용을 방해하는 법률을 비판하는 자유주의적 해석에 부합하는 사례이지 최저임금제처럼 노동시장에서 수요와 공급으로 결정된 임금 수준을 정부가 개입하여 노동자에게 유리하게 교정하는 간섭주의를 지지하는 사례는 아니다.

그러나 더 중요한 것은 간섭주의자들의 주장대로 최저임금제가 스미스의 '추론(reasoning)'에도 부합하지 않는다는 점이다. 이 점을 이해하려면 우리는 먼저 임금 결정에 관한 스미스의 추론을 체계적으로 살펴보아야 한다. 스미스는 우선 임금이 노동자와 고용주 사이의 계약에 의해 결정되고, 각자가 유리한 임금 수준으로 계약을 맺기 위해 단합하는 경향이 있는데, 여기서는 간섭주의자들의 주장대로 고용주가 협상력에서 압도적으로 유리하여, 노동자의 요구보다 낮은 임금으로 노동계약을 체결하게 마련이라고 했다(스미스, 2007: 86-89). 그러나 스미스는 바로 뒤에 다음과 같이 언급한다.

> “노동자들과의 쟁의에서 고용주들은 일반적으로 우세를 점하고 있음에 틀림없지만, 보통의 임금을, 그것이 가장 저급한 노동의 임금이라 하더라도 어떤 일정한 수준 이하로 상당한 기간 억제하는 것은 불가능한 것 같다.”(스미스, 2007: 89)

이처럼 스미스는 간섭주의자들이 강조하는 고용주의 정보력과 협상력의 우세로도 상당한 기간 억제할 수 없는 하한선이 있다고 하면서 이 하한선을 상세히 설명하기 위해 앞서 내가 언급한 ‘생활임금’을 설명한다(스미스, 2007: 89-90). 즉 노동자들에 대해 자신의 정보력과 협상력의 우세를 최대한 이용하는 고용주조차 정부의 친노동적 개입이 없는 상태에서도 장기적으로 생활임금 수준 이하로 임금을 내릴 수 없다는 것이다. 왜냐하면 고용주들도 정상적인 생활을 영위하는 노동자가 필요하기 때문이다.

따라서 스미스의 추론 내에서는 국가가 개입하여 생활임금보다 낮은 수준의 최저임금을 보장해야 한다는 것 자체가 불필요하다. 따라서 최저임금제가 스미스의 추론에 부합하는 것은 아니다.

노동자에게 최저임금 혹은 생활임금을 보장하기 위해 국가의 개입이 필요하다고 주장하려면 스미스의 추론에 의존해서는 안 되고, 스미스의 추론을 반박해야 하고, 이러한 반박을 뒷받침하기에 충분한 이론적·실증적 근거를 제시해야 한다. 장기간 특정 부류의 노동자들의 임금이 최저생계비 수준에 미달하며, 이것은 단순한 우연적 요인이 아니라 국가의 개입을 통해서만 해결될 수 있는 구조적 성격의 것이라는 것을 증명해야 한다는 것이다.

추론 2: '실질임금의 상승으로 노동생산성이 향상된다'

간섭주의자들은 노동에 대한 후한 보수가 노동자의 생활 수준의 향상과 건강 상태의 개선으로 이어져 노동생산성이 향상된다고 한 스미스의 논증(스미스, 2007: 101-102)을 최저임금제를 뒷받침하는 근거로 제시한다(Clary, 2009: 1077; Verburg, 2000: 33-34; Boucoyannis, 2013: 1054; Kaufman, 2016: 47).

그러나 실질임금의 상승에서 노동생산성 향상에 이르는 스미스의 논증은 바로 앞에서 상술한 바와 같이 국가의 개입 없이도 고용주가 보장하게 되어 있는 생활임금 수준보다 더 높게 올릴 수 있게 하는 요인을 설명한(스미스, 2007: 90 이하) 이후에 나온 것이다. 따라서 스미스의 이러한 논증은 추론 1의 경우처럼 국가가 개입하여 정하는 최저임금제를 지지하는 논거로 적합하지 않다.

다만 이 논증은 생활임금을 넘어서더라도 정부가 주도하는 임금 인상이 생산성 향상으로 이어져 국부의 증가에 기여할 수 있다는 식의 개입주의적 주장을 지지하는 근거로 사용될 수 있기 때문에 그 자체로 검토하려고 한다.

우선 스미스에게 실질임금의 상승은 노동수요의 증가에 따른 것이고, 노동에 대한 수요는 임금 지급에 사용하기로 예정된 기금의 증가에 비례해서만 증가할 수 있다. 이 기금, 즉 수입이나 자본의 증대는 국부의 증대를 의미하고 따라서 임금으로 살아가는 사람들에 대한 수요는 국부의 증대와 함께 자연히 늘어나며 그것 없이는 늘어날 수 없다고 했다. 여기에 더해 생필품 부문의 생산성 상승이나 해외에서 수입된 값싼 농산물로 인한 생활비의 감소 역시 실질임금의 상승에 기여한다(스미스, 2007: 90-91, 101-102). 이것은 스미스가 『국부론』 서두에서 밝힌 국부 증가의 기본적 메커니즘에 상응한다. 여기서 그는 국부 증가의 원인으로 노동생산성의 상승과 자본의 증가를 들었다(앞의 책, 2-3).

즉 스미스는 생활임금 이상으로 실질임금이 상승하기 위해선 자본의 증가가 필요하다고 보았을 뿐, 정부에 의한 실질임금의 인위적인 상승을 명시적으로 제안하지 않았다. 게다가 실질임금의 상승에서 생산성 상승에 이르는 인과관계에 관한 스미스의 논증은 그 자체로 완결된 논리를 갖고 곧바로 정책 제안으로 사용될 수 있는 것이 아니라, 생필품과 편의품 가격의 하락이 실질임금의 상승을 가져오는 인과관계에 의존하는 것이다. 그런데도 마치 스미스가 자본의 증가와 생필품·편의품 가격의 하락 없이도 독자적인 실질임금의 상승만으로 생산성 향상이 가능하다고 주장했던 것처럼 보는 것은 해당 문맥을 무시한 해석이다.

추론 3: '노동자에게 유리한 법률은 항상 정당하고 공평하다'

스미스가 최저임금제같이 노사 관계에 직접 정부가 개입하는 것을 옹호했다고 주장하는 간섭주의자들은 『국부론』에서 의회가 고용주와 노동자 사이의 의견 차이를 조정하려고 시도할 때, 그 조정이 "노동자에게 유리할 때는 항상 정당하고 공평하지만, 고용주에게 유리할 때는 때때로 정당하고 공평하지 못하다"고 주장한 대목을 근거로 삼는다.[5] 최저임금제도 노동자에게 유리한 입법이므로 스미스라면 그것을 정당하고 공평하다고 말했을 것이라는 논리다.

그러나 이 구절의 전후 문맥을 살펴보면 이것으로부터 최저임금제를 지지하는 결론을 도출하는 것은 무리라는 것을 알 수 있다. 먼저 스

5 Clary, 2009: 1076; Boucoyannis, 2014. cf. 스미스, 2007: 185.

미스는 이 문장 바로 앞에 의회의 조정이 고용주에게 유리하면 불공정하고, 노동자에게 유리하면 공정한 결과가 나오는 원인을 밝힌다. 그것은 의회가 노사 간에 의견 차이를 조정하려 할 때 "의회의 상담역이 되는 것은 언제나 고용주"(스미스, 2007: 185)이기 때문이다. 즉 스미스는 의회가 노사 갈등을 조정할 때 고용주의 의견만을 반영했던 당시 현실에서는 고용주에게 유리한 조정이 공평하지 못할 수밖에 없었다고 말한 것이다.

다음으로 스미스가 이 주장을 뒷받침하기 위해 이 문장 바로 뒤에 친노동적 조정으로 언급한 사례를 살펴보면 그것이 최저임금제와 질적으로 다른 성격의 것임을 알 수 있다. 스미스가 노동자에게 유리한 조정으로 언급한 것은 "몇 개 업종의 고용주로 하여금 노동자에게 현물로 지급하지 말고 현금으로 지급하도록 강제한 법령"으로 고용주에게 어떤 실질적인 고통을 부과하는 것도 아니었다. 왜냐하면 "그 법률은 고용주가 현물로 지불한다고 하면서도 실제로는 반드시 지급하지 않았던 가치를 화폐로 지불하게 한 것에 불과하기 때문"이었다(스미스, 2007: 185). 유럽에서는 19세기까지 노동자가 자신의 노동의 대가를 화폐가 아닌 현물로 받는 경우가 많았다. 노동의 대가로 화폐 임금을 받으면 곧바로 생활에 필요한 물건을 자유롭게 선택하여 구매할 수 있지만, 현물로 받으면 이런 자유로운 선택이 제한받는다는 점에서 노동자에게 불리한 것이었다. 게다가 스미스의 지적처럼 고용주들이 현물도 지급하지 않는 경우가 허다했다. 그래서 1701년 앤(Anne) 여왕은 제18호 법령으로 노동의 대가를 현물로 지급하는 관행을 법으로 금지했다(망뚜, 1987: 71).

즉 스미스가 친노동적이라고 말한 법령은 최저임금제와 같은 노동시장에 대한 국가의 개입을 정당화하기엔 적합하지 않다. 왜냐하면 그것은 노동시장의 정상적인 작동으로 형성된 시장 임금을 노동자에게 유리하게 수정하는 성격의 것이 아니었기 때문이었다. 이 사례는 노동자와 고용주 사이에 합의된 시장 임금이 현물로 지급되다 보니 노동자들이 종종 합의된 시장 임금조차 받지 못하는 불공평하고 불의한 상황을 교정하는 성격의 것이었다. 스미스는 이것이 노동시장에서 상호 합의된 노동의 대가에 대한 결실을 노동자가 제대로 향유할 수 있도록 하는 개입이었으므로 노동자에게 유리하면서도 노동자·고용주 양자에게 정의롭고 공평하다고 한 것이다. 반면 최저임금제는 노동시장의 자유로운 작동에 따라 형성된 임금 수준보다 높은 임금을 지불하도록 고용주에게 강제하는 것이므로 스미스의 기준으로 보아도 공평한 것은 아니다.[6]

간섭주의자들이 이처럼 '노동자에게 유리한 조정'에 관한 스미스의 진술을 오해한 것은 18세기 당시 노동시장 상태에 대한 무지에서도 비롯된 것으로 보인다. 발터 오이켄의 지적대로 당시 노동시장은 교통기술의 미발달로 인해 수요독점적 성격을 띠었다. 그랬기 때문에 18세기 당시 시장에서 형성된 임금은 경쟁시장의 임금과 같을 수 없었고, 임금을 화폐가 아닌 현물로 지급하는 관행도 만연했던 것이다. 그러나 19세기 초부터 진행된 교통기술의 발달은 수요독점적 노동시장을 파괴시켰다. 이제 기업들의 진입영역들이 갈수록 맞물리게 되면서 노동자를 둘러싼 기업들의 경쟁도 맞물리게 되었고, 이것은 갈수록 노동자들에게 유리하게 작용했다. 이에 따라 19세기 동안과 20세기 초에 수많은

6 물론 클래리는 스미스가 노동자에게 유리한 조정이 정당하고 공평한 이유와 노동자에게 유리한 조정과 고용주에게 유리한 조정의 사례로 든 것을 모두 인용했다 (Clary, 2009: 1068-1069). 그런데도 이 본문이 노동시장의 결과를 노동자에게 유리한 방향으로 교정하는 최저임금제를 지지한 것처럼 그녀가 해석한 것은 의아스럽다.

공업국에서 실질임금은 세 배에서 네 배 상승하면서 노동자들의 실존 조건이 현저히 개선되었다(오이켄, 1996[1948]: 493).

추론 4: '지나친 재산·소득 격차는 중립적 관찰자의 동감을 얻지 못한다'

벳시 제인 클래리(Betsy Jane Clary)는 정의(justice)에 관한 스미스의 관점을 최저임금제를 지지하는 추가적인 논거로 제시했다. 클래리는 스미스의 정의 개념이 관찰자의 동감에 기반을 두고 있는데, 부자와 빈자 사이에 소득 및 재산 격차가 너무 심한 것은 관찰자의 동감을 받기 어려우므로 이러한 격차를 줄이는 최저임금제가 스미스의 정의 개념에 부합한다고 주장했다(Clary, 2009: 1078-1079).

그러나 중립적 관찰자의 동감에 기반한 스미스의 정의 개념은 최저임금제를 비판하는 논거로도 사용될 수 있다. 첫째, 어느 정도의 소득 및 재산 격차가 중립적 관찰자가 보기에 너무 큰 것인지에 대한 명확한 기준이 없다. 이것을 단순히 여론조사로 결정하는 것은 스미스의 중립적 관찰자의 개념과 일치하지 않는다. 그리고 최저임금에 관한 입법을 하려면 그 입법을 정당화할 만큼의 커다란 소득 격차가 무엇인지를 입법기관이 결정해야 하는데, 입법기관은 스미스가 말한 중립적 관찰자가 아니다. 둘째, 최저임금제가 초래하게 마련인 결과가 중립적 관찰자의 동감을 받을 수 있을지 의문이다. 최저임금제는 한편으로는 높아진 임금으로 일할 수 있게 된 노동자에겐 도움이 되지만 다른 한편으로는 높아진 임금 때문에 고용주가 노동자를 해고해야 하는 상황을 초래하여 아예 생계가 위협받는 노동자가 생기는데, 이러한 상황이 과연 중립적 관찰자에 기반한 스미스의 정의 개념에 부합할 것인지 의심이 되기 때문이다.

(4) 스미스와 누진세

스미스는 조세의 기본 원칙 중 하나로 각자의 담세 능력에 비례해 조세를 부담하는 비례세 원칙을 주장했지만(스미스, 2007: 1017), 개별적인 경우에 부자가 빈자보다 더 큰 조세 부담을 지는 것도 공평하다고 보았다. 그것은 주로 사치재에 대한 중과세의 형태로 나타났다. 스미스는 필수품 운송용 마차보다 부자들이 타는 사치스러운 마차에 통행료를 더 많이 부과하여 화물 수송비를 상대적으로 저렴하게 함으로써, 서민들의 필수품 구매에 적지 않은 도움이 될 수 있다고 보았다(같은 책, 893).

또한 그는 위스키의 소비가 국민 건강을 해치고 도덕성 타락을 조장한다는 이유로 중과세를 인정한다. 착실하고 근면한 빈민들에게는 독주나 사치품에 부과되는 조세는 사치금지법과 같은 효과를 발휘하며, 그들이 더 이상 쉽게 구입할 수 없는 불요불급품의 사용을 적절한 수준으로 조절하거나 완전히 금지하도록 만든다는 것이다. 또한 이러한 강제된 검약으로 인해 그들의 가족 부양 능력은 세금 때문에 감소하는 대신에 오히려 종종 증대된다는 것이다(스미스, 2007: 872).

그런데 간섭주의자들은 여기서 더 나아가 스미스가 부자들에게 더 높은 세율을 적용하는 누진세를 지지한 경우도 있다고 주장한다. 일찍이 바이너는 『국부론』의 다음 구절을 근거로 스미스가 부자에 대한 누진세를 옹호했다고 주장했다(Viner, 1927: 130-131). "부자들이 수입에 비례해서뿐 아니라 그 비례를 약간 초과해서 공공수입에 기여하는 것은 그렇게 불합리한 일은 아닐 것이다."(스미스, 2007: 1040) 이 구절은 스미스가 가옥 임대료 과세에 대한 논의를 끝맺는 문장으로, 이것을 바이너 이후 최근까지 여러 학자는 스미스가 부자들의 가옥 임대료에 높은 세율을 적용하는 누진세를 지지한 것으로 해석했다(Grampp, 1993: 75; 김광수, 2015: 299-300; 김광수, 2020: 45). 그러나 이러한 주장은 해당 구절을 문맥을 무시하고 해석한 데서 비롯된 것이다. 이 구절이 포함된 단락을 그대로 인용하면 다음과 같다.

> *"생활필수품은 가난한 사람들에게 큰 비용을 지불하게 한다. 그들은 식료품을 구하기 어렵지만, 얼마 안 되는 소득의 대부분은 식료품 구입에 지출한다. 그러나 부자의 주요 지출은 사치품과 허세품이며, 웅대한 가옥은 그들이 소유한 모든 사치품과 허세품을 장식하고 가장 멋있게 보이도록 준비된다. 그러므로 가옥 임대료에 관한 조세는 일반적으로 부자들에게 가장 무겁게 귀착되며, 이러한 종류의 불평등 가운데에는 아마 매우 불리한 점은 없다. 부자들이 수입에 비례해서뿐만 아니라 그 비례를 약간 초과해서 더 공공지출에 기여해야 한다는 것은 아주 불합리한 일은 아니다."* (스미스, 2007: 1039-1040)

인용된 단락에서 알 수 있듯이 스미스가 말하고자 했던 것은 수입(收入)의 대부분을 자신의 가옥을 꾸밀 사치품과 장식품에 지출하는 부자들의 경우 가옥 임대료가 전체 수입에 차지하는 비중이 가난한 사람들에 비해 크기 때문에, 가옥 임대료에 대한 세금이 수입 혹은 소득에 차지하는 비율이 부자일수록 커져, 가옥 임대료에 대한 세금이 부자들에게 가장 무겁게 귀착되는데, 이렇게 결과적으로 부자들이 수입에 비례하는 것 이상으로 더 공공지출에 기여해야 하는 것이 불합리한 것은 아니라는 것이었다. 즉 데이비드 프리드먼이 적절히 지적했듯이 스미스는 가옥 임대료에 누진세율을 적용할 것을 옹호하지 않았다(Friedman, 2023). 간섭주의자들은 어떤 과세 대상의 가치가 전체 소득에서 차지하는 비중이 높을수록, 과세 대상에 동일한 비례세율을 적용해도 산술적으로 과세 대상에 부과된 납세액이 전체 소득에서 차지하는 비율이 높아지는 것과 과세 대상의 가치가 높을수록 누진세율을 적용하는 것을 혼동한 셈이다.

(5) 국가가 발부하는 품질보증서

스미스는 이 규제를 장기간의 도제 연한 제도에 대한 대안으로 제시했다. 스미스는 장인이 부릴 수 있는 도제 수와 도제의 봉사 의무연한을 규정했던 동업 조합의 규약을 노동의 자유에 대한 부당한 침해로 비난했다. 그중 평균 7년에 달한 도제의 봉사 기간에 대해 동업 조합은, 이것이 도제가 숙련을 습득하여 시장에 나쁜 품질의 제품이 나오는 것을 막는 데 필요하다고 정당화했다. 이에 대해 스미스는 나쁜 품질의 제품은 일반적으로 무능의 결과가 아니라 사기(詐欺)의 결과이기 때문에 이것을 방지하는 데 장기간의 도제 연한이 효과가 없다고 보았다. 그는 좋은 품질의 제품을 만드는 숙련은 불과 몇 주간, 심지어 며칠의 교육으로 습득될 수 있다고 보았기 때문이다. 그는 나쁜 품질의 제품이 시장에 나오는 것을 방지하기 위해선 오히려 당시에도 이미 시행되었던 금은 제품에 찍는 순도 표시, 아마포와 모직물에 찍는 검인이 도제 조례보다 훨씬 더 구매자에게 도움이 된다고 한 것이다(스미스, 2007: 155-161).

상품의 품질에 대한 정확한 정보가 구매자의 선택에 필수적인데 개인 구매자가 그러한 정보를 획득하기가 어려운 상태에서 국가가 상품의 품질을 심사하고 보증하는 것은 시장이 제대로 작동하는 데 필요하다. 그런 점에서 이것은 자연적 자유의 제한이라기보다는 자연적 자유가 가능하기 위한 전제조건을 국가가 창출해주는 것이다. 게다가 스미스에게 품질보증서는 노동자의 자연적 자유를 침해해온 동업 조합의 규제를 대신하는 국가의 개입이기 때문에 그 자체로 자연적 자유의 확장이기도 했다.

(6) 위험이 높은 시장을 개척한 기업에 허락되는 일시적 독점권

스미스는 상인 집단이 그들 자신의 위험과 비용으로 꽤 멀리 떨어진 야만인의 나라들과 새로운 교역 관계를 수립하고자 할 때, 그들을 주식회사로 통합시켜서 성공하는 경우엔 몇 년 동안 교역의 독점권을 주는 것을 합리적이라고 보았다. 그것은 위험하고 값비싼 모험을 위험과 비용을 무릅쓰고 시도한 것에 대해 국가가 보상해줄 수 있는 가장 쉽고 자연스러운 방법이라는 것이었다. 이들을 따라 대중이 새로 개척된 시장에 뛰어들 것이기 때문이었다. 그러나 스미스는 이러한 독점은 그 기간이 끝났을 때 종식되어야 한다고 했다(스미스, 2007: 927).

위험을 무릅쓰고 새로운 시장을 개척하는 행위 자체가 자연적 자유의 공간을 확장한다. 그리고 일시적 독점권에서 나오는 독점이윤은 다른 기업에 이 시장에 뛰어들 유인을 제공하기 때문에, 나중에 일시적 독점권이 철폐되었을 때 그 시장에 많은 경쟁자가 들어오려고 하는 전제조건을 마련한다는 점에서 장기적으로 더 많은 사람이 자연적 자유를 누리는 공간을 마련하는 결과를 가져온다. 게다가 이러한 독점권은 말 그대로 일시적이기 때문에 자연적 자유에 대한 심각한 침해로 보기 어렵다.

(7) 발명에 대해 국가가 보증하는 특허와 저작권

특허나 저작권은 발명을 한 사람이 일정 기간 발명으로 인한 수익을 독점적으로 누릴 수 있게 해줌으로써 발명에 대한 유인을 제공해준다(스미스, 2007: 927). 이러한 유인은 스미스가 국부 증가의 가장 중요한

원인으로 본 생산력 향상에 기여한 발명가가 쏟아부은 노력에 대한 보상이므로 국부 증가를 가로막는 중상주의적 독점과 동일시되어서는 안 된다.

5. 결론

지금까지 간섭주의자들의 스미스 해석을 크게 세 부분으로 나누어 소개하고 논평했다. 우선 간섭주의자들은 스미스가 옹호한 '자연적 자유의 체계'를 '보이지 않는 손'이라는 단어가 나오는 한 단락에 국한한 것으로 그릇 해석하고, 그 단락을 전체 장(章)과 중상주의를 비판하는 전체 맥락과의 연관 속에서 파악하지 못했다. 두 번째로 이들은 『국부론』 제5편에서 스미스가 국가의 임무로 인정한 분야에 대한 구체적인 서술을 살펴보지 않은 채 스미스가 각 분야 전체를 통째로 국가의 임무로 규정한 것처럼 해석했다. 그러다 보니 그들은 스미스가 몇몇 정책 분야(사회기반시설, 교육)에서 국가의 직접적인 관리만이 아니라 시장원칙도 존중했다는 점을 간과했다.

끝으로 『국부론』 여러 곳에 흩어져 있고, 간섭주의자들이 '자연적 자유로부터의 이탈'로 간주했던 국가의 개입은 사실은 자연적 자유가 성립하기 위한 전제조건을 창출하거나 보호하려는 조치였다. 한 사회가 외부의 침입이나 내부의 극심한 갈등으로 파괴되지 않게 하는 조치(국방, 종교 정책), 한 사회가 불의로 인해 와해하는 것을 막기 위한 정책(사법), 자연적 자유의 경제가 작동하는 데 필요한 전제조건을 마련하는 조치(품질 보증), 자연적 자유의 행사가 사회와 경제에 불안정을 초래하는 것을 막는 정책(은행권 발행 제한) 등이 그것이다.

그럼에도 간섭주의자들이 스미스의 사상에서 국가 개입을 정당화하는 구절들이 많다고 주장한 것은 각 구절이 위치한 본문의 맥락과 논리 전개 과정을 무시한 오독에서 비롯된 것이다. 그러나 이러한 오독은 단지 간섭주의자 당사자들의 독해력 부족으로만 돌리는 것은 지나치게 단순한 설명일 것이다. 나는 스미스 사상에 대한 이러한 오독의 배후엔 여러 현실적·심리적 원인이 자리 잡고 있다고 본다.

우선 현실의 원인을 짚어보자면 1970년대 중반에 알렉산더 케언크로스(Alexander Cairncross)가 지적했듯이 20세기에 들어오면서부터 서구 자본주의 국가에서는 정부의 정책에 새로운 목표가 설정되기 시작했고, 이러한 현실의 변화가 시장과 국가의 역할 분담에 대한 애덤 스미스의 구상을 낡은 것으로 만들었다. 케언크로스가 말한 새로운 정책 목표란 평등, 완전고용, 인플레이션 억제, 무역수지 균형, 경제성장, 재정정책의 중요성 증대 등이다(Cairncross, 1976: 115-121). 이러한 목표들은 애덤 스미스가 구상했던 것보다 훨씬 더 강력한 국가 개입을 요청하는 새로운 시대정신이 되었고, 1970년대에 정점에 이르렀다. 이런 상황에서 때마침 1976년에 『국부론』 초판 발행 200주년을 전후하여 학계에서는 애덤 스미스를 새로운 시대정신에 맞춰 해석하려는 경향이 일어나 간섭주의적 애덤 스미스 해석에 자양분을 제공했던 것으로 보인다. 이에 따라 본문과 당시 역사적 맥락에 대한 이해에 바탕을 둔 애덤 스미스 연구가, 시류에 편승하는 학문적 기회주의로 인해 구석으로 몰리게 되었다. 이 경향은 최근까지 이어지고 있는 것으로 보인다.

두 번째로 간섭주의 해석엔 일련의 낡은 계급 편향적 고정관념이 자리 잡고 있다고 본다. 그 고정관념은 '시장=친자본=반노동', 혹은 '국가=친노동=반자본', 그리고 '경제적 약자=노동자', '경제적 강자=자본가'라는 식의 형태를 띤다. 이 고정관념에 따르면 노동자를 돕기 위해선 시장이 아닌 국가의 개입이 필요하다. 물론, 앞에서 살펴보았지만, 스미스는 강한 친노동·친서민 성향을 보여주었으며, 이것은 너무 낮은 임금에 대한 비판, 생활필수품에 대한 고율의 과세를 반대한 것, 서민층 교육을 국가의 당연한 임무 중 하나로 삼은 것에서 드러났다.

그러나 스미스는 무엇보다 생산력 향상과 자본의 축적이라는 시장경제의 발전 동력이 노동자들의 삶을 개선한다고 보았지, 최저임금제 같은 국가의 개입이 실질임금 인상의 견인차라고 보지 않았다. 국가의 개입이 필요한 경우도 노동자의 소득을 인위적으로 올리는 방식이 아니라, 생산력 향상과 자본 축적을 중간 목표로 하여 노동자를 돕는 방법을 선호했다고도 볼 수 있다. 그런데도 간섭주의자들이 스미스를 최고임금제 옹호자로 해석한 것은 '시장=반노동' 그리고 '국가=친노동'이라는 도식에 끼워 맞춰 스미스를 해석했기 때문이라고 볼 수 있다.

이러한 계급 편향적 고정관념과 더불어 자비나 우애, 관대함 같은 우호적 감정을 국가의 정책으로 함양할 수 있다는 생각이 간섭주의자들의 오독의 근원이다. 이것은 앞에서 보았듯이 국가가 제정한 법률로 우호적 감정을 다룰 수 없다는 스미스의 지적과 충돌한다. 그러나 이러한 착오는 어버이 같은 국가의 간섭을 통해 친족 공동체에서나 볼 수 있는 우호적 인간관계를 사회 전체에 확산시킬 수 있다는 사회주의적 이념과도 연결된다. 즉 간섭주의자들이 스미스의 『도덕감정론』에서 국가 개입의 도덕적 근거를 발견했다고 믿는 이유는 사실상 그들의 사회주의적 관념을 스미스의 본문에 투사한 것에 불과하다.

애덤 스미스 탄생 300주년, 『국부론』 초판 발행 250주년을 몇 년 앞으로 바라보는 2023년 현재, 애덤 스미스를 그의 저작의 문맥과 그 저작이 탄생한 역사적 배경을 고려하여 해석하는 자세가 더욱 절실하다. 반면 국가 개입주의적 시각에서 연구하는 대다수 학자는 방금 언급한 여러 원인으로 인해, 그들 자신의 주장과는 달리 고전 해석의 가장 기본적이고 중요한 원칙을 소홀히 한 채 정치적으로 인기 있는 어젠다에 맞춰 본문을 해석하는 데 기울어져 있는 것 같다. 물론 그런 식으로 스미스를 해석하는 사람들은 카(E. H. Carr)의 "역사란 현재와 과거의 끊임없는 대화"라는 식의 말로 자신을 변호하겠지만 '현재'에 존재하는 해석자가 '과거'와 대화하려면 '과거'를 가능한 한 있는 그대로 파악하려는 노력이 선행되어야 한다는 것이 나의 생각이다. 마치 두 사람 사이의 대화에서 상대방을 내 생각에 꿰맞추려 들지 않고, 있는 그대로 받아들이려고 할 때 둘 사이의 대화가 원만히 이루어지는 것처럼 말이다. 그리고 그런 식의 대화를 통해서만 내가 누군지도 제대로 파악할 수 있는 것이다.

물론 나는 18세기에 살면서 그 시대의 문제를 고민했던 애덤 스미스의 사상을 오늘날 그대로 수정 없이 적용하자는 말은 아니다. 다만 21세기에 애덤 스미스가 갖는 의미를 제대로 알려면 스미스가 살았고, 고민했던 그 시대 속의 스미스를 찾으려는 노력이 선행되어야 한다는 것이다. 과거를 가능한 한 있는 그대로 파악해야, 과거와 다른 오늘의 관점에 비추어 스미스의 사상이 갖는 유용성과 한계를 제대로 파악할 수 있기 때문이다. 그러한 노력이 결여한 스미스 연구는 '현재와 과거의 끊임없는 대화'가 아닌 '현재와 과거의 끊임없는 오해'를 낳기 십상이다. 나는 그 오해가 어떤 식으로 나타나는지를 이 글이 보여주었다고 생각한다.

참고문헌

김광수(2015), 『애덤 스미스: 정의가 번영을 이끈다』, 파주: 한길사.

______(2020), "애덤 스미스의 공공재정 및 조세론에 관한 재조명", 『경제학 연구』 68(4), 5-51.

발터 오이켄(1996)〔1948〕, 『사회적 시장경제의 이해: 질서정책 200년의 이론과 실제』, 호르스트 프리드리히 뷘셰 엮음, 비봉출판사, 491-506.

뽈 망뚜(1987), 『산업혁명사』(상), 정윤형·김종철 옮김, 서울: 창작과 비평사.

애덤 스미스(2007), 『국부론』(상, 하), 서울: 비봉출판사.

______(2009), 『도덕감정론』, 서울: 비봉출판사.

이근식(2006), 『애덤 스미스의 고전적 자유주의』, 서울: 기파랑.

제이콥 해커·폴 피어슨(2012), 『부자들은 왜 민주주의를 사랑하는가?』, 서울: 21세기북스.

프리드리히 하이에크(2018), 『법, 입법, 그리고 자유』, 서울: 자유기업원.

Baum, Sandy (1992), "Poverty, Inequality, and the Role of Government: What would Adam Smith say?," *Eastern Economic Journal*, 18(2) (Spring), 143-156.

Boucoyannis, Deborah (2013), "The Equalizing Hand: Why Adam Smith thought the market should produce wealth without steep inequality," *Perspectives on Politics*, 11(4), 1051-1070.

______ (2014), "Contrary to popular and academic belief, Adam Smith did not accept inequality as a necessary trade-off for amore prosperous economy," https://blogs.lse.ac.uk/politicsandpolicy/adam-smith-and-inequality/

Buchanan, James J. (1976), "The Justice of Natural Liberty," *The Journal of Legal Studies* , 5(1) (1976. 1), 1-16.

Cairncross, Alexander (1976), "The market and the state," In Thomas Wilson & Andrew S. Skinner, *Market and the State, Essays in honour of Adam Smith*, Oxford: Clarendon Press, 113-134.

Clark, Michael James (2010), "Adam Smith's Approach to Public Policy: Astounding Deviation or Artful Moderation?," http://dx.doi.org/10.2139/ssrn.1785509

Clary, Betsy Jane (2009), "Smith and Living Wages: Arguments in Support of a Mandated Living Wage," *The American Journal of Economics and Sociology*,

68(5) (2009. 11), 1063-1084.

Elliot, John (2000), "Adam Smith's Conceptualization of Power, Markets, and Politics," *Review of Social Economy*, 58(4) (2000. 12), 429-454.

Fleischacker, Samuel (2004), *On Adam Smith's Wealth of Nations: A Philosophical Companion, Princeton*, Princeton University Press.

Friedman, David (2023), "Adam Smith Wasn't a Progressve: Stop quoting him out of context on taxation, education, and monopoly," https://reason.com/2023/06/04/adam-smith-wasnt-a-progressive/

Friedman, Milton (1959), "The Demand for Money: Some Theoretical and Empirical Results," *Journal of Political Economy*, 67, 1-29.

_____ (2002) [1962], *Capitalism and Freedom* (40th anniversary ed.), Chicago: University of Chicago Press.

Grampp, William D. (1993), "An Appreciation of Mercantilism," Lars Magnusson (ed.), *Mercantilist Economics*, Boston: Kluwer.

_____ (2000), "What Did Smith Mean by the Invisible Hand?," *Journal of Political Economy*, 108(3) (2000. 6), 441-465.

Johnson, Roger D. (1990), "Adam Smith's Radical Views on Property, Distributive Justice and the Market," In *Review of Social Economy* (Fall), 247-271.

Kaufman, Bruce (2016), "Adam Smith's Economics and the Modern Minimum Wage Debate: The Large Distance Separating Kirkcaldy from Chicago," *Journal of Labor Research*, 37, 29-52.

McLean, Iain (2006), *Adam Smith, Radical and Egalitarian, An Interpretation for the Twenty-First Century*, Edinburgh: Edinburgh University Press.

Mises, Ludwig von (1976), *A Critique of Liberalism*, Irvington-on-Hudson, N.Y.: Foundation for Economic Education.

_____ (1985), *Liberalism: In the Clssical Tradition*.

Rimlinger, Gaston V. (1976), "Smith and the merits of the poor," *Review of Social Economy*, 34(3), 333-344.

Smith, Adam (1987), E. C. Mossner, Ian Simpson Ross (ed.), *Correspondence of Adam Smith*, Oxford: Oxford University,

Verburg, Rudi (2000), "Adam Smith's growing concern on the issue of distributive justice," *European Journal of History of Economic Thought*, 7(1) (Spring), 23-44.

Viner, Jacob (1927), "Adam Smith and Laissez Faire," *Journal of Political Economy*, 35(2) (April), 198-232.

ADAM SMITH

제5장 애덤 스미스: 정치와 민주주의[1]

이황희

1. 서론

애덤 스미스는 세상에 알려진 가장 유명한 '경제학자'라고 해도 과언이 아니다. 그는 '보이지 않는 손'의 비유를 통해 각인의 사익추구 과정에서 사회 전체의 공익과 정의가 비의도적으로 달성된다는 시장경제의 작동원리를 탁월하게 표현한 인물로 잘 알려져 있다. 그가 저술한 『국부론』은 근대 경제학의 초석을 다진 저서로 평가된다.[2] 이러한 세간

1 이 글은 2023년 6월 7일 개최된 '애덤 스미스 탄생 300주년 기념 심포지엄'의 발표문을 보완하여 『세계헌법연구』 29(2) (2023. 8.)에 게재한 필자의 논문 "애덤 스미스와 민주주의"를 이 책의 원고로 수정한 것이다.

2 이 장은 스미스 저작의 국역본을 중심으로 인용하는데, 여러 국역본 중에서도 『도덕감정론』(박세일·민경국 옮김, 비봉출판사, 2009); 『국부론』(상, 하)(김수행 옮김, 비봉출판사, 2009); 『법학강의』(상, 하)(서진수 옮김, 자유기업원, 2002)를 기준으로 한다. 다만 번역에 수정이 필요하다고 보이는 대목은 글래스고판 애덤 스미스 전집을 참조하여 적절히 수정해 인용한다. 글래스고판 전집은, D. D. Raphael and A. L.

의 인식에 비추어보면, 스미스와 민주주의라는 주제는 꽤 낯설게 느껴진다. 무엇보다도 민주주의는 정치적 의사결정의 원리이므로 통상 정치학 혹은 공법학의 주제인데, 경제학을 연구한 스미스에게 과연 정치이론이 있는가라는 의문부터 제기된다. 더 근본적으로는, 스미스가 생을 영위했던 18세기에는 아직 오늘날과 같은 민주주의 체제가 성립하지 않았고, 오히려 민주주의에 대한 경멸적 인식들이 널리 존재하고 있었기 때문에, 스미스에게 민주주의에 대한 진지한 학문적 성찰이 존재할 수 있었을 것인지에 관해서도 의문부호가 붙는다.

이 장은 바로 이러한 의문들에 대한 답변으로서 구상되었다. 우리의 통념과는 달리, 스미스의 학문적 여정은 법과 통치, 즉 국가권력의 형성과 근거, 정당화와 한계에 관한 논의와 밀접하게 연관되어 있었다는 것이 필자의 생각이다. 그러므로 민주주의에 관한 논의는 스미스와 그리 멀리 있지 않았다. 물론 스미스가 살았던 18세기는 현재와 같은 민주주의 시대가 아니었다. 그러나 18세기와 21세기의 시대적 상황이 같을 수는 없더라도, 평등하게 자유로운 개인들로 구성된 공동체에서 채택되어야 할 정치적 의사결정원리는 무엇인지, 그렇게 채택된 원리를 실천하는 데 필요한 제도는 무엇인지 등을 둘러싼 18세기와 21세기의 문제의식 간에는 상당한 교집합 부분이 있다. 두 시대의 학문적 성찰

Macfie (eds.), *The Theory of Moral Sentiments*, Liberty Classics, 1982; R. H. Campbell and A. S. Skinner (eds.), *An Inquiry into the Nature and Causes of the Wealth of Nations*, Liberty Classics, 1981; R. L. Meek, D. D. Raphael and P. G. Stein (eds.), *Lectures on Jurisprudence*, Liberty Fund, 1982를 가리키며, 이에 더하여 서한들 등을 정리한 Ernest Campbell Mossner and Ian Simpson Ross (eds.), *The Correspondence of Adam Smith*, Liberty Classics, 1987도 참조했다. 이 장에서 『도덕감정론』, 『국부론』, 『법학강의』를 인용할 때는 저자명을 생략하고 『도덕감정론』, 『국부론』(상)과 『국부론』(하), 『법학강의』(상)과 『법학강의』(하)라는 문헌명과 인용 쪽수로만 표기한다.

들이 시대를 초월해 서로 소통할 수 있는 것은 바로 그 때문이다.

스미스와 민주주의의 관계를 규명하기 위해서는, 먼저 스미스의 정치이론 일반이라는 주제로부터 출발해야 할 것이다. 그러나 스미스는 별도의 저서로 자신의 정치이론을 명료하게 표명한 바가 없으므로, 그의 정치이론은 그의 저술을 재구성하는 방식으로 탐색하게 될 것이다. 이것은 그 자체로 매우 난해한 작업이며 또 다른 거대한 학문적 논의의 대상이므로, 이를 논하는 것은 이 장의 범위를 넘어서는 일이다.[3] 이에 따라 이 장에서는 정치에 관한 스미스의 저술 중에서 민주주의와 연관될 수 있는 부분들을 짚어보고, 오늘날 민주주의의 문제에서 그의 구상과 전망이 어떤 의미가 있는지를 생각해보고자 한다. 이 과정에서 우리는 스미스의 문제의식이 오늘날 민주주의의 그것과 많은 부분 맞닿아 있고 또한 여전히 유효할 수 있음을 확인하게 될 것이다.

이 장의 전반적인 구성은 다음과 같다. 먼저, 스미스의 논의에서 정치와 민주주의의 문제가 결코 부수적이지 않았음을, 오히려 본질적인 지위에 있었음을 확인한다(2절). 이어서 정치적 원리로서 민주주의의 실현에 관한 문제의식, 즉 다수 의사를 어떻게 실현할 것인가에 관한 스미스의 논의를 살펴보고(3절), 끝으로 민주주의의 보완에 관한 문제의식, 즉 다수 의사의 오판과 남용을 어떻게 억제할 것이며, 이 과정에서 다수 의사의 중심성을 어떻게 견지할 것인가에 관한 스미스의 논의를 검토한다(4절). 아울러 스미스의 각 논의가 가지는 현재 의미도 음미해 보고자 한다.

---

3 스미스의 정치이론에 관한 대표적인 논의로는 Joseph Cropsey, *Polity and Economy: With Further Thoughts on the Principles of Adam Smith*, St. Augustine's Press, 1957; Donald Winch, *Adam Smith's Politics: An Essay in Historiographic Revision*, Cambridge University Press, 1978 참조.

2. 스미스와 정치이론, 그리고 민주주의

1) 학문적 근본대상으로서의 법과 통치

법과 통치의 문제는 스미스의 학문 세계에서 매우 중요한 지위에 있었다. 민주주의에 관한 스미스의 논의에 본격적으로 들어가기에 앞서, 법과 통치의 문제가 스미스의 학문에서 어떤 지위에 있었는지를 간략히 살펴보고자 한다.

이것은 무엇보다도 스미스 스스로가 밝힌 자신의 학문적 지향점 속에서 분명히 드러난다. 잘 알려져 있듯이 스미스의 주저는 『국부론』과 『도덕감정론』인데, 스미스의 학문적 방향성은 첫 저서인 『도덕감정론』에서 확인된다. 『도덕감정론』(1759)은 『국부론』(1776)보다 먼저 세상에 등장했고, 스미스가 생을 마감하기 얼마 전까지 개정작업에 매진했을 만큼 애착이 컸던 저작이기도 했다. 『도덕감정론』은 스미스의 이름을 유럽의 지식인 세계에 널리 알린 역할을 하기도 했지만, 스미스가 일생에 걸쳐 천착할 학문적 목표를 유럽의 청중에게 공개한 저작이라는 데에서도 의미가 있다. 그것은 바로 '법과 통치의 일반원리'와 '이 원리가 각 시대별로 구현된 모습들'을 규명하는 일이었다(『도덕감정론』, XXIV).[4] 이러한 취지는 『도덕감정론』의 마지막 문단에서도 반복되는데, 자신이 추후 별도의 논문을 통해 위의 주제를 다룰 것임을 선언한 대목이 그것이다(『도덕감정론』, 660).

이 목표는 스미스 평생 변함없이 추구되었다. 이는 『도덕감정론』

---

4 국역본이 '법과 국가'로 번역한 원문 표현은 'law and government'이므로, 여기에서는 이를 '법과 통치'로 옮겼다.

의 초판에서 선언된 위 목표가 타계 직전에 저술한 제6판(1790)에서도 그대로 유지된 데에서 알 수 있다. 특히 제6판 출간 당시, 스미스는 이제 더는 자신이 그러한 목표를 달성할 수 없음을 직감하고 있었으나, 그럼에도 불구하고 자신이 애초의 목표를 여전히 포기하지 않았음을 말하고자 했다(『도덕감정론』, XXIV). 그만큼 법과 통치는 스미스 학문을 떠받치는 근본적인 주제였다.

법과 통치의 이론이 스미스 학문의 근본 주제였음은 그가 생을 마감하기 몇 년 전에 작성한 한 서신을 통해서도 확인된다. 그 서신에서 스미스는 자신이 현재 두 가지 대작을 계획 중에 있음을 밝히는데, 그중 하나는 모든 문학 분야를 포괄하는 철학사에 관한 것이고, 다른 하나는 법과 통치의 이론에 관한 것이라고 했다.[5]

혹자는 이러한 선언과 달리, 그가 실제로 법과 통치의 이론을 심도 있게 연구한 것인지를 의심할지도 모른다. 『도덕감정론』 외에 그가 저술한 것은 경제학의 고전이라 할 『국부론』뿐이기 때문이다. 그러나 이 『국부론』은 기실 법과 통치의 이론에 관한 구상의 일부로서 저술된 것이다. 스미스는 큰 틀에서 법학의 대상을 인간의 권리를 보호하는 문제인 '정의(justice)', 국가의 부를 증대시키는 문제인 '내치(police)',[6] 국가

5 Adam Smith, *The Correspondence of Adam Smith*, Ernest Campbell Mossner and Ian Simpson Ross (eds.), Liberty Classics, 1987, 286-287.

6 police의 번역과 관련하여 『도덕감정론』의 국역본은 '치안(治安)'으로, 『법학강의』(상)의 국역본은 '행정'으로 옮겼으나, 본고는 '내치(內治)'로 번역하는 것을 택했다. 이 번역용어에 관해서는 이황희(2019a), 『애덤 스미스와 국가』, 경인문화사, 7-8쪽의 주 11 참조. 18세기의 police 개념은 지금과 달리 질서유지에 국한되지 않았다는 점에서도 이를 단순히 '치안'으로 번역하기 어려워 보인다. 당시 police는 질서유지뿐만 아니라 공공복리의 증진이라는 임무까지 포괄했다. 스미스가 말하는 부의 증진으로서의 police는 이러한 당대의 개념이해를 배경으로 하고 있다. 대륙의 police 개념은 당시 영국에도 큰

재정을 확보하는 문제인 '세입', 외침으로부터 국가를 보호하는 문제인 '국방'으로 분류했는데, 『국부론』은 이 중 내치와 세입에 해당하는 내용을 다룬 것이다. 오늘날 『국부론』은 경제학의 고전으로 알려져 있으나, 스미스는 이것을 법과 통치의 부분적 이론으로 인식했다. 이는 스미스의 설명에서도 잘 드러나는데, 『도덕감정론』 제6판에서 그는 자신이 일찍이 선언한 학문적 약속을 완수하지 못한 것에 대해 언급하면서도, 자신이 『국부론』을 통해 그 약속의 일부를 이행했다고 술회한 바 있다(『도덕감정론』, XXIV). 법과 통치에 관한 이론적 규명이라는 스미스의 선언은 단순히 말로만 그친 것이 아니며, 실제로 일생에 걸쳐 중단 없이 추구된 것이다.

법과 통치를 궁극적인 학문 주제로 받아들인 스미스가 정치학의 중요성을 강조한 것은 자연스러운 귀결이다. 실제로 그의 저서에는 정치학에 대한 찬사들이 담겨 있다. 그는 정치에 관한 학문보다 사람들의 공익정신을 촉진하는 것은 없을 것이라고 하면서, "정치에 관한 연구논문들은, 만약 그것이 정확하고 합리적이고 실행 가능한 것이라면, 모든 사변적인 저작물 중에서 가장 유용하다"고 평가했다(『도덕감정론』, 350). 나아가, 설령 수준이 낮은 연구물이라고 하더라도 그것이 "사람들에게 사회에 대한 관심을 불러일으키고 사회의 행복을 촉진할 수단을 찾아내도록 환기시키는 데 이바지한다"는 측면에서 실용적 가치를 인정했

영향을 끼치고 있었는데, 독일의 경우 그 같은 복리증진은 그 이후 소위 제1차 탈경찰화(Entpolizeilichung) 과정에서 police 개념으로부터 분리되어갔고, 이는 police 개념이 질서유지에 국한됨을 선언한 1882년 프로이센 고등행정법원의 크로이츠베르크 판결을 통해 결정적으로 확립되었다. 이러한 탈경찰화 흐름에 관해서는 Christoph Gusy(2006), *Polizeirecht*, 6, Auflage, Mohr Siebeck, S. 4-5; 서정범(2007), "경찰개념의 역사적 발전에 관한 고찰", 『중앙법학』 9(3), 131쪽 이하.

다(『도덕감정론』, 350). 그에게 정치에 관한 저술은 그것이 훌륭한 내용으로 되어 있든, 그렇지 않든 간에 절대적으로 긍정적인 가치를 내포하므로 마다할 이유가 없으며, 적극적으로 독려해야 할 대상이었다.

아울러 스미스는 국부(國富)의 문제를 다루는 (정치)경제학을[7] 정치가나 입법자의 학문으로 이해했다[『국부론』(상), 517]. 스미스는, 시장의 자유를 어디까지 인정하고 국가의 역할을 어디부터 인정할 것인지를 판단하는 일을 궁극적으로 정치가나 입법자의 몫으로 여겼기 때문이다. 이는 그가 국부의 문제를 법학의 대상으로 인식하고 있었던 사실과 무관하지 않다.

---

7 『국부론』에서 언급되는 정치경제학(political economy)은 오늘날 경제학(economics)에 해당한다. 이헌창(2008), "Political economy와 Economics의 개념과 번역", 『개념과 소통』 2, 129쪽. 경제(economy)는 희랍어 oikonomia에서 나온 말인데, '가정, 가재(家財)'를 의미하는 oikos와 '관리, 소유'를 의미하는 nomos의 결합으로 이루어진 것이다. '경제'는 애초 가정의 범위를 전제로 한 것이다. 그러나 근대 이후 국가적·공적 차원의 경제라는 관념이 생겨났고, 이를 표현하는 어휘로 등장한 것이 바로 political economy였다. 이는 국가(polity)의 경제(economy), 국가의 살림살이(Staatshaushalt)를 의미하는 말이었다. political economy의 개념적 역사에 관해서는 K. Lichtblau(1984), "Ökonomie, politische," Joachim Ritter (Hrsg), *Historisches Wörterbuch der Philosophie*, Bd. 6, Schwabe, S. 1163. 19세기 후반 economics라는 어휘가 political economy를 대체하기 전까지, 스미스나 리카도 같은 고전파 경제학자들과 제번스와 발라(Leon Walras) 등 신고전파 경제학자들 사이에서는 political economy라는 용어가 사용되었다. 제번스의 저서는 이러한 대체과정을 잘 보여주는데, 그의 『정치경제학의 원리』는 초판에서는 political economy라는 용어를 사용했으나, 제2판에서는 당시 학계의 흐름을 반영해 political economy를 economics로 고쳐 서술하면서도 책의 제목만은 종전처럼 political economy로 그대로 두었다. 이에 관한 제번스의 해명은 William Stanley Jevons(1879), *The Principle of Political Economy*, 2nd edition, Macmillan, p. XIV.

2) 민주주의에 대한 우호적 태도

이처럼 법과 통치의 이론이 스미스의 학문적 삶에서 근본적인 지위에 있었다면, 그 속에서 민주주의에 관한 그의 입장은 어떠했을까. 오늘날 민주주의는 평등한 개인으로 구성된 공동체가 정당한 정치적 권위를 산출할 수 있는 유일한 정치적 형식으로 인식된다. 전 세계의 거의 모든 국가가 민주주의를 추구하고 있으며, 심지어 억압적인 지배체제조차도 민주주의를 표방하고 있는 것은 민주주의의 압도적 정당성을 잘 보여준다. 그러나 스미스의 시대는 오늘과 같지 않았다. 민주주의가 자유주의와 결합함으로써 좋은 체제의 대명사가 된 것은 비교적 근래의 일이기 때문이다.[8]

민주주의는 고대 그리스의 정치이론에서 기원한다. 고대 그리스인들은 지배자의 수를 기준으로 정체(politeia)[9]의 유형을 구분하는 데 익숙했는데, 가장 대표적인 것이 정체 3분설이다. 지배자의 수를 1인, 소수, 다수로 나누어 1인의 지배를 군주정(monarchia, monarchy)으로, 소수의 지배를 귀족정(aristokraita, aristocracy) 혹은 과두정(oligarchia, oligarchy)으로, 다수의 지배를 민주정(demokratia, democracy)으로 불렀다. 여기서 민주정이란 '인민 혹은 평민(demos)'[10]이 '권력(kratos)'을 행사하는 체제를

---

8 Ernest Barker(1934), "Democracy Since the War and Its Prospects for the Future," *International Affairs*, 13(6), 756-757 참조. 자유주의와 결합하기 이전의 민주주의에 대한 문헌으로는 조사이아 오버(Josiah Ober)(2023), 『자유주의 이전의 민주주의』, 노경호 옮김, 후마니타스.

9 폴리테이아의 의미에 관해서는 자클린 보르드(Jacqueline Bordes)(2000), 『폴리테이아: 고대 그리스 시민권론과 정치체제론』, 나정원 옮김, 아르케, 13쪽 이하.

10 데모스에는 전체 국민 혹은 정치공동체라는 의미(정치적 차원)와 빈자 혹은 평민이라는 의미(사회적 차원)가 모두 존재했다. Ellen Meiksins Wood(1996), "Demos

가리킨다. 고대 민주정은 오늘날처럼 '유일하게 정당한 체제'로 인정받지 못한 채 다른 정체들과 경쟁해야 했고, 어떤 경우에는 다른 정체들에 비해 열등하거나 타락한 체제로 비판받기도 했다.[11] 반면 플라톤과 아리스토텔레스, 폴리비오스로 이어지는 혼합정(mixed constitution) 이론의 계보 속에서는 최선의 정체를 구성하는 하나의 요소로 인정되기도 했다.[12]

스미스의 시대에도 민주주의는 지배적인 정치적 형식이 아니었다. 그러나 스미스는 전반적으로 민주주의에 대한 우호적 태도를 보여주었다. 우선, 그는 기본적으로 다수의 의사가 정치적 의사결정의 중심에 있어야 함을 강조했다. 그는 "모든 사회에서 소수가 다수를 따라야 한다는 것은 일반적인 규칙"임을 인정했다〔『법학강의』(상), 539〕. 한 사람이 아니라 "전체의 감독하에 국사를 돌보는 것"이 바람직하다고 언급한 대목〔『법학강의』(상), 585〕, 자유로운 국가에서는 정부의 안전이 "정부활동에 대한 국민의 호의적인 판단에 크게 의존"하고 있다고 보면서 통치 활동에 정당성을 부여하는 것은 결국 국민의 지지임을 설명한 대목〔『국부론』

versus "We, People," *Demokratia: A Conversation on Democracies, Ancient and Modern*, Princeton University Press, p. 127 참조.

11 플라톤이나 아리스토텔레스는 지배자의 수를 기준으로 한 정체 3분설을 좋은 지배와 나쁜 지배라는 윤리적 기준으로 다시 세분화한 정체 6분설을 제시했다. 여기서 민주정은 전반적으로 다수 지배의 나쁜 형태라는 지위에 있었다. 플라톤(Platon)(2000), 『정치가』, 김태경 옮김, 한길사, 180-182쪽, 207-209쪽; 아리스토텔레스(Aristoteles)(2009), 『정치학』, 천병희 옮김, 숲, 148-152쪽.

12 혼합정은 1인 지배(왕정), 소수 지배(귀족정), 다수 지배(민주정)를 혼합한 지배형식으로서, 각각의 지배를 구현하는 세력 혹은 기관이 권력을 분점·행사하도록 함으로써 어느 일방의 지배를 배제하려는 정치적 관념이다. 이에 관해서는 이황희(2017), "선거의 정치적 의미에 관한 사상사적 고찰", 『헌법학연구』 23(1), 165쪽 이하 및 각주 15에 기재된 문헌들 참조.

(하), 965-966〕도 다수 의사의 정치적 정당성에 대한 우호적 관점을 뒷받침한다.

그러나 더욱 직접적인 근거는 공화정에 대한 스미스의 정치적 옹호에 있다. "군주정은 잘될 가능성이 거의 없지만 공화정은 잘못될 가능성이 거의 없다"라고 하면서 공화정을 상찬한 부분〔『법학강의』(상), 585〕, 당시 네덜란드에 번영을 가져온 주요한 원인으로 "공화정 형태의 통치"를 제시한 부분〔『국부론』(하), 1128〕, 군주들의 오만함을 지적한 부분(『도덕감정론』, 444) 등에서도 공화정에 대한 그의 정치적인 지지를 읽을 수 있다.

물론, 공화정에 대한 지지를 민주정에 대한 것으로 온전히 이해할 수 있는지가 문제인데, 이는 스미스의 설명을 통해 어느 정도 뒷받침된다. 그는 서구의 지적 전통을 따라 정체 3분설을 취하면서도, 정치체제를 크게 군주정과 공화정으로 구분했고, 공화정을 다시 민주정과 귀족정으로 분류했다〔『법학강의』(상), 394; 『법학강의』(하), 33〕. 따라서 공화정에 대한 그의 호감은 민주정과 귀족정에 대한 것으로 구체화된다. 그러나 필자는 다음과 같은 이유로 그의 호감이 민주정 쪽으로 더욱 기울어 있다고 생각한다. 한편으로, 스미스는 민주적인 것에 대한 긍정적 관점을 명시적으로 표했다. 가령 그는 선거의 주기를 단축할수록, 선거권자의 범위를 확대할수록 더욱 민주적인 것이 되고 이것은 "사람들의 자유를 위한 큰 안전장치"가 된다고 말했다〔『법학강의』(상), 511-512〕. 다른 한편으로, 스미스는 귀족적인 것에 관한 비판적 시각을 드러냈다. 그는 "인류의 지배자들의 폭력·부정은 오래된 악이며 그 성질상 치유될 수 없는 것"〔『국부론』(상), 600〕이라고 비판하면서 전통적인 통치세력에 대한 반감을 드러냈는데, 귀족은 왕과 더불어 대표적인 전통적 통치세력에 해당한다. 특히 그는 왕이나 귀족 같은 특권층의 존재론적 우위에 회의

적이었다. 인간의 능력은 천부적으로 평등하다는 것이 스미스의 신념이었으므로[『국부론』(상), 20-21], 그가 귀족의 신분적 특권에 공감하기 어려웠을 것임은 쉽게 짐작할 수 있다. 그렇다면, 우리가 스미스의 공화정에 대한 지지를 '사실상' 혹은 '대체로' 민주정에 대한 것으로 옮기더라도 크게 어긋남이 없을 것이다.

정치적 의사결정의 토대로서 다수의 의사에 주목한다면, 이와 관련하여 두 가지 중요한 물음이 뒤따르게 된다. 첫째는 다수 의사의 실현은 어떻게 성취되는가라는 것이고, 둘째는 다수 의사의 실현은 어떤 한계가 있는가라는 것이다. 이 물음은 스미스에게도 현대 민주국가의 시민들에게도 모두 중요한 문제다. 따라서 이 물음에 관한 스미스의 입장을 살펴보는 일은 단지 18세기 논의에 대한 지적 호기심의 충족으로 끝나지 않으며, 오늘날 민주주의가 여전히 직면해 있는 문제를 다루는 데에서도 유의미할 것이다.

3. 다수 의사의 실현

1) 근대 민주정치의 딜레마 1: 대의적 방식의 한계

고대 민주정치와 구별되는 근대 민주정치의 특징은 그것이 대의적인 방식으로 이루어진다는 점이다. 여러 학자가 지적한 바와 같이, 대의제는 고대에 존재하지 않았으며 중세 이후 등장했다고 평가된다.[13] 근

13 장 자크 루소(J. J. Rousseau)(1999), 『사회계약론』, 서울대학교출판부, 이환 옮김, 123쪽; C. S. 몽테스키외(C. S. Montesquieu)(1990), 『법의 정신 Ⅰ』, 권미영 옮김, 일신서적, 200쪽; 이황희(2017), 앞의 논문, 171쪽 이하. 반면, 대의제의 기원을 고대

대 민주주의는 이러한 대의제 형식을 취해왔는데, 이는 고대 아테네식의 직접 민주주의를 실현할 수 없는 조건 속에서 어쩔 수 없이 선택한 차선의 의미가 아니라, 그 같은 직접 민주주의의 문제를 극복하고 더 나은 민주주의를 실현하기 위한 대안의 의미로 선택된 것이었다.[14]

대의제는 국민이 대표를 선출하고, 선출된 대표가 공적 의사결정을 수행하는 방식으로 운영된다. 즉, '선출된 자의 통치'와 '선출하는 자의 피치'가 결합한 모습이다. 국민이 대표를 선출한다는 측면은 대의제의 민주적 속성을 반영한다. 반면 소수의 선출된 대표들이 공적 의사결정을 담당한다는 측면은 대의제의 비민주적 속성을 보여준다. 특히 일반적인 시각처럼,[15] 대표에 대한 위임을 유권자의 뜻에 구속되는 강제위임이 아니라 대표 자신의 자유로운 판단을 인정하는 자유위임으로 본다면, 대표의 비민주적 속성은 더욱 두드러진다. 대의제는 이처럼 민주적 속성과 비민주적 속성을 공유하는바,[16] 직접 민주주의의 약점, 즉

아테네로부터 찾으려는 시도로는 J. A. O. Larsen(1955), *Representative Government in Greek and Roman History*, University of California Press, pp. 5ff; Robin Osborne(2000), *Demos: the discovery of classical Attika*, Cambridge University Press, p. 92.

14 제임스 매디슨(James Madison)(2005), "페더랄리스트 10번", in 알렉산더 해밀턴 외(Alexander Hamilton et al.), 『페더랄리스트 페이퍼』, 김동영 옮김, 한울아카데미, 65쪽 이하; Nadia Urbinati(2006), *Representative Democracy: Principles and Genealogy*, University of Chicago Press; 정종섭(2004), 『헌법연구』(1), 박영사, 제3장 이하.

15 프랑스 헌법(제27조 제1항)은 명시적으로 강제위임을 금지하고 있고, 독일(제38조 제1항), 일본(제43조 제1항) 등의 헌법도 자유위임으로 해석된다. 우리 헌법에도 그러한 해석을 뒷받침하는 규정(제46조 제2항)이 있고, 헌법재판소의 해석도 그와 같다(헌재 1994. 4. 28. 92헌마153 등). 강제위임과 자유위임 간의 논쟁에 관해서는 정종섭, 앞의 책, 263쪽 이하; Dimitrios Kyritsis(2006), "Representation and Waldron's Objection to Judicial Review," *Oxford Journal of Legal Studies*, 26(4), pp. 741ff 참조.

16 버나드 마넹(Bernard Manin)(2004), 『선거는 민주적인가』, 곽준혁 옮김, 후마니타스. 그는 대의정부를 "근대의 혼합정(mixed constitution of modern times)"으로 명

중우정치로 변질될 위험이나 수적 우위를 점한 세력의 전횡으로 타락할 위험을 억제할 수 있지만, 역으로 개인의 정치적 참여를 제한한다는 약점이 있다. 이 약점을 크게 인식한 루소는 일찍이 "그들이 자유로운 것은 오직 의회의 대의원을 선출할 때뿐이며 일단 선출이 끝나면 그들은 노예가 되고 아무것도 아닌 존재가 된다"라고[17] 논평했다.

이처럼 다수 지배체제를 표방하는 근대 민주정치는 국민의 정치적 의사를 중심에 두면서도, 이것을 대의제 형식 속에 가두어놓았고, 그로써 국민의 참여는 축소되었다. 대의제 형식을 강조한다면 국민이 정치의 중심에서 소외될 가능성이 있고, 국민의 직접 참여를 정치의 중심에 둔다면 다수의 전제와 같은 폐단을 피하기 어렵게 될 것이다. 즉, 근대 민주정치는 대의적 방식을 유지하면서도 그로 인해 국민이 정치에서 소외되지 않도록 해야 한다는 딜레마에 처하게 되었다. 이와 관련하여, 민주주의에 우호적이었던 스미스가 이러한 대의적 방식의 한계를 어떻게 사고했는지를 살펴보고자 한다.

2) 애덤 스미스의 논의

(1) 선거

우선, 스미스가 선거의 민주적 중요성을 강조한 대목에서부터 시작해보자. 당시 영국의 정치제도는 매우 제한적인 선거권만을 인정하고 있었다. 군(county)에서는 이른바 '40실링법(Forty Shilling Freeholder

---

명한다. 같은 책, 289쪽(괄호 안의 원문은 *The Principles of Representative Government*, Cambridge University Press, 1997, p. 238). 대의제의 중세적 배경은 이황희(2017), 앞의 논문 참조.

17 장 자크 루소, 앞의 책, 123쪽.

Act)'에 따라 연간 40실링(2파운드) 이상의 수입을 거둘 수 있는 토지나 자산을 소유한 남성에게만 선거권을 인정했고, 도시(borough)에서는 토지보유나 납세 등 다양한 기준에 따라 선거권을 부여했다.[18] 그로 인해 잉글랜드와 웨일스의 전체 선거권자 수는 18세기 말을 기준으로 40만 명 정도에 그쳤다.[19]

한편, 이 시기는 선거 주기에서도 비민주적인 측면이 있었다. 18세기 초 앤 여왕 시대에 선거는 3년 주기였으나, 1716년 제정된 소위 '7년법(Septennial Act)'에 따라 선거 주기가 7년으로 늘어났다. 이는 1911년 의회법(Parliament Act 1911)으로 의원 임기를 5년으로 단축하기 전까지 유지되었다.

스미스가 오늘날과 같은 보통선거를 옹호한 것은 아니었지만, 그는 유권자의 뜻을 충분히 반영하지 못하는 당시의 선거제도에 비판적인 입장이었다. 그는 선거권의 민주적 의미, 즉 그것이 대표가 유권자들의 의사를 존중하도록 만들 수 있는 효과적인 수단임을 인식하고 있었다〔『국부론』(상), 479-480; 『법학강의』(상), 508, 511〕. 선거의 주기를 단축할수록, 선거권자의 범위를 확대할수록 선거는 더욱 민주적인 제도가 된다는 그의 설명〔『법학강의』(상), 511-512〕은 이러한 배경에서 이해할 수 있다. 선거권자가 되기 위한 자격의 문턱이 낮았던 사례를 일러 그는 "아주 민주적"이었다고 평가했다〔『법학강의』(상), 512〕.

스미스 시대의 영국 선거제도에는 이처럼 여러 제약이 존재했는

---

18 그 무렵 영국의 선거권자에 관해서는 Frederic William Maitland(1968), *The Constitutional History of England*, Cambridge University Press, pp. 87, 290; H. T. Dickinson(1994), *The Politics of the People in Eighteenth-Century Britain*, St. Martin's Press, pp. 13ff.

19 위의 책, p. 32.

데, 18세기 인물인 스미스가 선거제도의 부분적 개선을 넘어 현재와 같은 보통선거의 확립을 예견하거나 기대하기는 어려웠다고 보인다. 영국 선거제도는 1832년부터 진행된 여러 개혁들을 통해 개선되었고, 보통선거는 1928년 제5차 선거법 개혁을 통해 비로소 확립되었기 때문이다.[20]

(2) 여론

① 정치적 중요성: 중상주의 사례분석을 중심으로

선거는 중요한 것이지만 주기적으로 치러질 뿐이므로 이것으로만 다수 의사를 실현하기에는 부족함이 있다. 여기서, 소수의 선출된 대표에 속하지 않는 다수 국민이 어떻게 공적 의사결정에 관여할 수 있는지 문제가 되는데, 스미스의 대답은 바로 "공적 논의(public deliberation)"에[21] 대한 영향력, 즉 여론의 존재와 역할이었다.[22] 국민은 여론형성을 통해 의회의 의사결정에 영향력을 행사할 수 있다는 것이다.

이에 관한 개괄적인 설명은 국민의 자유를 보호하는 데 이바지하는 의회의 역할에 관한 대목에서 확인된다. 의회 구성원은 국민으로부

---

20 스미스는 개인의 정치적 역할로서 저항권에 대해서도 언급했는데[『법학강의』(상), 580 이하; 『법학강의』(하), 88 이하], 저항권 행사는 현실적으로 매우 드문 사례이므로 본고에서는 깊이 다루지 않는다.

21 『국부론』의 국역본(상, 321)은 "정부의 정책적 논의"로 번역했으나, 본고는 원문에 더 가깝게 "공적 논의"로 옮겼다(원문, p. 266).

22 스미스 정치철학에서 여론의 중요성에 관해서는 Knud Haakonssen(1989), *The Science of A Legislator: The Natural Jurisprudence of David Hume & Adam Smith*, Cambridge University Press, p. 131; Emma Rothschild(2002), *Economic Sentiments: Adam Smith, Condorcet, and the Enlightenment*, Harvard University Press, pp. 67, 71.

터 선출되는 만큼 국민의 지지를 얻기 위해 노력해야만 한다. 의회 구성원은 따라서 국민의 자유와 권리를 보호하고 실현함으로써 자신의 정치적인 지지를 유지하거나 확장할 수 있고, 국민은 선거를 통한 지지나 심판을 통해 의회 구성원에게 정치적 의사를 전달할 수 있다. 의회의 역할이 강화되면서 국민의 자유도 확대되었다는 스미스의 주장〔『법학강의』(상), 507-509; 『법학강의』(하), 63-64〕은 결국 이러한 정치적 메커니즘에 기초해 있다. 이는, 비록 그 시대의 선거제도에 여러 한계가 있었으나, 그 정도의 제도로도 다수 의사를 실현하는 데 긍정적인 성과를 낳을 수 있었음을 의미한다.

그러나 스미스의 탁월한 정치학적 통찰은, 이러한 여론의 작동방식이 언제나 긍정적인 결과만을 산출하는 것은 아니며, 여론을 통한 다수 의사의 영향력이 더욱 바람직한 성과를 낳기 위해서는 그저 막연한 낙관이 아니라 그것을 가능하게 하는 의식적인 노력과 그 부작용에 대한 경계가 필요함을 역설한 부분에서 드러난다. 중상주의에 대한 스미스의 설명이 바로 그것이다.

스미스에게 중상주의는 여러 면에서 문제가 되었다. 한편으로, 중상주의는 경제 활동에 관한 개인의 자유를 제약한다. 스미스의 지적처럼 "중상주의란 그 본질에 있어 제한·통제의 학설"이었다〔『국부론』(하), 818〕. 중상주의에 따른 국가 개입은 개인의 자유로운 경제 활동을 침해하므로, 이는 스미스가 국가의 근본 과제로 상정한 '자유와 권리의 보호'에 어긋난다. 다른 한편으로, 중상주의는 국부 증진에도 유해하다. 자신의 이익을 극대화하는 방법을 가장 잘 아는 것은 바로 본인이므로, 국가는 그가 자기 이익을 극대화할 자유를 최대한 보장해야 하고, 이는 결과적으로 타인과 사회의 이익에도 부합한다는 것이 스미스의 생각이었다. 경제 활동의 자유를 최대한 보장하는 것은 결국 모두의 이익에 부합한다. 경제 활동의 자유를 제약하는 중상주의는 따라서 국부 증진을 저해하게 된다.

그러나 정치학적 측면에서 더욱 중요한 것은, 중상주의의 불공정성 혹은 계급편향에 대한 스미스의 비판이라고 말할 수 있다. 스미스는 중상주의가 상공업자의 이익과 자유를 위해 가난한 사람의 이익과 자유를 희생한다고 비판했다. 그에 따르면, "우리나라의 중상주의로 주로 장려되는 것은 부자와 권력자의 이익을 위한 산업뿐이다. 가난한 사람과 빈궁한 사람의 이익을 위한 산업은 너무나 자주 무시되거나 억압받고 있다"〔『국부론』(하), 794〕. 그는, "소비야말로 모든 생산활동의 유일한 목표이자 목적이며, 생산자의 이익은 소비자의 이익을 증진하는 데 필요한 한에서만 고려"해야 하지만〔『국부론』(하), 814〕, 중상주의는 그 반대로 생산자의 이익을 우대함으로써 일반 소비자의 이익을 희생시키고, 나아가 우대받지 못하는 생산자의 이익을 더 크게 희생시킨다고 비판했다. 그뿐만 아니라 영국 상공업자의 "하찮은 이익을 위해" 국민의 자유가 희생당하고 있다고도 일갈했다〔『국부론』(하), 813〕.

그렇다면 이와 같은 부당한 정책이 채택되는 이유는 무엇인가? 스미스의 논의는 이제 이 중요한 물음으로 연결된다. 스미스는 중상주의로 이익을 얻는 집단이 공적 논의에서 더 큰 영향력을 행사하기 때문이라고 진단하면서, 다른 더 많은 일반 국민이 공적 논의에서 소외됨으로써 불합리한 주장이 제대로 검증되지 않은 채 진리인 듯이 통용되는 상황을 개탄했다.

먼저, 공적 논의의 계급편향에 관한 스미스의 주장을 확인해보자. 그는 고용주(특히 대상공업자) 계급과[23] 노동자 계급 간의 불평등한 조건

23 스미스는 고용주 계급 중 최대의 자본을 투하하며 그들의 부로 인해 정부로부

에 주목했다. 고용주 계급은 경제적 여유를 갖춘 까닭에 "일생 동안 여러 가지 계획·목표에 몰두"하므로 다른 사람보다 더 "예리한 이해력"을 갖는 경우가 많고 "자기 자신의 이익"에 더 밝기 때문에, "자신들의 이익에 관한 아주 뛰어난 바로 이 지식"에 기초해 자신들의 이익을 공공의 이익으로 둔갑시켜 관철할 수 있었다[『국부론』(상), 322]. 이 과정에서 자신들의 이익과 공공의 이익이 상충하는 경우가 생기기도 하는데, 스미스는 그들이 공공의 이익을 희생시켜 자신들의 이익을 추구한다고 비판했다. 스미스가 이들을 "그들의 이익이 결코 정확히 공공의 이익과 일치하지 않는 계급, 그리고 사회를 기만하고 심지어 억압하는 것이 그들의 이익이 되며, 따라서 수많은 기회에 사회를 기만하고 억압한 적이 있는 계급"으로 규정한 것은 그 때문이다. 그는 이 고용주 계급이 제안하는 정책은 항상 경계심을 가지고 대할 것을 독자들에게 당부했다[『국부론』(상), 323].

그와 달리, 노동자 계급은 경제적 여유가 부족하므로 먹고살기 위해 자신의 에너지와 시간의 상당 부분을 노동에 바쳐야 한다. 열악한 생활 조건으로 인해 시간적 여유를 가지기도 어렵고, 정치적 의사를 형성하고 표현하는 데 필요한 지식도 부족하다[『국부론』(하), 961]. 이러한 노동자의 조건은 자기 자신의 이익에 관한 인식조차 어렵게 만든다. 스미스가 말했듯이, (고용주 계급과 달리) "노동자의 이익은 사회의 이익과 밀접히 연관되어 있음에도"[『국부론』(상), 321] 노동자는 이를 제대로 파악하지 못한다. 아울러, 노동자는 교육도 충분히 받지 못하므로, 설사 정확한 정보가 제공되더라도 그것을 이용해 바르게 판단하지 못한다[『국부론』(상), 321]. 사회의 공적 논의에서 노동자의 목소리는 "고용주 자신

터 가장 큰 배려를 받는 것은 상공업자 계급이라고 보았다[『국부론』(상), 322].

의 목적을 위해 고무·선동·지지되는 특별한 경우를 제외하고는 거의 경청되지 않으며 별로 존중되지도 않는다"라는 스미스의 평가는 그 같은 맥락 속에 있었다〔『국부론』(상), 321〕.

여기서 스미스는 "이런 중상주의 전체를 고안해낸 것이 과연 누구인가를 파악하는 일은 그다지 어렵지 않다"라고 단언하면서, 상공업자들이야말로 "중상주의의 특히 중요한 설계자"임을 폭로했다〔『국부론』(하), 816〕. 이들은 "자신들의 불합리하고 억압적인 독점을 유지하기 위해" 의회를 설득해 "나라의 번영이 곧 자신들의 사업의 성공과 확대에 달려 있음을 믿도록 했다"〔『국부론』(하), 798-799〕. 스미스는 상공업자들이 이러한 방식으로 의회로부터 얻어낸 법률들을 일컬어 "모두 피로써 쓰인 것"이라고 비난했다〔『국부론』(하), 799〕. 『국부론』에 등장하는 다음의 설명은 오늘의 우리에게도 당시의 분위기를 생생히 전달해준다.

> "제조자들의 독점을 줄이려는 어떤 시도도 군대를 감축시키려는 시도처럼 위험하다. (…) 독점을 강화하는 온갖 제안을 지지하는 의원은 사업을 이해한다는 명성을 얻을 뿐만 아니라, 그 숫자와 부 때문에 큰 중요성을 갖는 계층의 인기를 얻을 것이다. 반대로 의원이 독점적인 제조업자들을 반대하거나 나아가 그들을 제압할 권위를 갖는다면, 그가 잘 알려진 성실한 인물이고 높은 지위에 있고 가장 큰 사회적 봉사를 했더라도, 파렴치한 욕설과 비난 그리고 개인적인 모욕을 피할 수 없으며, 분노하고 실망한 독점자들의 무례한 행위에 의해 실질적인 위험을 피할 수 없다없다." 〔『국부론』(상), 571-572〕

여기에는 의회가 사회의 여론에 얼마나 크게 노출되어 있는지가 여실히 묘사되어 있다.

② 해법

이처럼 스미스는 사회의 공적 논의가 특정 계급의 일방적 목소리만을 반영할 때 사회 전체의 공익이 등한시되고 그러한 특정 계급의 이익이 사회의 공익으로 왜곡되는 현상이 발생할 위험이 있음을 말하고자 했다. 이것이 왜 중상주의 같은 부당한 정책이 실현되는가에 대한 스미스의 답변이었다. 스미스의 해법은, 사회의 공적 논의를 '공정한 여론'의 기초 위에 올려놓는 것이었다. 편향적 여론에 대비되는 의미에서 공정한 여론이란 결국 '사회에 존재하는 다양한 이해관계에 대한 동등한 존중과 고려에 기초해 성립되는 여론'일 것이다. 사회의 공적 논의에서 상공업자 계급의 일방적인 주장이 다른 계급의 주장과 경합하는 과정에서 면밀하게 검증된다면, 중상주의의 허울 좋은 명분들이 더는 유지되기 어려울 것이기 때문이다. 그가 노동자 계급의 정치적 영향력이 상공업자 계급의 그것에 비해 미약한 현상의 원인을 분석하고, 그에 대한 대안을 제안한 데에는 그러한 처방에 관한 기대와 희망이 있었다.

노동자 계급은 왜 사회의 공적 논의에서 영향력을 가지지 못하는가? 앞서 언급한 대로, 노동자 계급이 처한 열악한 생활 조건은 정치적 참여에 필요한 시간적 여유나 지식, 견문을 충분히 제공하지 못한다〔『국부론』(하), 961〕. 이와 관련하여, 스미스는 특히 분업이라는 생산방식의 폐해에 주목했다. 『국부론』 초반부에 등장하는 설명〔『국부론』(상), 7 이하〕처럼 분업은 노동생산성을 증대시켜 인류에 엄청난 경제적 성과를 안겨주었다. 그러나 그와 동시에 스미스는, 분업이 치명적인 해악도 수반한다고 보는데, 그의 표현을 빌리면, 그것은 바로 노동자 계급의 '정신적 마비' 혹은 '덕성의 상실'이다.[24] 분업에 참여하는 사람은 제조과정

---

24 덕성의 상실에 관한 스미스의 문제의식은 공화주의의 영향이라는 평가로,

일부에만 관여하게 되므로 그 과정 전체를 조망함이 없이 자기가 맡는 부분화된 작업에만 매몰된다. 그 결과 갈수록 무지해지고 전체적인 시야를 상실해가며, 그로 인해 국가의 중요한 공적인 문제에 대한 판단력을 잃게 된다는 것이 스미스의 진단이었다. 다음은 이에 관한 유명한 설명이다.

> 그들의 정신은 마비상태에 빠져서 어떤 합리적인 대화를 이해하거나 그런 대화에 참가할 수 없을 뿐 아니라, (…) 사생활 방면의 수많은 일상적 의무들에 대해서도 정당한 판단을 내릴 수 없게 된다. 그는 자기 나라의 중대하고 광범한 이해관계를 전혀 판단할 수 없게 되며, (…) 이처럼 그의 특수한 직무상의 숙련과 기교는 자신의 지적·사회적·군사적 덕성들을 희생시켜서 획득한 것으로 보인다〔『국부론』(하), 958, 고딕체는 필자에 의함〕.[25]

스미스는 이러한 정신적 마비 혹은 덕성의 상실을 상업사회의 중차대한 문제로 여겼다. 그는 따라서 그러한 퇴보를 막기 위한 국가의 노력이 있어야 한다고 보았다. "진보하고 문명화된 모든 사회에서는 노동빈민, 즉 대다수의 인민들은, 정부에서 이를 방지하기 위해서 노력하지 않는 한 필연적으로 이런 상황에 빠지게 된다"는 것이므로, "사람들이 완전히 타락하고 퇴보하는 것을 방지하기 위해 정부가 어느 정도 주의할 필요가 있다"라는 것이 스미스의 생각이었다〔『국부론』(하), 957, 958-

---

Donald Winch, 앞의 책, pp. 103ff.

25 그는 이것을 두고 "인간성의 더욱 본질적인 부분에서 불구·기형이 되어 있는 것 같다"라고도 평가한다〔『국부론』(하), 965〕.

959〕. 그는 이처럼 노동자들의 정치적 판단력은[26] 자연적으로 생성되지 않는다고 평가한다. 말하자면, '보이지 않는 손'이 작용하지 않는 영역이라는 것이다. 그는 오히려 그러한 판단력의 퇴보가 자연적 현상이라고 말한다. 이를 거스르기 위한 인위적인 노력이 필요한 것은 그 때문이다. 요컨대, 분업으로 구조화된 상업사회는 물질적 측면에서는 자연적으로 진보할 가능성이 크지만, 정신적 측면에서는 자연적으로 퇴보할 가능성이 크다는 것이다.[27] 스미스에 따르면, 분업은 경제적 진보를 추동하는 힘이지만, 그와 동시에 정치적으로는 타락과 퇴보를 초래한다는 양면성을 갖는다. 그러나 그 같은 부작용에도 불구하고, 분업은 경제적 진보를 위해 포기할 수 없는 조건이므로, 스미스에게 남은 유일한 대안은 분업의 부작용을 보완하는 것이었다. 그는 이러한 보완을 통해 정신적 마비와 덕성의 상실을 막을 수 있고, 이를 통해 더욱 공정한 여론이 형성될 것으로 전망했다.

이러한 보완책으로 스미스가 상정한 것은 바로 국가의 '공공교육'이었다〔『국부론』(하), 961 이하〕. 그는 상업사회가 발전해갈수록 그 같은 국가의 역할이 더욱 필요해진다고 주장했다. 그에 따르면, 국가는 이러한 교육으로부터 상당한 이득을 얻는다. 국민들이 광신에 덜 빠지고, 질서를 더욱 잘 지키며, 당파적이고 이기적인 불평을 자세히 검토할 수 있게 되며, 정부 정책에 불필요한 반항을 덜하게 된다는 것이다〔『국부론』(하), 965〕. 그중에서도 '당파적이고 이기적인 불평에 대한 검토'는 스미

26 정치적 판단력뿐만 아니라 군사적 덕성도 마찬가지인데〔『국부론』(하), 964-965〕, 본문에서는 이 글의 주제와 관련된 정치적 판단력 부분에만 한정하여 논의한다.

27 스미스는 상황에 따라 개인이 자연적으로 능력과 덕성을 형성하는 경우와 퇴보하는 경우가 있음을 인정하면서, 후자에 대해서는 정부가 주의할 필요가 있다고 본다〔『국부론』(하), 957〕. 분업에 따른 정신적 능력의 퇴보는 후자의 사례에 해당할 것이다.

스의 정치적 구상에서 특히 중요한 의미를 지닌다. 만약 노동자 계급이 그와 같이 정치문제에 올바른 판단력을 갖게 된다면, 그들이 상공업자 계급과 더불어 여론 형성의 또 다른 주축이 되리라는 것이 그의 기대였다. 그렇게 된다면, 특정 계급의 사익에 기초한 일방적 주장이 공익의 외피를 덮어쓰고 국가정책으로 채택되었던 그간의 문제가 해소되고 전체 사회에 이익이 되는, 그래서 더 합당하고 설득력이 있는 정책이 채택될 수 있는 정치적 환경 속에서 형성된 더 공정한 여론에 힘입어 의회가 더 합리적인 의사결정을 행하게 될 것이라는 구상이다.

3) 오늘날의 유효성

(1) 이중궤도 민주정치와 스미스

민주국가의 국민은 선거 외에 무엇을 할 수 있는가? 아마도 루소는 별달리 할 수 있는 일이 없다고 하겠지만, 스미스는 그렇지 않다고 답할 것이다. 스미스에 따르면, 국민은 공식적인 정치적 의사결정을 대표에 위임하지만, 여전히 비공식적인 차원에서 정치적 의사의 형성과정에 자유롭게 참여함으로써 사회의 공적 논의에 관여할 수 있다. 그는 사회의 공적 논의에 대한 여론의 영향력을 높이 평가했다. 이것은 일반 국민이 정치에 관여할 수 있는 유력한 방식인 까닭이다.

이러한 스미스의 이해는 하버마스의 주장을 연상케 한다. 하버마스는 근대 민주정치의 모습을 "이중궤도"에 비유했다.[28] 그가 말하는 두 가지 궤도란, 대표에 의한 공식적 의사형성과 국민이 공론장에서 수행

28 위르겐 하버마스(Jürgen Habermas)(2000), 『사실성과 타당성』, 한상진·박영도 옮김, 나남출판, 370쪽.

하는 비공식적 의사형성을 가리킨다.[29] 의사형성의 성격이 공식적이냐 비공식적이냐의 차이도 있겠으나, 무엇보다도 양자는 민주정치에서 담당하는 역할이 다르다. 전자는 주어진 시한 내에서 공적 문제를 처리하고 그 결정을 정당화하는 역할을 담당하는 반면, 후자는 사회문제를 지각·발견·확인하고 이를 쟁점화한 후 (비공식적인 혹은 그래서 약한 의미의) 해결책을 의회에 전달하는 기능을 수행하며, 주제의 범위나 논의의 시한 측면에서 큰 제약이 없다.[30] 다시 말해, 국민의 역할은 갈등을 '사회화'하고 그것을 둘러싼 다양한 관점들과 그 강약의 비중을 전달함으로써, 대표에 의한 의사결정 과정에서 그것이 고려되도록 만드는 것이다. 아마도 스미스는 의회의 정치적 의사결정이 "비공식적 여론" 혹은 "시민들로 구성된 일반적 공중에 의해 지탱되는, 절차를 통해 규율되지 않는 공론장"에 의존하고 있다는 하버마스의 설명에[31] 충분한 공감을 표했을 것으로 생각한다.

여기서 중요한 것은, 일반 국민의 정치적 의사를 대표가 고려하도록 만드는 것인데, 스미스는 그것을 가능하게 하는 힘이 바로 '주기적 선거'에서 나온다고 했다. 국민은 대표의 그간 실적을 평가해 그를 다시 대표로 선출할 것인지를 결정할 수 있기 때문이다. 결국 국민의 권위는 대표를 낙선시킬 힘에서 나오는 것인데, 스미스는 일찍이 이러한 힘의

---

29 민주정치는 주기적 선거와 선출된 대표의 심의만으로 구성되지 않으며, 대표와 국민 간의 끊임없는 피드백을 필요로 한다는 그림(D. Grimm)의 설명도 같은 맥락에 있다. Dieter Grimm(1999), "Constitutional Adjudication and Democracy," *Israel Law Review*, 33, 203.

30 위르겐 하버마스, 앞의 책, 2000, 370쪽 이하, 특히 374쪽.

31 위의 책, 374-375쪽.

정치적 중요성을 간파한 인물이었다〔『법학강의』(상), 511〕.[32] 선거의 심판 기능으로 말미암아 유권자들은 대표가 자신들의 의사를 존중하도록 만들 수 있다. 이는, 루소의 지적처럼, 선거제도가 단지 선거권을 행사하는 찰나의 순간에만 민주적 의미를 발하는 것이 아니라는 사실을 보여준다. 이제 선거제도는 대표의 임기가 유지되는 동안에도 지속해서 다수의 의사를 관철하는 수단으로 기능하며, 이를 통해 대의제는 더욱 민주적인 면모를 가지게 된다.

근대 민주정치가 대의적 방식을 기본으로 하면서도 그것의 비민주적인 속성을 억제하고 민주적 속성을 강화해 국민의 정치적 의사가 더욱 존중되도록 할 수 있었던 비결이 결국 여론, 다시 말해 비공식적 의사형성의 역할이었다고 본다면, 이 역할의 강화와 심화를 모색하는 것은 스미스적인 문제의식의 연장이면서 동시에 오늘날 민주주의의 성패를 가를 수 있는 중요한 과제가 될 것이다.

(2) 경제적 자유의 보호수단으로서 정치적 자유

한편, 이상과 같은 논의를 전개하는 과정에서 스미스는 경제적 자유와 정치적 자유의 관계에 대해 중요한 통찰을 던져주었다. 스미스는 『국부론』에서 경제적 자유의 보호를 위한 두 가지 기획을 소개하고 있다. 중상주의의 폐해를 지적함으로써 경제 활동에 대한 국가의 부당한 개입에 반대하거나 혹은 국가가 개인의 자유로운 경제 활동을 존중하도록 만들어 경제적 자유를 보호하려는 것이 하나의 방향이라면, 정치적 자유의 충분한 실현을 통해 중상주의와 같은 불합리한 경제정책을

32 이러한 회고적 투표방식의 민주적 함의에 대해서는 버나드 마넹, 앞의 책, 217쪽 이하.

교정함으로써 경제적 자유를 보호하려는 것이 또 다른 방향이었다.[33] 스미스는 전자의 방향에서 국가의 개입에 비판적이었으나, 후자의 방향에서는 국가의 일정한 역할이 필요하다고 보았다.

국가의 부당한 간섭에 반대함으로써 경제적 자유를 보장하려는 기획은 그간 『국부론』의 대표적인 주장으로 익히 알려져 있으므로, 이 장에서는 지금껏 충분히 조명되지 않았던 후자의 측면, 즉 정치적 자유의 충분한 실현을 통해 경제적 자유를 보장하려는 측면과 이를 위한 제도적 보완의 필요성을 제안한 측면에 주목하고자 한다.

흔히 스미스는 경제적 자유의 보장을 위해 국가의 개입에 반대했다고 알려져 있으나, 이는 후자의 측면과 관련해서는 완전한 설명이 아니다. 스미스가 말하는 국가는, 개인이 일체 관여할 수 없고 오직 그로부터 일방적으로 영향을 받기만 하는 우주적 자연과 같은 존재가 아니라, 사회구성원의 민주적 의사에 기초하고 그로부터 영향을 받으면서 자신의 정당성을 얻어나가는 정치적 구성물이다. 개인은 한편으로 국가로부터 영향을 받는 지위에 있지만, 다른 한편으로는 공적인 참여를 통해 국가의 의사결정에 영향을 줄 수 있는 지위에 있다. 스미스는 개인이 갖는 이러한 이중적 지위에 기초해, 전자와 관련하여 국가의 부당한 간섭에 반대하는 동시에, 후자와 관련하여 국가의 부당한 개입을 초래하는 불공정한 의사결정을 억제할 수 있는 정치적 자유의 충분한 역할을 강조한 것이다.

이와 관련하여, 특히 우리가 진지하게 곱씹어야 할 대목은 사회의

---

33 경제적 자유에 대한 보장책으로서 정치적 자유의 의미를 탐색하는 시도로는 아마티아 센(Amartya Sen)(2013), 『자유로서의 발전』, 김원기 옮김, 갈라파고스, 196쪽, 정치적 자유와 경제적 자유의 상호의존 관계를 강조하는 취지로는 위르겐 하버마스, 앞의 책, 487-489쪽 참조.

공적 논의가 사회적 권력관계로부터 영향을 받는다는 스미스의 지적이다. 대의민주주의에서 자신의 재선 여부에 민감할 수밖에 없는 대표가 자신에 대한 정치적 지지 상황을 확인할 수 있는 여론의 향방에 주의를 기울이기 마련임은 전술한 바와 같다. 따라서 중상주의 사례에서 보듯이 그러한 여론을 사회의 일부 세력이 주도하게 되면 대표는 그 일부 세력의 이익에 우호적인 정책으로 기울게 된다. 불공정한 여론 혹은 그 같은 일부 세력의 부분 이익으로 오염된 여론이 조성되면 그로부터 영향을 받는 의회의 정치적 의사결정도 같은 방향으로 귀결되기 쉽다. 이처럼 의회의 올바른 의사결정을 위해 올바른 여론의 형성이 필요하다는 문제의식의 유효성은 오늘날이라고 해서 다르지 않다.

(3) 제도적 보완을 위한 노력의 필요성

이러한 스미스의 문제의식은 정치적 자유의 충분한 실현을 위한 국가의 역할을 모색하는 방향으로 확장해나갔다. 스미스가 개인의 자유를 적극적으로 옹호한 사상가임은 분명하다. 그러나 그는 이것이 국가의 자제만으로 충분히 달성될 것이라고 여기지 않았으며, 자유는 국가의 역할에 힘입어 보호되고 증진될 수 있는 것임을 주장했다〔예컨대, 『국부론』(하), 986, 1182〕. 그는 자유와 국가의 관계를 심오하게 사유한 사상가였다. 개인의 자유는 국가의 부당한 간섭으로부터 보호되어야 하는 동시에, 국가의 필요한 역할을 통해 뒷받침되어야 한다는 것이다. 전자가 '보이지 않는 손'이 기능하는 영역이라면, 후자는 반대로 말해 '보이는 손'이 작용하는 영역이다.

스미스는 보이지 않는 손이 상징하는 시장의 자율적 조정력을 기본적으로 신뢰했지만, 그 스스로 인정한 바와 같이 보이지 않는 손이 만능은 아니다. 그도 말한 것처럼 보이지 않는 손은 "다른 많은 경우에서처럼(as in many other cases)" 작동하는 것일 뿐〔『국부론』(상), 552〕, 결코 "모든 경우에(in all cases)" 작동하는 것이 아니다.[34] 스미스가 『국부론』에서 국가의 세 가지 의무(국방, 정의, 공공사업·공공시설)를 언급한 것〔『국부론』(하), 848〕도 이러한 과제들은 보이지 않는 손에 맡기기 어려운 일임을 잘 알고 있었기 때문이다. 그리고 비록 스미스는 '세 가지'라는 표현을 사용했으나, 실제로 그는 그보다 다채로운 역할을 국가에 주문했다.[35]

스미스가 보기에, 정치적 자유의 온전한 실현과 그에 기초한 공정한 여론의 형성이라는 과제는 보이지 않는 손에만 온전히 맡기기 어려운 일이었다. 분업은 노동자의 정신적 능력과 덕성을 자연적으로 퇴화시키기 때문에, 이를 방치하면 노동자들의 정치적 목소리는 외면되고 고용주들의 목소리만 남는다는 것이 그의 우려였다. 스미스는 따라서 위와 같은 과제의 달성을 위한 제도적 차원의 노력을 지지했는데, 이러한 문제의식은 오늘날 민주주의에서도 여전히 유효하다고 생각된다. 예컨대, 민주적 의사의 형성이 비공식적 여론의 공급에 의존하고 있음을 지적한 하버마스는 그 같은 비공식적 공론장이 "다시 평등한 시민권이 사회적 효과를 거둘 수 있는 그러한 사회적 기초의 지원을 받아야

---

34 Gavin Kennedy(2008), *Adam Smith: A Moral Philosopher and His Political Economy*, Palgrave Macmillan, p. 223; Samuel Fleischacker(2004), *On Adam Smith's Wealth of Nations: A Philosophical Companion, Princeton*, Princeton University Press, p. 139.

35 『국부론』과 『법학강의』에서 스미스가 인정하거나 옹호한 국가 개입 사례는 대략 35~40가지에 이르고, 이들을 크게 다섯 유형으로 분류할 수 있다는 분석으로, William D. Grampp(2000), "What Did Smith Mean by the Invisible Hand?," *Journal of Political Economy*, 108(3), 460. 스미스가 인정한 국가의 역할에 관한 상세한 분류는 이황희, 앞의 책(2019a), 195쪽 이하.

한다"라고[36] 주장한다.

물론 스미스가 제안한 공공교육이라는 대안이 이러한 과제의 달성을 위해 충분히 효과적인 수단인지는 의문이 있을 수 있다.[37] 그러나 지금 우리가 그의 논의로부터 유의미한 시사점을 얻기 위해 던져야 할 물음은, 18세기를 배경으로 한 그의 제안(공공교육)이 현재에도 여전히 효과적인 처방인가라는 쉬운 질문이 아니라, 그러한 제안의 기저에 놓인 문제의식을 현재로 옮겨온다면 우리는 이 시점에 무엇을 제안해야 할 것인가라는 실천적 물음이어야 한다. 즉, 중요한 것은, 정치적 자유의 온전한 실현과 그에 기초한 공정한 여론의 형성이라는 과제는 저절로 혹은 자연적으로 달성되지 않으며, 그것을 위한 일정한 제도적 보완책이 필요하다는 통찰 그 자체다. 공공교육이 하버마스가 말한 사회적 기초의 지원으로서 충분한 것인지는 논쟁의 여지가 있겠으나, 그것이 그가 말한 '지원'의 차원으로서 고려되고 제안된 것임은 분명해 보인다는 점에서 스미스와 하버마스의 문제의식 간에는 두 세기를 넘어 서로 소통할 수 있는 공통의 토대가 존재한다.

스미스의 제안처럼, 그리고 하버마스의 주장처럼 정치적 권리의 평등한 실현을 보장하기 위한 노력은 지금 시점에도 여전히 유의미하다. 경제적 자유와 달리, 정치적 권리는 원래부터 선거제도나 정당제도 같은 제도에 의지하는 바가 크다. 단지 국가의 불간섭만으로는 정치

36 위르겐 하버마스, 앞의 책, 375쪽.

37 지금의 기준으로 그렇다는 것이지, 당시 기준으로 볼 때 공공교육은 상당히 획기적인 제안이었다. 스미스가 제안한 빈자들에 대한 공공교육은 1세기 후 존 스튜어트 밀에 의해서도 그 필요성이 재차 제기되었고[존 스튜어트 밀(John Stuart Mill)(2010), 『정치경제학 원리』(4), 박동천 옮김, 나남, 389쪽], 실제로는 1891년에 이르러 비로소 초등교육의 무상화가 확립되었다.

적 권리를 성공적으로 보장하기 힘든 이유가 여기에 있다. 인류가 여성 참정권을 확보하고 보통선거를 이룩하기 위해 오랜 기간 노력해온 것도 결국 국가가 그에 맞는 역할을 할 경우에만 그러한 권리들이 보장될 수 있었던 까닭이다. 스미스의 시대와 비교할 때, 현재는 보통·평등·직접·비밀선거를 기본으로 하고, 정당의 자유를 폭넓게 보장하는 등 민주주의를 뒷받침하는 제도들이 잘 정비되었고, 제도의 평등성도 크게 향상되었다. 그러나 민주주의가 표방하는 '국민의 자기지배'는 일정한 제도를 갖추는 것만으로 완수될 수 없는, 우리가 끊임없이 모색하고 추구해야 할 규범적 이상이다. 제도의 외관을 넘어, 정치적 권리의 충분한 실현이라는 실질에 더욱 다가가야 할 필요가 있는 것도 그 때문이다.

이와 관련하여 스미스가 염려한 현실, 즉 정치적 권리의 실현이 개인의 사회적 조건에 상당한 영향을 받는다는 상황은 오늘날에도 여전하다. 소득분포에서 상위에 있는 사람들이 하위에 있는 사람들보다 투표율이 높고, 고등교육을 받은 사람들이 그렇지 않은 사람들보다 투표율이 높은 현상이 전 세계에 걸쳐 보편적으로 확인되고 있다. 예컨대, 근래 조사에 따르면 각국은 전체 인구의 가장 부유한 20%와 가장 가난한 20% 사이에서 10% 이상의 투표율 격차를 보이고 있으며, 그 격차가 30%를 넘어 심각한 곳들도 있다.[38] 스미스가 비판했던 현실이 오늘날에도 여전히 현존하고 있다면, 그 시절 스미스의 처방을 오늘날에 합당한 모습으로 재현하기 위한 노력도 현존해야 할 것이다.

---

38 이에 관한 여러 통계는 이황희(2023), "사회국가의 진전과 재정통제", 『공법연구』 51(3), 127쪽 및 주 53, 54에 인용된 OECD 보고서 참조. 소득 격차가 정치적 참여의 불평등을 가져온다는 연구들은 같은 글, 127-128쪽의 주 57에 소개된 문헌들 참조.

4. 다수 의사의 한계

1) 근대 민주정치의 딜레마 2: 대의적 방식의 제약

신학의 권위와 전통적 인습에서 벗어난 근대 사회는 정치적 권위의 근거를 인간사회의 내적 토대로부터 동원하고자 했다. 국가구성원 다수의 의사를 정치적 의사결정의 중심에 두는 근대 민주주의는 이러한 정치적 기획의 일환이다. 그러나 다수의 의사가 항상 옳은 것도 아닐 뿐만 아니라, 거기에는 개인 혹은 소수의 권리를 침해할 위험이 상존한다. 그래서 다수의 의사를 중심에 두는 근대 민주주의는 다수의 의사에 따른 공적 의사결정을 추구하면서도 그러한 다수의 의사를 무제약적이라고 여기지도 않는다. 그러나 역으로 그처럼 다수 의사의 제약성을 강조한다면 다수 의사의 중심성이라는 민주주의의 이상을 유지하기 어려워진다. 이로써 근대 민주정치는 다수 의사의 중심성과 제약성을 모두 인정해야 한다는 딜레마에 처하게 되었다. 이는 둘 중 어느 하나를 강조하면 다른 하나가 후퇴되어야 하는 상황처럼 보였다.

근대 민주주의는 국가권력의 근거와 한계를 규율하려는 입헌주의와 결합함으로써 입헌민주주의(constitutional democracy)라는 형식으로 실현되는데, 여기서 헌법은 대의적으로 구현되는 다수 의사에 제약을 부과한다. 대의적인 의사결정은 따라서 헌법의 제약에 구속되는 한에서만 유효하다. 입법은 헌법이 규정한 국민의 기본적 권리를 침해할 수 없고, 헌법이 설계해놓은 권력분립의 구도를 변경할 수 없으며, 그 외에도 헌법이 담고 있는 수다한 내용들을 준수해야 한다. 이에 대해서, 국민의 대표에 의한 대의적 의사결정을 제약하는 것이 다수 의사에 정치적 권위를 부여하는 민주주의 이념에 반한다는 비판이 있을 수 있다. 특히 이러한 비판은 헌법을 관철하는 특수한 재판, 즉 헌법재판이 본격화됨으로써 더욱 거세어져 왔다.

이와 관련하여, 다수 의사를 존중하고자 했던 스미스가 대의적으로 구현되는 다수 의사의 제약과 한계라는 문제에서 어떠한 입장이었는지를 살펴보고자 한다.

2) 애덤 스미스의 논의

(1) 근원적 규범에 의한 제한

① 자연적 규범의 성립

스미스는 『도덕감정론』에서 인간사회의 도덕규범이 어떻게 형성되는지를 설명했다. 그 이론적 기반은, 그가 인간의 본성에 내재해 있다고 신뢰하는 공감(sympathy) 능력이다. 스미스는 스코틀랜드 계몽학파를 대표하는 허치슨과 흄의 경험주의로부터 큰 영향을 받았던 터라,[39] 도덕규범의 보편성을 정초할 토대를 이성이 아닌 공통의 감정에서 찾고자 한 것으로 보인다.

스미스는 인간의 본성을 이원적으로 이해하는데, 한편으로 인간은 자기 보존의 본성을 갖는 이기적 존재이지만, 다른 한편으로 인간은 사회성을 타고난 까닭에 타인의 운명에 관심이 있고 타인의 행복이 필요한 존재이기도 하다(『도덕감정론』, 3). 이 둘은 그 내용뿐만 아니라 역할

---

39 글래스고 대학 시절 허치슨으로부터 도덕철학을 배웠던 스미스는 훗날 그를 "결코 잊을 수 없는" 분이라고 말할 만큼 그에게 중요한 인물이었다. 흄은 스미스보다 12살 연상이었으나, 스미스가 평생 우정과 교감을 나누었던 철학자로서 스미스의 사상에 큰 영향을 끼쳤다. 이에 관해서는 이황희(2019a), 앞의 책, 32-35쪽.

에서도 상이하다. 자기 보존과 연관된 이기적 본성은 자기 생명을 보존하고 행복을 추구하려는 노력 및 그에 필요한 것들을 확보하려는 노력을 만들어낸다. 특히 스미스는 '보다 나은 삶'을 위한 노력을 인간의 고유한 특성으로 이해한다〔『법학강의』(하), 187-188〕. 그는 이를 '자신의 상태·처지를 개선하기 위한 노력'이라고 불렀다. 이 노력에 힘입어 "개선을 향한 사물의 자연적 발전"이 가능하고, 그 속에서 개인적 및 사회적 풍요가 달성된다〔예컨대 『국부론』(상), 420; 『법학강의』(하), 187 이하〕. 자기 보존의 본성은 사회의 진보와 풍요를 가져오는 원동력이다.

반면, 타인의 복리에 관한 관심에 기초한 사회적 본성은 인간의 사회적 존재성과 연관된다. 스미스는 타인의 행복과 불행에 반응하는 인간의 본성이 도덕규범과 양심의 토대가 된다고 보았다. 자기 보존의 본성은 인류의 물질적 진보를 이끄는 원동력이지만, 이를 무한히 인정한다면 사회는 탐욕의 각축장으로 전락해 혼란과 갈등을 불러올 것이다. 따라서 이 본성은 '적정한 수준'으로 절제되어야 하는데, 이에 관한 규율의 원동력이 바로 사회적 본성으로부터 생성되는 도덕규범과 양심이다. 스미스의 말을 빌리면, 이 도덕규범이 "자기애에 기초한 행위들을 교정"하는 역할을 하고, 양심을 의인화한 것과도 같은 내면의 재판관은 인간이 자기 이익에만 탐닉하는 행위를 자제하도록 만든다(『도덕감정론』, 253, 297). 사회는 이 같은 규범과 내면의 목소리에 힘입어 질서를 만들어갈 수 있으며, 이로써 이기적 주체들의 파멸적인 전쟁터로 타락하지 않을 수 있다.

그렇다면, 사회적 본성이 어떻게 규범과 질서를 가져오는가? 스미스는 그것을 인간이 가진 공감능력과 그 상호작용의 결과로 설명한다. 그는 도덕 평가의 문제를 감정의 적정성 평가 문제로 이해하는데, 공감은 이러한 평가의 기준을 제공한다. 역지사지를 통해 어떤 행위자의 감정을 공유하게 된 관찰자는, 자신에게 유발된 감정에 비추어 행위자의 감정적 적정성을 평가할 수 있게 된다. 자신의 감정을 기준으로 행위자의 감정이 과하다고 보이면 행위자의 감정과 행위를 적정한 것으로 인정하지 않을 것이나, 반대로 과하지 않다고 평가한다면 행위자의 감정과 행위를 적정한 것으로 인정할 것이다. 공감에 기초한 도덕 판단의 핵심은 이처럼 관찰자의 적정성 승인 여부, 즉 행위자의 원래 감정과 그로부터 관찰자에게 전이된 파생 감정의 비교 판단에 있다(『도덕감정론』, 19-33).

이 공감작용으로부터 사회구성원의 행위를 조정하는 일반규칙이 형성된다는 것이 스미스의 설명이다(『도덕감정론』, 293 이하). 원래 타인에 대한 적정성 판단은 개인 차원에서 이루어지지만, 이 판단을 사회 차원으로 확산한다면 여러 사람에 의해 중첩적으로 수행됨으로써 일반화되고 평균화된다. 스미스는 이런 일반화와 평균화를 거쳐 일반적 행위규칙이 생성된다고 본다. 이것은 도덕적 일반규칙으로서 정치적 행위 없이 성립된 자연적 규범이다. 개인들의 개별 공감이 일반화되어 도덕규범이 탄생한다는 것은 도덕의 원천을 신의 계시나 신이 부여한 이성에서 찾았던 그간의 논법들과 구별된다.[40] 이 규칙은 특정 주체가 의도적으로 제정한 것이 아니라, 전체 사회구성원들의 정서적 상호작용 속에서 자연적으로 형성되는 묵시적 합의로서 성립한 것이다.

② 실정법의 지향점으로서 자연적 규범

스미스는 이처럼 공감작용을 통해 자연적으로 형성되는 도덕의 일

---

40 스미스는 이 같은 일반규칙을 "신의 명령"이나 "신의 법"으로 규정한다(『도덕감정론』, 307). 그러나 이는 공감능력을 포함한 인간의 본성이 신으로부터 부여되었다는 취지이지, 도덕규범 자체가 신으로부터 직접 정립되었다는 의미는 아니다.

반규칙(general rule of morality)이 존재한다고 생각했다. 특히 그는 이 규칙 중 권리의 보호에 관여하는 정의에 관한 규칙은 다른 규칙과 달리 사회의 유지를 위해 반드시 준수되어야 한다고 보았다. 그는 이것을 사회를 지탱하는 기둥에 비유하면서 그 중요성을 역설하는데, 그가 볼 때 그것이 제거되면 인간사회가 제대로 유지될 수 없기 때문이다(『도덕감정론』, 163). 따라서 사회의 유지를 위해서는 그러한 정의의 규칙이 반드시 관철되어야만 하고 이를 위해서는 강제적 수단이 필요한데, 그것이 바로 실정법이다. 실정법은 자연적으로 성립된 정의의 규칙을 현실에서 관철하기 위한 장치로서 중요한 기능을 수행한다.

이 규칙은 실정단계 이전에 비의도적으로 성립하고 보편타당성을 갖는다는 측면에서 자연적 규범으로서의 속성을 가진다. 그는 그 같은 일반규칙을 실정법에 우선하는 것으로 파악함으로써 둘 간의 위계관계를 인정하려는 것처럼 보인다. 그에 따르면, 실정법은 "자연적 정의의 규칙들과 일치하는 것을 목표로" 하고(『도덕감정론』, 658), 실정법 체계는 "자연법학(natural jurisprudence)의 체계로 나아가기 위한, 또는 정의의 개별 규칙들에 관한 목록으로 나아가기 위한 다소 불완전한 시도"에 해당한다(『도덕감정론』, 657). 실정법이 인간의 본성에 따라 자연적으로 형성되는 일반규칙을 실현하려는 불완전한 시도라는 것은 결국 실정법이 그러한 일반규칙의 존재론적 우위를 전제로 그것을 준수해야 함을 의미한다. 이 점에서 자연적으로 형성되어 사회적 행위를 규율하는 일반규칙은 실정법을 지도하는 근원적인 성격의 규범으로 볼 수 있다.

(2) 국가의 본질에 따른 제한

그러나 모든 입법이 권리의 보호에 관여하는 자연적 정의의 규칙과 연관되는 것은 아니다. 국가의 목표와 관련하여, 스미스가 개인의 권리를 보호하는 정의(justice)와 사회의 이익을 증진하는 내치(police)를 구분하고 있음은 앞서 본 바와 같다. "국가의 교역, 상업, 농업, 제조업에 관하여 제정한 모든 규율은 내치에 속한다"[『법학강의』(상), 89]라는 스미스의 설명은 정의의 실현과 구별되는 또 다른 입법의 역할이 존재함을 시사한다. 스미스는 『도덕감정론』에서 어떤 이익을 (소극적으로) 침해하지 않아야 한다는 도덕원리와 그러한 이익을 (적극적으로) 증진하기 위해 노력해야 한다는 도덕원리가 서로 구분됨을 주장했다(『도덕감정론』, 147-155, 163). 그는 이러한 구분이 입법에서도 적용된다고 보는 듯하다. 정의에 관한 입법에서 자연적 정의의 규칙의 우위를 인정했던 스미스는, 내치와 관련한 입법에서는 모든 국민에 대한 '평등한 대우(equality of treatment)'라는 정치적 원리를 따라야 한다고 설파했다[『국부론』(하), 806].[41]

스미스의 중상주의 비판의 핵심은 바로 국가가 이러한 평등한 대우의 의무를 위반하고 있다는 측면에 맞추어져 있었다. 전술한 바와 같이, 중상주의 입법들은 전체 국민에게 이익이 되는 공익이 아니라 대상공업자의 이익만 보호하려고 한다는 것이 그의 비판이었고, 국가의 평등한 대우 의무는 이런 중상주의에 대한 그의 비판적 논리를 뒷받침하는 근거였다. 그는 이 평등한 대우 의무를 대의적 의사결정이 따라야 할 입법 원리로 이해한 것이다. 사실 그는 이러한 의무의 근거에 관하여 별도의 상세한 논의를 전개하지 않았으나, 필자는 이 의무의 근거를 다름 아닌 국가의 본질로부터 도출할 수 있다고 본다.

---

41 오늘날에는 이를 '의회에서 동등하게 대의될 권리(right to equal representation in parliament)' 혹은 '의회에서의 동등한 대의(gleichmäßige Repräsentation)'로 표현하기도 한다. 후자의 표현은 위르겐 하버마스, 앞의 책, 324쪽(원문은 *Faktizität und Geltung*, Suhrkamp, 1992, S. 322).

스미스를 비롯한 근대 자연법 이론가들은 국가를 인간의 필요에 따라 창설한 인위적인 제도적 장치로 이해했다. 이는 아리스토텔레스와 같이 국가를 인간의 군집 본성이 작용한 결과물로 이해하는 고대적인 입론과[42] 구별되는 특징이다. 이러한 근대 자연법론자들의 관점에서 본다면, 국가는 개인들이 생명, 안전, 권리 등 삶의 필수적인 이익을 보호받기 위한 특정한 목적과 필요에 따라 사회 내부에서 만든 자기조직에 해당한다. 비록 스미스는 계약론적인 관점을 비판하고〔『법학강의』(상), 580-584; 『법학강의』(하), 30-32〕 역사 발전의 관점에서 국가의 성립을 설명하지만, 인간이 정치적 권위의 부재로 인한 어려움을 극복하기 위해 국가라는 제도를 고안하게 되었다는 관점은 계약론의 기조와 큰 차이가 없다.

국가를 이처럼 사회공동체 구성원들이 필요에 따라 스스로 조직한 제도적 구성물로 본다면, 이러한 국가의 본질상 논리의 필연적 귀결로서 국가는 그 구성원의 이익을 평등하게 고려하고 존중할 의무를 갖게 된다. 따라서 그 같은 국가는 기본적으로 모든 국민을 평등하게 대우할 의무가 있다. 물론 국가가 언제나 개인을 완전히 평등한 방식으로만 대우할 수는 없다. 차별, 즉 평등한 대우 의무의 위반은 기본적으로 금지되지만, 그것이 국가가 더 중요한 공익을 추구하는 과정에서 피치 못한 결과로 발생하는 경우라면[43] 그러한 차별은 정당한 것이므로 금지되지 않는다. 그러나 그것은 예외적인 경우이므로, 국가가 거기에 해당함을 입증하지 못하는 한 기본적으로 모든 국민을 평등하게 대우해야 할 의

42 아리스토텔레스, 앞의 책, 20쪽; 키케로(Cicero)(2010), 『의무론』, 허승일 옮김, 서광사, 163쪽.

43 프랑스 인권선언(1789)이 원칙적으로 인간의 평등성을 인정하면서도 공익을 위해 차별이 허용될 수 있음을 선언한 것(제1조) 역시 같은 맥락이다.

무를 진다.

(3) 상태개선 노력에 기초한 개선을 향한 자연적 발전

입법은 상위규범 혹은 정치적 원리에 의해 지도되어야만 하지만, 스미스는 현실의 입법이 이 같은 규범이나 원리와 일치하지 못하는 경우가 있다고 보았다. 그는 그러한 불일치의 원인을 분석했는데(『도덕감정론』, 658), 분석의 기저에는 그 불일치가 바람직하지 않은 현상이고 언젠가 극복해야 할 대상이라는 스미스의 인식이 존재한다. 그는 국가의 정체(政體), 즉 통치체제의 이해관계, 정부를 좌우하는 특정 계층 사람들의 이해관계, 국민의 무교양과 야만성, 그리고 불충분한 사법제도의 문제를 불일치의 원인으로 지적했다.

그렇다면 그러한 불일치 상태에 있는 입법의 문제를 어떻게 해결할 것인지가 문제로 제기된다. 실제로 그는 입법을 지도하는 규범 혹은 정치적 원리의 우위를 어떻게 실정법에 관철할 것인가에 관해 별다른 언급을 남기지 않았다. 헌법의 효력을 관철하기 위한 헌법재판은 기실 20세기에 들어 본격적으로 이루어졌고,[44] 그 역사를 더욱 길게 잡더라도 미국 연방대법원의 마베리 대 매디슨(Marbury v. Madison) 판결이 선고된 19세기 초(1803)를 말하는 것이 일반적이다. 18세기의 스미스가 입법의 문제를 교정하는 현재와 같은 재판방식을 생각하기는 어려웠을 것이다. 그러나 저술의 행간으로부터 이 문제에 관한 그의 대체적인 입장을 추론하는 것은 가능해 보인다.

이와 관련하여 필자가 주목하는 대목은, 앞서 잠시 언급한 바 있는,

---

44 20세기 초 오스트리아에서 헌법재판소 제도가 창설되어 여러 나라들로 이식되어간 전반적인 흐름은 Víctor Ferreres Comella(2009), *Constitutional Courts and Democratic Values: A European Perspective*, Yale University Press, pp. 3-5.

스미스가 상정한 인간의 '상태개선 성향'과 그에 기초한 "개선을 향한 사물의 자연적 발전"이다. 스미스는 인간에게는 본성적으로 자신의 현 상태에 만족하지 못하는 성향이 있다고 보고, 이 성향은 인간만이 갖는 것이라고 규정했다〔『국부론』(상), 420; 『법학강의』(하), 187-188〕. 그에 따르면, 인간은 주어진 환경에 만족하지 못하는 유일한 존재이다. 그로 인해 인간은 늘 "어디에나 개선의 필요성이 존재한다"라고 느끼게 된다〔『법학강의』(하), 187; 『법학강의』(상), 611〕. 더 나은 상태를 지향하는 이러한 성향은 인류의 진보를 가져왔는데, 이것이 비단 물질적인 측면에만 국한될 이유는 없다. 스미스는 부당한 법률의 문제 역시 이러한 인간의 상태개선 노력을 통해 해결할 수 있으리라고 전망한 듯이 보인다. 그는 "각자가 자기 자신의 상태를 개선하려고 끊임없이 행하는 자연적 노력"이 "불공평하고 억압적인 경제정책의 악영향"을 "예방하고 시정할 수 있는 (…) 원동력"이라고 하면서〔『국부론』(하), 832〕, 이를 통해 "인류가 만든 어리석은 법률"의 해악을 "극복할 수 있다"라고 주장했다〔『국부론』(상), 661〕. 불합리한 문제들은 더 나은 상태를 꿈꾸는 인간들의 본성적 노력으로 언젠가는 필히 교정될 것이라는 스미스 특유의 낙관을 보여주는 대목이다.

3) 오늘날의 유효성

스미스의 논의는 의회의 대의적 의사결정이 반드시 준수해야 할 규범적 제약이 존재함을 인정하면서도, 그 제약의 근거를 국가구성원 사이에서 자연적으로 형성된 근원적인 일반규범 혹은 국가구성원을 위한 수단적 존재로서 국가권력에 내재한 본질적 한계에서 찾으려는 시도로 해석할 수 있다. 국민의 대표라 할 의회의 대의적 의사결정에 제약이 가해지기는 하나, 이것을 더욱 궁극적인 차원에서 추구되는 다수 의사의 실현으로 이해한다면, 대의적 의사결정의 제약이 다수 지배의 이념과 서로 충돌하지 않을 가능성을 확보하게 된다. 이 관점은 오늘날 민주주의의 특징적인 현상, 즉 의회의 권한과 입법행위에 대한 입헌적 제약에 대해서도 마찬가지로 투사될 수 있다.

앞서 우리는 근대 민주정치가 다수 의사의 중심성과 제약성을 모두 인정해야 한다는 딜레마에 처해 있음을 보았다. 이 딜레마를 극복하기 위한 근대 민주주의의 해법은 바로 입헌주의를 통해 다수 의사를 이중적 층위로 분화시킨 것이었다. 이중으로 분화된 층위는 입헌적 층위와 입법적 층위를 말한다.[45] 입헌적 층위에서 수행된 민주적 의사결정의 규범적 우위를 이용해 입법적 층위의 민주적 의사결정을 제약하는 방식이다. 이를 통해 근대 민주정치는 다수 의사의 제약성을 인정하면서도 다수 의사의 중심성을 후퇴시키지 않을 수 있게 되었다. 말하자면, 일반적인 다수 의사(입법적인 것)를 더 숙고하고 더 성찰적인 다수 의사(입헌적인 것)를 이용해 제약하려는 시도다. 두 가지의 다수 의사는 모두 국민에서 나오는 것이므로, 전자의 제약성을 인정하더라도 그것이 후자의 관철인 이상 다수 의사의 중심성은 훼손되지 않는다. 국민주권에 기초해 국민이 제정한 헌법은 법률보다 더 근원적인 다수 의사, 즉 민주적 의사결정의 산물이므로, 비록 현상적으로는 대의적인 다수 의사를 제약하는 것처럼 보이더라도 궁극적으로는 다수 의사의 지배이념에 복무하게 된다.

45 애커먼은 이를 이중민주주의(dualist democracy)로 표현한다. Bruce Ackerman (1991), *We The People 1: Foundations*, Belknap Press of Harvard University Press, pp. 3ff, 295ff; Bruce Ackerman(1998), *We The People 2: Transformations*, Belknap Press of Harvard University Press, pp. 3ff.

이 같은 입헌민주주의는 인간이 이중적 선호를 가진다는 관념에 기초해 있다. 인간의 마음은 이중적이어서, 이타적이고 사회적인 면과 이기적이고 자신의 안락을 우선하는 면이 함께 존재한다. 전자는 자유와 평등, 정의, 그리고 타인과의 공존이라는 관념의 기초가 되고, 후자는 자기 이익을 최우선으로 여기면서 타인과 사회의 복리를 경시하거나 그에 무관심한 태도를 산출한다. 헌법은 전자의 관념들을 따르는 마음들로 도달한 합의다.[46] 그때그때의 공적 문제를 해결하는 입법작용은 한정된 시한 속에서 이루어지고 즉각적인 여론의 반응을 경험하는 까닭에, 일시적인 감정과 열정의 영향으로 헌법에 내재한 다수 의사를 훼손하는 난폭한 판단을 내릴 가능성이 있다. 입헌민주주의는 헌법의 존재를 통해 혹시나 있을지도 모를 다수 의사의 난폭성을 길들이려는 것이다.

이것은 인간의 본성을 자기 보존의 본성과 사회적 본성으로 구분하고, 후자의 작용으로부터 생성되는 사회의 일반규칙을 이용해 전자에 따른 인간의 탐욕과 이기심을 규제하고자 했던, 혹은 더 나아가 의회의 부당한 입법을 비판하고자 했던 스미스의 문제의식과 연결된다. 입헌민주주의가 상정하는 인간의 분화된 두 선호는 결국 스미스가 상정하는 인간의 두 가지 본성에 상응한다. "내면의 재판관"을 통해 스스로 탐욕을 규제하려는 스미스의 구상은 이중적 층위의 다수 의사로 구조화된 입헌민주주의의 전망과 구조적으로 일치한다. 아마도 스미스는 헌법을 국가 차원에서 기능하는 내면의 재판관으로 여길 듯하다.

결국 의회는 국민의 대표기관으로서 입법권을 가지지만 이 권한은 천부적인 것이 아니라 국민으로부터 일시적으로 위임받은 것에 불과하

46 이황희(2019b), "헌법재판소에 대한 견제", 『법학연구』 22(3), 452쪽.

고, 더 궁극적인 국민의 의사라 할 수 있는 헌법의 지도하에서 그 한계 내에서 행사되어야 한다. 오늘날 민주주의는 따라서 의회가 이러한 한계를 수용하고 존중함으로써 성찰적으로 권한을 행사하도록 하는 규범적 요청과 충돌하지 않는다. 오히려 다른 측면에서는 이러한 요청이야말로 민주주의 본연의 이념에 부합한다고도 볼 수 있다.

5. 결론

애덤 스미스는 근대 경제학과 분리할 수 없는 이름이다. 그러나 그의 학문적 삶에서 가장 근본적인 관심은 오히려 법과 통치의 원리에 관한 연구에 있었다고 해도 과언이 아니다. 그는 이 목표를 공식적으로 밝혔고, 평생 변함없이 견지했으며, 그를 불후의 사상가로 만드는 데 기여한 『국부론』도 기실 그가 이 목표를 위한 부분적인 작업으로서 저술된 것이다.

스미스의 시대는 현재와 같은 민주주의의 시대가 아니었고, 스미스도 민주주의 연구에 매달린 학자가 아니었다. 그러나 그가 법과 통치의 원리를 탐구하는 일에 천착했던 까닭에, 그의 저서에는 정치적 의사결정 문제에 관한 풍부한 논의가 담겨 있었고, 이 속에는 민주주의에 대한 그의 이해를 추론할 만한 대목들도 적지 않았다. 이에 이 글에서는 그러한 대목들을 다수 의사의 실현과 제약이라는 관점으로 재구성해 살펴보았다. 이를 통해 우리는 다수 의사의 중심성과 제약성에 관한 스미스의 구상과 전망이 오늘날 민주주의의 그것과 그리 멀리 떨어져 있지 않음을 확인했다.

스미스는 18세기의 인물이다. 그러나 이상의 내용은 그가 현재에도 여전히 유의미한 혜안을 제공하는 사상가임을 말해준다. '애덤 스미스'는 오늘날에도 여전히 우리가 되새겨야 할 가치가 있는 이름일 것이다.

참고문헌

버나드 마넹(2004), 『선거는 민주적인가』, 곽준혁 옮김, 후마니타스.

서정범(2007), "경찰개념의 역사적 발전에 관한 고찰", 『중앙법학』 9(3).

아리스토텔레스(2009), 『정치학』, 천병희 옮김, 숲.

아마티아 센(2013), 『자유로서의 발전』, 김원기 옮김, 갈라파고스.

알렉산더 해밀턴 외(2005), 『페더랄리스트 페이퍼』, 김동영 옮김, 한울아카데미.

애덤 스미스(2002), 『법학강의』(상), 서진수 옮김, 자유기업원.

______(2002), 『법학강의』(하), 서진수 옮김, 자유기업원.

______(2009a), 『도덕감정론』, 박세일·민경국 옮김, 비봉출판사.

______(2009b), 『국부론』(상), 김수행 옮김, 비봉출판사.

______(2009c), 『국부론』(하), 김수행 옮김, 비봉출판사.

위르겐 하버마스(2000), 『사실성과 타당성』, 한상진·박영도 옮김, 나남출판.

이헌창(2008), "Political economy와 Economics의 개념과 번역", 『개념과 소통』 2.

이황희(2017), "선거의 정치적 의미에 관한 사상사적 고찰", 『헌법학연구』 23(1).

______(2019a), 『애덤 스미스와 국가』, 경인문화사.

______(2019b), "헌법재판소에 대한 견제", 『법학연구』 22(3).

______(2023), "사회국가의 진전과 재정통제", 『공법연구』 51(3).

자클린 보르드(2000), 『폴리테이아: 고대 그리스 시민권론과 정치체제론』, 나정원 옮김, 아르케.

장 자크 루소(1999), 『사회계약론』, 이환 옮김, 서울대학교출판부.

정종섭(2004), 『헌법연구』(1), 박영사.

조사이아 오버(2023), 『자유주의 이전의 민주주의』, 노경호 옮김, 후마니타스.

존 스튜어트 밀(2010), 『정치경제학 원리』(4), 박동천 옮김, 나남.

키케로(2010), 『의무론』, 허승일 옮김, 서광사.

플라톤(2000), 『정치가』, 김태경 옮김, 한길사.

Ackerman, Bruce (1991), *We The People 1: Foundations*, Belknap Press of Harvard University Press.

______ (1998), *We The People 2: Transformations*, Belknap Press of Harvard University Press.

Barker, Ernest (1934), "Democracy Since the War and Its Prospects for the Future," *International Affairs*, 13(6).

Cropsey, Joseph (1957), *Polity and Economy: With Further Thoughts on the Principles of Adam Smith*, St. Augustine's Press.

Dickinson, H. T. (1994), *The Politics of the People in Eighteenth-Century Britain*, St. Martin's Press.

Ferreres Comella, Víctor (2009), *Constitutional Courts and Democratic Values: A European Perspective*, Yale University Press.

Fleischacker, Samuel (2004), *On Adam Smith's Wealth of Nations: A Philosophical Companion, Princeton*, Princeton University Press.

Gusy, Christoph (2006), *Polizeirecht*, 6, Auflage, Mohr Siebeck.

Grampp, William D. (2000), "What Did Smith Mean by the Invisible Hand?," *Journal of Political Economy*, 108(3).

Grimm, Dieter (1999), "Constitutional Adjudication and Democracy," *Israel Law Review*, Vol. 33.

Haakonssen, Knud (1989), *The Science of A Legislator: The Natural Jurisprudence of David Hume & Adam Smith*, Cambridge University Press.

Jevons, William Stanley (1879), *The Principle of Political Economy*, 2nd ed, Macmillan.

Kennedy, Gavin (2008), *Adam Smith: A Moral Philosopher and His Political Economy*, Palgrave Macmillan.

Kyritsis, Dimitrios (2006), "Representation and Waldron's Objection to Judicial Review," *Oxford Journal of Legal Studies*, 26(4).

Larsen, J. A. O. (1955), *Representative Government in Greek and Roman History*, University of California Press.

Maitland, Frederic William (1968), *The Constitutional History of England*,

Cambridge University Press.

Osborne, Robin (2000), *Demos: the discovery of classical Attika*, Cambridge University Press.

Rothschild, Emma (2002), *Economic Sentiments: Adam Smith, Condorcet, and the Enlightenment*, Harvard University Press.

Smith, Adam (1981), *An Inquiry into the Nature and Causes of the Wealth of Nations*, Liberty Classics.

Smith, Adam (1982a), *The Theory of Moral Sentiments*, Liberty Classics.

_____ (1982b), *Lectures on Jurisprudence*, Liberty Fund.

_____ (1987), *The Correspondence of Adam Smith*, Ernest Campbell Mossner and Ian Simpson Ross (eds.), Liberty Classics.

Urbinati, Nadia (2006), *Representative Democracy: Principles and Genealogy*, University of Chicago Press.

Winch, Donald (1978), *Adam Smith's Politics: An Essay in Historiographic Revision*, Cambridge University Press.

Wood, Ellen Meiksins (1996), "Demos versus "We, People," *Dēmokratia: A Conversation on Democracies, Ancient and Modern*, Princeton University Press.

제3부 애덤 스미스와 한국사회

Adam Smith

ADAM SMITH

제6장
애덤 스미스: 한국사회의 규제풍토[1]

이혁우

1. 서론

애덤 스미스는 1723년 스코틀랜드에서 태어나 1790년에 사망했다. 스코틀랜드와 영국, 유럽 사회를 직접 보고 경험한 그는 당시 스코틀랜드 계몽주의 철학을 토대로 인간관, 국가관을 세웠다. 『도덕감정론』과 『국부론』이 그 결실이다. 그의 학문적 업적은 근대 이후 상인, 개인의 출현에 따른 전통적 질서 와해 시기, 그때까지의 전통국가의 운영방식을 대체하는 새로운 질서를 체계화한 것이었다. 새 술을 담으려면 새 그릇이 필요하듯 새로운 사회를 작동시키려면 새로운 철학이 필요했다. 그는 이 두 권의 책을 출간 후에도 평생에 걸쳐 개정했다. 그리고 그의 철학은 지난 250년 동안 실험되었고, 그 유용함이 입증되었다. 300년 전 태어난 애덤 스미스는 2023년에도 여전히 살아있다고 많은

1 이 글은 『질서경제저널』 26(3)에 게재한 논문을 수정·보완한 것이다.

학자들이 평가하고 있다.[2] 그렇다면 그의 철학이 오늘날 한국사회에 갖는 의미는 무엇일까?

근대, 새로운 시대의 출발이라 일컬어지는 르네상스가 언제부터인지는 명확하지 않다. 중세로 대표되는 신성(神聖)은 서서히 무너져갔다. 프란시스코 성인이 태어난 때는 1182년이었고 종교의 권위를 한껏 낮추어 가난한 자들에게 겸손하게 다가간 그로부터 종교개혁의 씨앗은 싹터갔다. 1293년 피렌체는 이미 상인들이 시민정부를 구성했다. 이 정부에서는 세습귀족이 없었다. 르네상스는 이렇게 교황과 신의 권위 밑에 절대적 복종을 운명으로 삼는 평범한 사람들의 존재라는 세상의 질서와 전통에 금이 가면서 진행되었다. 그러다가 1517년, 루터가 비텐베르크(Wittenverg) 성교회 문에 95개조의 반박문을 싣기에 이르렀다. 절대권위 교황에 정면으로 도전한 사제의 모습은 신성 체계의 허상이 무너짐을 보여준 역사적 사건이었다.

신성을 대체한 것이 바로 개인(個人)이었다. 유럽 전역의 시민정부들은 세습귀족이 아닌 상인들이 구성했고 이로부터 유럽에는 개인이라는 씨가 뿌려졌다. 개인의 다른 이름이 바로 자유인(自由人)이다. 귀족이든 성직자든 누구에게도 귀속되지 않은 존재, 자기의 생계를 자기 스스로의 업(業)에 의해 감당하여 그 결과가 오롯이 자기에게만 귀속되는 것이 자유인이 누린 새로움이었다. 농노의 자식으로 태어나 귀족의 농노로서 평생을 살다가 죽어가는 부속인(付屬人)이 아닌 개인의 출현, 그

2 애덤 스미스는 경제학의 아버지라 불릴 만큼 많은 학자들에 의해 연구되었다. 애덤 스미스 탄생 300년을 맞아 전 세계적으로 많은 학술대회와 세미나가 개최되었다. 그의 모교이자 교수로 재임했던 글래스고 대학은 2023년 6월 5일에서 10일 기념주간을 가지며 세미나를 개최했다. 한국에서도 2023년 6월 7일 한국자유주의와 한국경제신문 공동주최로 애덤 스미스 300년 심포지엄을 개최했다.

리고 이런 개인이 점차 많아져 자유인의 사회가 만들어져나가는 것이 르네상스이자 근대의 시작이었던 것이다.

애덤 스미스의 근본문제는 바로 여기서 출발한다. 부속인이 아닌 개인이 보편이 된 사회의 질서는 무엇일까? 작은 마을에서 평생 귀족 농노로 살아온 사람들이야 태어나서 죽을 때까지 성안 사람, 교구 사람과의 1차적 친밀감을 두고 살아가겠지만, 개인이 출현하고 상업이 확대되면서 생전 처음 보는 사람들과의 거래, 그것도 물건 값을 두고 이해를 따지며 한 푼이라도 손해 보지 않으려는 상업사회의 출현에 적합한 질서는 무엇일까? 그러려면 인간의 본성은 어떻게 규정해야 하는 것일까?

물론 300년 전 스코틀랜드와 지금의 한국사회를 단편적으로 비교할 수는 없을 것이다. 시간과 공간의 차이가 이렇게 큰 두 공동체의 비교를 위해서는 많은 전제와 제약이 필요할 수밖에 없다. 애덤 스미스의 철학을 이해하기 위해서는 그 시절의 스코틀랜드의 고민, 유럽의 고민을 그 시대 사람의 눈으로 이해할 수 있어야 한다. 그렇지만, 애덤 스미스가 체계화한 인간관과 국가관, 그 개념 틀은 현재도 거의 그대로 적용될 수 있다.[3] 근대의 발전은 자본주의로 전개되어, 국가 간 무역의 극성기를 낳았다. 그의 시대부터 본격화된 은행은 보편제도로 자리 잡았다.

---

3 18세기는 중상주의(Mercantilism)의 시대였다. 중상주의는 국가의 부를 금과 은을 많이 보유하는 것으로 인식하는 것으로 무역에서의 보호주의를 취하게 된다. 그러나 애덤 스미스의 관점에서는 보호주의는 오히려 국가 간 갈등을 야기해 심각한 경우 전쟁을 불러일으키며, 시장을 축소시키는 결과를 초래하는 것이다. 그런데 20세기 중반 이후, GATT 체계의 성립으로 세계는 강한 보호주의에서 점차 개방과 무역을 강조하는 자유무역으로 진행되었다. 그러나 보호무역과 자유무역의 긴장은 20세기를 넘어 21세기에도 여전하다. 한편 애덤 스미스의 시대는 상인의 시대이기도 했다. 상인들은 시장교역의 주체이기도 하지만 그는 상인의 탐욕과 담합을 경계하기도 했다. 애덤 스미스는 이들을 보호하는 규제로 소비자의 혜택이 줄어드는 현상에 대해서도 경계했다. 이런 현상 역시 오늘날에도 여전하다.

그가 힘주어 강조한 중상주의 비판은 다시 국가 간 보호주의의 목소리가 나오는 지금도 곱씹어보아야 하고, 신기술 시대를 가로막는 기존 산업체제의 규제 카르텔에 대한 우려 역시 마찬가지다. 애덤 스미스는 이익집단으로서의 상인의 담합 행태를 통찰했다. 그만큼 그가 꿰뚫어본 인간과, 그런 인간들이 모여 보다 잘사는 사회를 구현하는 데 필요한 질서와, 이를 위한 국가의 역할은 시대를 넘어선 탁견이었다.

이 글은 애덤 스미스의 시각을 한국의 규제풍토(regulatory climate)에 적용해 이해해보려는 시도다. 규제는 정부가 민간, 시장에 개입하는 수단이다. 사실 정부활동의 대부분은 규제로 일컬을 수 있다. 법률, 규칙, 규정, 가이드라인 등 우리 삶을 규정하는 질서는 우리가 시장에서 자생적으로 만들어낸 것도 많지만, 정부가 정해놓은 것도 많다. 지금도 불과 몇 개월이면, 국회와 정부는 어떤 규제든 만들 수 있다. 그리고 이렇게 규제가 만들어지면, 이전에는 자유의 영역이었던 곳에 국가가 들어선다. 사회적으로 이목을 끈 큰 사건, 사고가 발생하면, 곧 수많은 규제가 도입되기도 한다. 사람들도 갑자기 적극적으로 규제의 필요성을 요구하기도 한다. 이것을 두고 다른 국가들에서도 당연한 국가운영 메커니즘이라 생각할 수 있지만 한국은 조금 다르다.

한국의 규제풍토는 양적으로나 질적으로나 우리가 경쟁하고 있는 다른 국가에 비해 특유한 점이 있다. 먼저 양적으로 규제가 상당히 많다. 정확하게는 국회와 정부의 규제생산 성향이 강하다. 규제를 사회문제 해결의 손쉬운 수단으로 간주하는 경향도 크다. 지금도 국회엔 각 위원회의 논의를 기다리는 법안이 수도 없이 많다. 이들 중 대부분이 규제다. 제4차 산업혁명 시대라며 산업분야의 메가 전환을 외치지만 정작 이를 막고 있는 기존 규제의 개선은 더디다. 규제의 경직성이 큰 것이다. 그래서인지 규제를 둔 갈등과 사회적 비용이 상당하다.[4] 불합리한 규제가 어떤 것이고, 그런 규제를 어떻게 개선해야 하는지에 대한 혼란도 크다. 이런 경향성은 2000년대 이후 지속적으로 심화되고 있는 것도 같다. 한국사회의 미래에 대한 고민에는 이런 규제를 둔 난맥상도 있다.

300년 전 태어난 애덤 스미스를 2023년 한국의 규제풍토 진단을 위해 소환한 이유도 여기에 있다. 규제를 둔 많은 혼란은 대부분 인간본성에 대한 오해에 있다. 인간은 완전히 이기적인 존재도, 완전히 이타적인 존재도 아니다. 애덤 스미스는 이기심의 철학을 세운 맨더빌을 정확하게 비판했다. 인간은 상호 공감하는 존재이며, 타인의 존중과 인정을 받으려는 욕구가 있다. 이 지점이 사회 많은 문제들이 사람들 간의 자율적 협의로 해결되는 영역이다. 이기심의 작동은 다른 사람의 자유를 침해하지 않은 선에서만 인정된다. 만약 그렇지 않은 사람이 있다면 국가가 들어서 정의의 덕(virtue of justice)을 세워야 한다. 애덤 스미스는 이것을 사회의 정상운영을 위한 대들보라고 했다.

이런 그의 주장은 언뜻 보면 당연한 것처럼 보이기도 한다. 그러나 그렇지 않다. 한국에서 규제와 관련해 논쟁이 된 수많은 사례들을 애덤 스미스와 함께 보자. "(통치자들이) 사회의 이익에 가장 적합하도록 이끌어갈 의무를 수행하려 할 때에는 언제나 숱한 미망에 빠지며 어떤 인간의 지혜나 지식도 그 의무를 제대로 이행하는 데 충분하다고 할 수 없다."(『국부론』, 4편 9장) 이제 규제를 둘러싼 한국사회의 혼동이 오컴의 면

4 삼성경제연구소(2009)는 한국사회 갈등비용이 최대 국내총생산의 27%로 246조 원에 이르는 것으로 추정하기도 했다. 사회적 갈등 수준은 2023년에도 상당하며, 이들 갈등비용 중 규제를 둔 갈등도 상당하다. 타다 사례(2019), 간호사법 사례(2023) 등이 대표적이다.

도날(Ockham's Razor)처럼 명료해진다. 논쟁거리가 아니라는 말이다.

이것은 사람들끼리 스스로 문제해결을 하는 영역에 정부가 얼마나 많이 규제하고 개입하고 있는지 생각해보면 금방 알 수 있다. 대략 2018년부터 2022년 즈음까지 한국사회를 혼란에 빠뜨린 규제사례들을 보자. 부동산 규제는 매매, 전세, 월세 모두를 폭등시켰다. 멀쩡히 운영하고 있던 '타다'는 신산업을 더욱 발전시킨다는 역설적인 명분으로 만들어진 규제에 사업을 접었다. 전 국민 모임통장 고민을 해결해준 카카오뱅크는 인터넷전문은행 제도의 도입과정에 큰 혼란을 넘어서고 나서야 가능해진 사업이다. 왜 우리나라는 다른 나라에서는 잘 발견되지 않은 규제논쟁이 이렇게도 많은 것일까?

정부가 만든 규제가 문제해결의 상책이 될 수 없음을 이해하기 위해서는 인간본성에 대한 설명을 문자로 이해하고 당연한 듯 고개를 끄덕이는 것으로는 부족하다. 개별 사례를 놓고, 두뇌실험을 할 수 있어야 한다. 요컨대 논란이다 싶은 규제를 애덤 스미스라는 함수에 넣고 한 번 돌려보는 과정이 필요한 것이다.[5] 그래서 '300년 전 애덤 스미스라면 이런 규제를 두고 어떻게 생각했을까?'라는 생뚱맞은 질문은 여전히 유효하다. 아울러 이런 시도가 애덤 스미스 300주년을 맞이하여 규제

5 애덤 스미스를 두고 자유방임론자로 이해하는 오해가 있다. 그는 국가가 없는 공백의 사회를 주장한 것은 아니다. 국가가 권리를 실정화하고 그에 필요한 여러 제도를 형성하고, 공공사업을 담당해야 한다고도 주장했다(이황희, 2018). 물론 그가 국가의 역할로 든 공공사업은 밀턴 프리드먼(Milton Friedman)에 의해 강하게 비판을 받기도 했다. 한편 민경국(2021)은 개인 간에 강제를 행사하는 것을 막기 위해 국가는 필요하며, 국가에 물리적 폭력의 사용에 대한 독점권을 부여한 것이 자유주의 전통이라고도 했다. 다만 국가의 역할은 개인이나 집단이 행사하는 강제를 막기 위한 조건을 확립해, 사람들이 각자 협력해 각자 자신의 삶을 살 수 있도록 하는 데 한정되어야 한다. 국가가 그 역할을 이탈하는 경우 헌법, 법의 지배를 통해 국가권력을 제한해야 한다고 말한다.

공화국으로 대변되는 한국의 국가경영에 대한 반성적 성찰로 이어지길 기대한다.

2. 애덤 스미스의 주요 관점

1) 애덤 스미스의 인간관

인간본성에 대한 논쟁은 동서양 모두에서 보편적 주제다. 애덤 스미스는 이런 논쟁을 그의 창의적 사고로 통합했다. 그에게 인간은 맨더빌의 그것처럼 이기심의 화신도 아니고,[6] 허치슨의 그것처럼 선한 이타심을 가진 존재도 아니다(Schliesser, 2016). 그의 인간은 '상호성'을 전제로 한다. "인간이 아무리 이기적이라도 그의 본성에는 다른 사람의 운(fortune)에 관심을 갖고, 그들의 행복이 자기에게도 필요하다 여기는 무엇이 존재한다. 그것이 자기에게 아무런 이익을 가져다주지 않는 경우에도 이것은 유효하다." 『도덕감정론』 첫 문단에서 그는 이것을 분명히 했다.

상호성에 근거한 그의 인간성 규명이 가진 의미는 크다. 어떤 일을 하든지 서로 눈치 보는 가운데 상대의 의사를 살펴 적당히 결정하는 매일매일의 우리 삶을 정확히 간파하고 있기 때문이다. 우리는 관공서에

6 맨더빌은 『꿀벌의 우화』(*The Fable of the Bees or Private Vices*, Public Benefits)를 썼다. 그는 이 책에서 개인의 이기심이 어떻게 사회 전체로는 번영을 가져오는지를 설명했다. 개인이 자기의 이익, 나아가 탐욕을 추구하는 과정에서 사회 전체의 이익이 실현된다는 것이 그의 논리다. 한편 허치슨은 애덤 스미스의 스승으로, 인간의 본성에 있는 선행, 이타심을 강조했다.

서처럼 규정을 들이대며 이것이 맞고 저것이 틀리고를 따져 일을 처리하기보다 서로 의사를 확인하고, 합의가능 지점을 찾아가며 의사결정을 수렴해나간다. 이 안에는 완전한 이기심도, 완전한 이타심도 작동하지 않는다. 다만 인간은 자신의 처지를 따져 상대의 운도 고려할 뿐이다. 사람들이 규정을 따지고 덤빌 때의 피곤함을 두고 관료주의를 연상하는 것도 이 때문이다. 상호 간 합의의 영역에 규정이 끼어들면 합의과정의 자연스러움이 몰각된다.

그의 이런 이해는 그보다 100년쯤 앞선 1651년 리바이어던(Leviathan)을 발표한 홉스의 진단과는 사뭇 다른 것이었다. 홉스는 자연상태의 인간은 이기적이며, 자기 보호를 최우선으로 하는 본성으로 인해 "만인에 대한 만인의 투쟁(all against all)" 상태에 있게 되어, 이를 해결하기 위해서, 인간은 자기를 파괴하는 무질서를 피하기 위해 자기를 보호하기 위한 강력한 통치를 사회계약을 통해 만들게 된다고 했다. 그의 이론은 군주의 절대성을 옹호하는 것이지만, 그것의 토대가 신에 의해 주어진 것이 아닌, 사람들의 계약에 의한 것으로 보았다는 점에서 그만큼의 인식론적 진보가 있는 것이었다.

애덤 스미스는 여기서 한 걸음 더 나갔다. 사람들은 절대성의 군주와 같은 강한 통치가 아니더라도 그 본성에 의해 대체로 서로의 문제를 해결하면서도 부를 창출해내는 능력을 갖추었다는 것이다. 그리고 그는 강력한 통치에서보다 오히려 독립적 개인이 보다 많이 존재하는 것이 사회문제를 해결하는 데 더 상책이라고 주장하는 데까지 나갔다.

이런 애덤 스미스의 진단은 인간과 사회에 대한 인식론적 혁명이었다. 르네상스 이후, 각각 다른 생각을 가지고, 각각 다른 이해를 가진 자유인으로서의 개인들을 인정하고, 이들의 공존이 만들어내는 사회동학이 신에 대한 절대복종이나 그로부터 권한을 위임받은 왕과 소수의 지배계급이 대부분의 신민(臣民)을 거느리고 사는 사회보다 낫다는 명제는 근대 이후의 사회운영의 원칙을 완전히 바꾸어버린 코페르니쿠스적 전환으로 평가할 수 있다. 사람들을 그냥 두면 서로 싸우기 때문에 이를 막고 안전한 사회를 만들기 위해서는 신이나 절대군주가 사람들의 행동 하나하나를 통제해야 한다는 생각이 오랫동안 일반적인 사회운용의 원칙이었었기 때문이다.

한편 애덤 스미스는 인간의 천성을 동감(sympathy)을 추구하는 존재로 보았다. 역시 상호성에 기댄 철학이다. 그에게 인간은 개별 개체로 존재하지 않는다. 여기에서 인간은 상호동감이 만들어내는 즐거움을 좋아하고, 이것은 동감을 보다 더 추구하려는 인센티브를 만들어낸다. 이런 식으로 동감의 즐거움은 확산되어 사람들의 문제해결 능력도 키우게 된다. 동감의 과정에서 그가 제시한 중요한 개념이 바로, "내 안의 공정한 관찰자(impartial spectator)"이다.[7] 사람들은 성장하면서 공동체의 가치와 기대를 학습하고 여기에 기대어서 자신의 행위의 정당성을 평가하게 된다. 이 둘이 일치하면 편안하겠지만, 이 둘이 상충하는 순간 부끄럽다는 생각을 하게 된다. 사람들의 이런 자연스러운 품성은 자신의 감정과 행위가 옳은 것인지를 따져보는 습관을 형성하게 하고 칭찬에 대한 자연스러운 욕구를 만들어낸다.

바로 이 지점에서 상호성의 철학을 세운 애덤 스미스에게 인간본성의 철학은 바로 사회철학이 된다(Debes, 2016). 개별 개체로서의 사람이 아닌 사람들 사이의 관계에 주목한 결과 그의 도덕철학은 단순히 한

7 "우리는 다른 누구든 그가 치우침 없이 공정한 관찰자라면 어떻게 심사했을지 상상하면서 우리 자신의 행동을 심사하려고 노력한다."(『도덕감정론』 3부 1장)

개체로서 인간의 본질을 규명한 데서 보다 실질적으로 나갔다.[8] 인간들은 언제 즐거움을 얻는가. 상호동감을 전제로 자기의 칭찬받고자 하는 욕구가 충족되었을 때, 그리고 그것이 '내 안의 공정한 관찰자'의 판단일 때, 인간은 가장 행복한 수준에 이른다.

2) 애덤 스미스의 시장관

애덤 스미스의 시장관은 그가 인식한 자연적 자유의 체계를 이해하지 않고서는 불가능하다. 그는 정의의 덕(virtue of justice)이 지켜진다면 사람들은 자생적으로 질서를 형성해간다고 했다.[9] 이런 자생적 질서는 누군가에 의해 설계되는 인위적인 것도 아니고, 가만히 두어도 만들어지는 자연적인 질서도 아니다(민경국, 2016). 다른 사람의 자유의 영역이 사회가 용인하지 않는 이유로 침해되는 것이 엄격하게 통제된다면, 사람들은 그 안에서 보이지 않은 질서를 만들어낼 수 있다. 즉 "도덕감정에 기반한 시장(Market based on Moral Sentiments)"이 형성된다. 이 시장에서는 천성으로 교환 성향을 가진 사람들은 내가 가진 것을 다른 사람과 바꾸며, 그 과정에서 자신에게 덜 필요한 것을 내놓고, 자기에게 더 필요한 것을 얻어가게 된다. 물론 이런 교환과정에서는 누구도 손해를 보지 않는다. 사회에서 이런 교환은 일회적인 것이 아니라, 중첩적으로

---

8 애덤 스미스의 도덕(moral)의 사용방식은 사회(social)의 의미와 밀접히 연관되어 있다. 그에게 도덕감정(moral sentiments)은 한 사람의 독립된 개인의 감정이라기보다는 사람들 사이의 상호작용 속에서의 욕구나 열정, 감정 등을 의미하는 것이다(Schliesser, 2016).

9 정의의 덕에 대한 구체적인 설명은 다음 절인 애덤 스미스의 정부관 부분에서 자세히 설명하고 있다.

이루어진다(Read, 1958; 민경국, 2016).[10] 우리가 사용하는 어떤 재화와 서비스도 그것이 내 손에 들어오기 이전에 무수한 교환이 이루어졌다. 이런 교환의 중첩과 그 과정에서 작동하는 보이지 않는 손(invisible hand)의 마법이 보다 원활히 작동하는 사회는 그렇지 않는 사회보다 생산성이 높을 수밖에 없다. 더 중요한 것은 이런 사회에서는 그렇지 않은 사회보다 더 많은 사람들이 경제적 부를 누릴 수 있다는 점이다.

한편 애덤 스미스에게서 시장관이란 분업에 대한 해석을 제외하곤 성립하기 어렵다. 『국부론』은 분업에서 시작하고, 그런 분업이 충분히 작동하기 위한 시장의 규모, 화폐와 가격을 논한다. 『국부론』에서 그의 주된 관심은 시장이었음을 짐작할 수 있다.

분업은 효율성을 낳는 시스템이다. 그가 든 핀 공장 사례를 굳이 들지 않더라도 한 사람의 장인이 모든 공정을 수행할 때에 비해, 각각의 기능별로 특화된 사람들이 공정을 나누어 수행할 때 훨씬 많은 생산이 가능하다. 공정의 수와 분업설계에 따라서 기하급수적인 생산성 향상도 가능하다. 실제로 핀 공장의 사례를 들면, 18개의 공정으로 구분할 경우, 10명의 직공이 4만 8천 개의 핀(한 명당 4,800개)을 만들지만 한 사람이 이 모든 공정을 수행할 경우 많아야 20개, 어쩌면 하나도 만들 수 없을 것이라고 했다(『국부론』, 1편 1장). 따라서 제조업을 비롯한 공장의 생산성을 높이기 위해서는 분업을 채택해야 한다. 보다 정확하게는 분업이 보다 잘 작동될 수 있는 시스템을 만들어내야 한다.

이것은 시장 전체에서도 마찬가지다. 보다 많은 직종이 만들어질

---

10 리드는 연필을, 민경국은 와이셔츠를 예로 들면서, 이 재화들이 무수한 교환의 결과로 출현한 것이라 설명하고 있다. 흥미로운 것은 대부분의 사람들은 이런 재화를 사용하면서 이런 교환을 인식하지도 못한다는 점이다. 이런 의미에서 애덤 스미스가 말한 "보이지 않는 손"의 예시는 적절하다.

수록 사람들은 효율적인 문제해결이 가능하다. 실업이든, 일자리든, 필요한 것들을 구하는 소소한 것에서든 직종의 다양화는 그만큼 사회문제 해결을 영리하게 해준다. 미용실에서 헤어와 피부, 메이크업과 네일까지 같이 하던 것에서 이들 각각이 독립 업종이 되면, 보다 전문화되고 사람들의 심미적 수요를 보다 충실히 충족시켜준다. 신기술을 적용한 새로운 산업에서도 마찬가지다. 새로운 기술, 새로운 산업의 출현은 인간의 풍요 이전에 보다 효율적 문제해결의 계기가 된다. 이것은 스마트폰과 수많은 애플리케이션으로 구현되는 세상에서 인간의 문제해결 능력이 얼마나 높아졌는지 생각해보면 금방 알 수 있다. 이렇게 분업은 생산성을 높이고, 문제해결 능력을 고도화시켜준다.

한편 이런 분업은 교환 성향(propensity of exchange)의 결과물이다. 인간에게서만 발견되는 이 원리는 나누어서 일을 하는 방식의 유용함을 더욱 명료하게 한다. "내가 원하는 것을 나에게 주시오, 그렇다면 당신이 원하는 것을 가지게 될 것이오"[11]가 가능한 것은 각각 다른 제품과 서비스를 생산하는 분업의 세계에서 가능한 것이다. 그리고 우리는 실제로 이렇게 교환을 통한 사회를 운영해나가고 있다. 애덤 스미스는 각각 다른 직업을 가진 사람들의 차이를 유용한 것으로 만드는 것이 교환성향이라고 했다(『국부론』, 1편 2장). 실제로도 교환은 늘 사람들의 부를 늘려주는 경향이 있다. 각각 다른 것을 가진 사람이 교환에 합의했다면 그것은 서로에게 더 나은 이익이 되었기 때문일 것이다. 누구든 손해를 보면서까지 교환에 합의하는 경우는 드물다. 따라서 교환의 성립은 어떤 재화나 서비스가 그 재화에 보다 더 많은 효용을 부여하는 사람에게

---

11 애덤 스미스는 타인과 거래하고자 하는 사람은 누구든지 이런 식으로 제의하게 된다고 한다(『국부론』, 1편 2장).

로 옮겨가게 되었다는 것을 뜻한다. 나에게 두 벌이나 있는 같은 옷 한 벌이 다른 사람에게 팔려나갔다면, 나에게선 효용이 거의 없어 옷장에 자리만 차지하고 걸려 있었던 것에서, 이제는 다른 사람의 잦은 외출복이 되었다는 것을 의미하는 것이다.

그렇다면 분업은 언제 활성화될 수 있을까? 애덤 스미스는 분업은 시장의 크기에 의해 제약을 받는다고 했다. 시장이 매우 작으면 한 가지 일만 해서 거기에서 나온 잉여생산물을 다른 사람의 것과 교환하는 것만으로는 자기에게 필요한 것을 충실히 얻기 어렵기 때문이다. 그는 이런 이유로 스코틀랜드 고원지대 작은 마을의 농부는 푸줏간 주인과 양조장 주인, 빵집 주인을 겸하지 않으면 안 된다고 했다(『국부론』, 1편 3장). "제조업이 얼마나 완전하게 될지는 전적으로 노동의 분업에 달려있다. 어떤 제조업이든 노동의 분업이 얼마나 도입될지는 시장의 크기에 따라 달라진다."(『국부론』, 4편 9장) 따라서 분업이 활성화되어 생산성이 향상되기 위해서는 이를 위한 충분한 시장이 확보되어야 한다.[12] 그가 시장규모의 확대를 중요시한 이유는 시장이 확대되어야만 분업을 통한 생산성의 증대가 가능해지고, 분업을 통한 생산성의 제고가 인간의 교환 성향에 기반한 거래로 실현된 결과 부(wealth)의 증대를 가능하게 해주기 때문이다.

애덤 스미스의 시장관을 이해하려면 그가 자본축적[13]을 중요시한

---

12 이것을 위해 애덤 스미스가 강조한 것이 수운(水運)이었다. 강과 바다에 항로를 만들어 교환을 확대해가기 시작하면, 육로로 이동하던 때보다 훨씬 지역 간 교류를 활성화할 수 있고 그만큼 시장을 확대해준다는 것이다(『국부론』, 1편 3장).

13 애덤 스미스는 재고(stock)란 표현으로 자본을 설명하고 있다. 재고는 분업사회에서 필수적인 것으로, 예컨대 방직공은 자기의 직물을 완성해 판매할 때까지 직물 생산에 필요한 원료와 도구, 자기를 먹여 살리는 데 필요한 재고가 축적되어 있지 않으면 온전히 자신의 일에 몰두할 수 없다고 했다(『국부론』, 2편 서론).

부분에도 주목할 필요가 있다. 자본축적은 분업의 작동을 보다 가속화시키는 핵심적인 요인이다. 그때그때 필요한 것들을 들판에 나가 채취해서 생활하는 원시사회와 달리 분업사회에서 노동의 생산성이 높아지기 위해서는 그것을 가능하게 해주는 자본의 축적이 많아져야 한다. 분업이 많아져 공정이 많아지고, 고용이 많아지면 자연스럽게 각 공정에 필요한 원료와 도구가 필요하고 생산물이 판매되어 수익이 창출되기까지 고용자들에게 지급할 급여가 준비되어 있어야 할 것이다. 따라서 자본축적이 충실하지 않으면 분업은 그만큼 제한적일 수밖에 없다.

그런데 이를 위해서는 어떤 상인이 자본의 양 자체를 많이 축적하든지, 자본을 쉽게 공급할 수 있는 시스템이 필요하다. 전자는 활발한 상업 활동을 통해 개인이 막대한 부를 축적하는 것으로 갈음되지만 후자를 위해서는 은행 등 자본을 공급할 주체가 필요하다. 자본의 공급도 교환의 시각으로 보면 교환에 해당하는 것이고, 이것은 이자율이라는 가격으로 조정되어간다. 은행이란 제도가 도입되어 산업에 필요한 자본을 공급하는 시스템에서는 그렇지 않은 시스템보다 분업을 통한 생산성이 훨씬 향상되게 된다.[14]

이런 이유로 자본축적을 저해하는 요소들에 대해서도 관심을 기울일 필요가 있다. 자본축적을 저해하는 요소들이 활성화될수록 국부의

14 애덤 스미스의 은행에 대한 분석은 스코틀랜드 은행의 역사의 한 부분으로 주로 다루어진다. 그는 자유시장을 강조했지만 은행에 대한 규제도 지지했다. 그러나 그가 은행의 자본조달 기능을 지지했다는 점은 분명하다(Paganelli, 2016). 그것은 신중하게 운영된 은행은 경제적 성공을 가져오고 사회적의 발전을 지원하기 때문이다. 그러나 그는 또한 은행업에 대한 규제에도 지지를 보냈다. "모든 사람이 어음을 기꺼이 받으려고 하는데도 은행가에게 그것을 하지 못하게 하는 것은 명백한 자연적 자유의 침해다. (…) 그러나 몇몇 개인이 자연적 자유를 행사하는 데 따라 사회 전체의 안전에 위해가 발생할 수 있을 때에는 정부의 법률로 그것을 제한하여야 한다."(『국부론』, 2편 2장)

형성 및 확대와는 상반된 결과가 초래될 것이기 때문이다. 이에 대해 애덤 스미스는 "큰 국가들은 개인의 낭비와 잘못된 행동에 따라 가난해지는 경우는 절대 없지만, 정부의 낭비와 잘못된 행위로 인해 가난해지는 경우는 있다"라고 했다(『국부론』, 2편 3장). 당연히 정부의 낭비를 경계한 그의 통찰은 오늘날에도 유효하다.

3) 애덤 스미스의 정부관

애덤 스미스를 두고 자유방임론자란 오해가 있는데 이는 그렇지 않다. 『도덕감정론』과 『국부론』에는 정부의 역할을 규정하고, 동시에 정부의 역할을 경계하는 부분이 자주 발견된다. 애덤 스미스의 정부관이란 그가 정립한 인간본성의 철학에서 정의(justice)의 미덕을 구현하고, 분업과 자본축적, 시장의 확대라는 국부의 실현을 위해서는 정부가 필요하고 적절한 역할을 해야 한다는 것이다. 반면, 정부가 이런 철학에 배치되는 위치에 서게 되면 사람들 사이의 상호성에 기반한 자연스러운 사회 운영체계를 오히려 혼란스럽게 만들고, 국부의 감소도 야기하는 등의 부작용이 초래된다.

정의의 미덕을 실현하는 데 정부 역할은 필수다. 어떤 개인이 다른 사람의 자유의 영역을 사회가 인정할 수 없는 동기로 침해한다면 그것은 적극적인 제재대상이 되어야 한다. 여기서 개인의 자유영역의 존중에 대한 근대철학을 애덤 스미스에게서도 발견할 수 있다. 재산권의 침해, 생명이나 안전에 대한 위해, 그 외 개인이 자유로이 판단해서 결정하고 행동하는 영역에 개인이 강제로 침해하고 강요하는 행위는 계약자유의 원칙을 작동시키는 동등한 개인의 성립을 위해서도 있어서는 안 된다.[15] 따라서 정부는 이런 영역을 교정하는 역할을 적극적으로 해야 한다. "정의의 위반은 위해다."(『도덕감정론』, 2부 2편) 애덤 스미스가 강조한 것처럼 정의의 미덕은 너무나도 중요한 것으로, 그것이 흔들리기 시작하면 사회의 근간이 무너져내린다.

반면 정부는 자혜의 영역에 대한 개입은 필요하지 않다. 흔히 정부가 민간에 선을 유도하기 위한 강제조치가 필요하다는 생각이 있을 수 있다. 서로 돕고 배려하는 사회, 가끔씩은 자기가 가진 것의 일부를 기부하기도 하는 사회는 그 자체로 좋은 사회다. 그러나 이런 사회가 만들어지는 것은 그 사회의 자연스러운 풍토에 따른 것이다. 정부가 사람들의 상호적 과정에 개입하여 일방에 대해 다른 일방에 대한 자선을 요구하는 정책을 펴게 되면, 사회에 그나마 작동하고 있던 자혜의 미덕이 축소된다. 정부가 정해놓은 자선의 기준이 자혜의 기준이 되어버리기 때

15 홉스는 자연상태 자체를 만인에 대한 만인의 투쟁으로 보아 정부의 절대주의 국가를 착안했지만 애덤 스미스는 정의의 침해 영역에 국한한 국가의 개입을 강조했다. 애덤 스미스는 다른 사람들이 동의하지 못하는 행위를 굳이 해서 그들의 재산이나 생명, 자유를 침해하는 행위는 불의에 해당하는 것이고, 이에 대해서는 적극적인 대응이 필요하다고 한다. 따라서 정의에 대해서는 모든 사람들이 도덕적으로 적정하다고 인정하는 강제력을 동원해 이를 준수해야 한다. 불의한 행위는 사람들의 분개를 일으키고, 사람들 역시 불의에 의한 해악을 보복하는 폭력은 공감한다는 것이다. 이런 정의의 미덕은 상호관계에서 하지 말아야 할 지점에 대한 보루를 명확히 설치함으로써 상호성에 근거한 사람들 사이의 교류를 확대해주는 것이기도 하다. 어떤 사람이 모르는 다른 사람을 만났음에도 그와 대화하고, 새로운 일을 모색해볼 수 있는 것은 그가 적어도 자기에게 해를 끼치지는 않을 것이라는 믿음, 만약 그런 해를 끼쳤을 때는 정의의 미덕이 정확히 작동하여 이를 교정해줄 것이라는 믿음이 있기 때문이다. 이런 이유로 애덤 스미스는 "자혜는 비유하자면 건물을 지탱하는 기초가 아니라 건물을 아름답게 꾸미는 장식이므로 그 실천을 권고하는 것으로 충분하며 그것을 강제할 필요는 없지만, 정의는 모든 건물을 지탱하는 주요 기둥이다. 만약 그것이 제거되면 위대하고 거대한 인간사회라는 구조물은 틀림없이 한순간에 산산이 부서질 것이다"라고 했다(『도덕감정론』, 2부 2편).

문이다. 물론 이런 강제적 배려를 정부가 정해놓는다고 해서, 더 나은 사회가 된다는 보장도 없다. 과거에는 자연스러운 배려의 과정에서 주고받던 선의가 이제는 누군가에게는 의무가, 누군가에게는 권리가 되어버리기 때문이다. 국가나 사회, 혹은 어떤 일방에 대해 자신에게 배려와 자선을 베풀어달라는 권리가 공식화되면 자유계약이라는 근대적 사회운용의 핵심이 형해화되기 시작한다.

이런 의미에서 애덤 스미스는 이런 자혜는 언제나 스스로 원해서 이루어지는 것이지 절대로 강제되는 것일 수는 없다는 점을 분명히 했다. 사람에 따라서는 은혜에 보답하지 않는 배은망덕함도 있지만 이 역시 처벌의 대상이 될 수 없음도 이 때문이다. 즉 어떤 사람이 자신이 받은 혜택에 감사하지 않는다고 해서 처벌할 수는 없는 것이다. 애덤 스미스에 의하면 우리는 자혜를 강제하고, 선의에 대한 보답을 강제하는 규칙을 만들어서는 안 된다. 그는 선행을 베푼 자가 폭력으로 감사를 강제하는 것은 스스로의 명예를 훼손하는 것이라고도 했다.

> *"물론 자혜가 부족하면 합리적으로 기대되는 선행이 실현되지 않을 수도 있고 그로 인해 혐오와 부인(否認)을 야기할 수도 있다. 그러나 그렇다고 해서 그런 상태가 많은 사람들이 공감하는 분노를 야기하는 것은 아니다."* (『도덕감정론』, 2부 2편)

한편 개인이 축적한 자본, 자산, 부를 두고 벌어지는 사람들의 혼동에 대해서도 애덤 스미스는 명료하게 정리하고 있다. 그는 사람들의 잘 살려는 욕구가 부를 만들어내고, 그가 이룬 부는 그에게 필요한 것을 얻거나 허영과 사치를 부리는 데 사용된다. 그러나 이것은 역설적으로 그런 재화나 서비스를 생산하고 유통하는 사람에게는 교환을 통한 부를 가질 수 있게 한다. 그는 여기에도 "보이지 않는 손"이란 은유를 사용했다.[16] 그가 보기에 부자가 가진 사회적 자원의 재분배 역시 정부의 특별한 개입 없이, 사람이라면 가진 허영과 사치 욕구에 의해 실현되어간다고 본 것이다. 이런 그의 개념을 좀 더 발전시키면 다음과 같은 추론이 가능하다. 사실 어떤 기업과 개인이 많은 부를 가졌다고 해서, 그것을 허영과 사치로 모두 소비하는 것은 아니다. 근대세계에서 그의 자본의 대부분은 금융기관에 예치된다. 이런 자본은 자연스럽게 작게 쪼개져서 생산과 분업의 세계에서 교환의 생산성을 만들어내기 위한 일반 사람들에게 이자를 받고 작은 자본으로 제공된다. 이 과정 역시 사회적 자원의 재분배로 볼 수 있다. 금융기관이 없었던 때보다 있었던 때, 자본이 없는 사람도 자본이 있는 사람들로부터 자본의 일부를 얻어낼 기회가 증가하는 것이기 때문이다. 애덤 스미스가 은행제도를 강조한 것도 이 때문이다.

상인시대를 살아간 애덤 스미스가 상인의 보편적 행동양식인 교환의 중요성을 강조하면서도 이익집단으로서의 상인, 이들의 카르텔에 의한 시장질서 혼란을 경계한 것도 주목할 지점이다.

---

16 『도덕감정론』에는 또 하나의 유명한 보이지 않는 손(invisible hand) 얘기가 나온다. "부자는 오직 가장 귀중하며 가장 마음에 드는 것을 선택한다. 그들은 가난한 자들보다 단지 조금 더 소비를 할 뿐이다. 부자들의 자연스러운 이기심과 탐욕에도 불구하고, 그들이 단지 그들의 편의를 의도할 뿐이더라도, 그들이 고용한 수천 명의 노동자들에게 제안하는 유일한 목적은 그들이 허영심과 만족할 줄 모르는 열망이라는 희열에서 비롯되는 것이다. 그래서 부자들은 모든 생산물을 가난한 사람들과 나눌 수 있다. 부자들은 지구가 이 땅의 모든 정주자들에게 동등한 몫으로 나누어져 있었으면 만들어졌을 생활필수품을 거의 똑같이 나누기 위한 보이지 않는 손에 이끌리는 것이다. 이윽고 의도하든 그렇지 않든 사회적 이익을 증진시키며 종족의 번식을 유도하는 것이다."(『도덕감정론』 4부 1장)

> "같은 업계의 사람들이 만날 때는, 심지어 기분전환을 위한 유쾌한 만남이더라도, 그들의 대화는 대중의 이익에 반하는 음모나 가격을 올리려는 책략으로 끝나지 않을 때가 없다. (…) 이들의 이익은 어떤 면에서는 공공의 이익과 다르며 (…) 경쟁을 제한하는 것은 언제나 이들에게 이익이 된다. (…) 따라서 이들이 제출하는 새로운 법률이나 제안은 주의 깊게 검토되어야 한다." (『국부론』, 1편 10장)

애덤 스미스가 말하는 이익집단의 자기 이익추구와 기득권 보호 경향성에 대한 경계는 이 한마디로 명확하게 이해된다. 이런 이익집단의 자기 이익추구 현상은 20세기 등장한 공공선택론(public choice theory)[17]에서 개별 사례의 분석을 통해 보다 명료하게 정리되었다.

애덤 스미스의 중상주의(mercantilism)에 대한 비판 역시 국가 역할과 관련해 중요한 부분이다. 자국 산업이나 상인을 보호하기 위한 수출지원, 수입제한과 같은 중상주의는 한 국가의 금과 은, 즉 자원을 확충하는 손쉬운 방법으로 간주된다. 중상주의 시대에는 이런 방식이 국가의 부를 증대시키는 정책 방향으로 생각되기도 했다. 그러나 애덤 스미스는 이런 생각에 반박했다. 국가의 부는 금과 은의 확충이 아닌 생산성으로 결정되기 때문이었다. 보호주의 정책은 분업을 줄이고 교환을 줄이며, 그 결과 생산성이 줄어들게 만든다. 보호받는 산업의 영역에서는 보호된 당사자의 이익은 커질지언정, 사회 전체의 이익은 절대로 커질 수 없다고 본 것이다. 무역이 확대되어 시장이 커지고, 그만큼 교환이 활성화되면, 보다 많은 직업과 일자리가 생겨나는 선순환의 비밀을 애

---

17 공공선택론이란 공공영역의 의사결정에 대한 분석에 경제학적 방법론을 적용하는 것으로, 이익집단, 관료, 의회 등의 이해(interest)에 기반한 상호작용 결과 초래되는 현상을 분석하는 데 관심을 갖는다.

덤 스미스는 간파하고 있었다. 이런 애덤 스미스의 관점에서 보면 중상주의적 정책 경향은 정부가 극복하고 나아가 폐기해야 할 영역이 된다.

한마디로 애덤 스미스의 정부관은 정부에 대한 회의주의(skepticism)가 자리 잡고 있음도 이해해야 한다.

> "군주들은 장기판의 말들을 옮기는 것만큼 사회를 쉽게 생각한다. 장기판의 말은 손이 움직이는 대로 움직이지만 거대한 인간사회는 자신들의 독자적인 운동 원리에 의해 움직이는 것이다. 군주의 의지대로 움직이지 않을 때 사회는 불행해진다."(『도덕감정론』, 6부 2편)[18]

그가 볼 때 정부는 모든 문제를 해결하려 드는 군주보다, 정의의 미덕을 세우고, 분업과 교환, 자본축적을 보호하면서도 이익집단 상인의 이해에 토대한 정책설계를 극복하는 것이다. 중상주의 극복 역시 크게 보면 자국 상인을 보호하기 위한 단견에 대한 공격이었다.

---

18 "체제를 움직이는 사람(man of system)은 자기가 대단히 현명하다고 생각하기 쉽다. 그는 자신의 이상적인 통치계획의 아름다움에 빠져 거기서 조금도 벗어나는 것을 참을 수 없다. (그래서) 그의 통치계획에 반하는 중요한 이해관계나 반대논리를 고려하지 않고, 모든 부분에 완전한 체제를 확립하려 한다. 그는 체스판의 말들처럼 사회구성원을 배열할 수 있다고 생각하는 듯하다. 체스판의 말들은 그의 손이 가하는 힘 외에는 아무런 운동원리가 없지만, 인간사회의 거대한 체스판은 말 하나하나가 자신의 운동원리를 갖고 있다. 그런 운동원리는 입법기관이 선택할 수 있는 힘의 원리와는 완전히 다르다는 것을 그는 고려치 않는다."(『도덕감정론』, 6부 2편)

3. 한국사회 규제풍토

1) 한국의 규제수준: 국제비교

한국의 규제풍토를 진단하기 위해서는 국제비교가 필요하다. 규제 관련 국제지표로는 경제개발협력기구(OECD)의 시장규제지수(Product Market Regulation: PMR)와 프레이저 연구소(Fraser Institute)의 경제자유지표(Economic Freedom of World Index: EFW)가 대표적이다. 이들 지수는 단순히 규제수준만이 아닌, 정부의 시장에 대한 개입을 종합하는 지표들로 구성되어 있다.

시장규제지수로 볼 때, 한국의 규제수준은 1998년 처음 발표되고, 5년마다 발표되는 지난 다섯 번의 결과에서 OECD 회원국 중에서 규제수준이 높은 국가로 10위 안에 지속적으로 포함되었다. 1998년 8위(28개 국가), 2003년 9위(30개 국가), 2008년 6위(36개 국가), 2013년 4위(35개 국가), 2018년 6위(38개 국가)가 그 결과다(강영철, 2021). 특히 규제수준이 가장 높았던 2013년의 경우, OECD에서는 경쟁친화도에 따라 국가별 규제수준을 녹색, 주황색, 적색으로 표시했는데 우리나라는 시장경쟁에 비우호적인 적색 국가에 포함되었다. 아이러니는 이 시기 동안 한국의 정부는 정권교체에도 불구하고 규제개혁을 주요 국정의제로 채택하지 않은 적이 없을 정도로 규제개혁에 관심을 가졌음에도 한국의 규제수준은 지속적으로 높았다는 것이다.

특히 한국의 규제는 가격통제, 외국인 투자 장벽, 국영기업 직접통제, 서비스 부문 진입제한, 스타트업 인허가제 등의 분야에서 강한 것으로 나타나고 있다. 시장규제지수는 크게 정부 개입에 의한 왜곡, 진입장벽으로 구성된다. 정부 개입에 의한 왜곡은 국·공유화, 기업 활동 개입,

규제단순화·평가 부문을 세부적으로 구성하고 있고, 진입장벽은 창업기업 행정부담, 서비스 및 네트워크 장벽, 무역 및 투자 장벽으로 구성되어 있다. 따라서 시장규제지수는 정부의 시장에 대한 전반적인 개입을 진단한 결과임을 알 수 있다.

한편 경제자유지표로 보면, 한국의 경제자유지표는 2020년에 조사대상 165개 국가 중 43위에 위치해 있다. 경제자유지수에서는 전체 조사대상 국가를 결과에 따라 네 개의 수준으로 분류하는데, 43위는 경제자유도가 두 번째로 높은 군에서 첫 번째에 해당한다. 한편 이 지표는 경제적 자유에 대한 국가 간 포괄적 비교를 가능하게 하는 지표로 구성

표 1. 시장규제지수와 경제자유지표 구성 상세

구분	지표 상세	
시장 규제 지수	정부 개입에 의한 왜곡	국공유화(공기업 범위, 정부 개입, 정부 통제, 지배구조)
		기업활동 개입(가격통제, 명령-통제성 규제, 공공조달)
		규제단순화/평가(경쟁영향평가, 이해관계자 참여, 규제절차)
	진입장벽	창업기업 행정부담(창업기업 행정부담, 면허·허가)
		서비스/네트워크 장벽(서비스 장벽, 네트워크 장벽)
		무역/투자장벽(FDI 규제, 관세장벽, 외국기업 차별, 무역촉진 장벽)
경제 자유 지표	정부의 크기	정부 소비, 정부 이전, 공기업, 한계세율
	법구조와 사유권 보장	사법부 독립성, 신뢰받는 법적 절차, 지적재산권 보호, 군사력에 의한 법 침해 가능성
	통화 안정성	통화공급 증가, 물가상승률, 외환규제
	자유무역	국제무역부과세율, 수출입 절차 속도, 인구 및 지역 대비 무역규모, 내국인 외환거래 자유
	규제	시장에 의한 이자율 결정, 외국은행 인가 가능성, 가격통제, 신규창업 용이성

되어 있으며, 1986년부터 1994년까지의 경제자유도와 제도 및 정책의 관계에 대한 연례 회의를 거쳐 1996년 처음 발표되었다. 지표구성은 정부의 크기, 법구조와 사유재산권 보장, 통화정책의 안정성, 자유무역, 규제로 구성되어 있다. 즉 이 지표 역시 규제를 포함한 국가의 시장에 대한 개입수준을 전반적으로 측정하고 있음을 알 수 있다.

이렇게 시장규제지수와 경제자유지표로 살펴본 한국의 규제수준은 국제적으로도 비교적 높은 것을 알 수 있으며 규제개혁의 수요가 상당함을 짐작할 수 있게 해준다. 특히 한국의 GDP는 2019~2022년 계속해서 10위를 기록하고 있는 등 경제 전반의 수준을 비교하면, 한국정부의 시장에 대한 개입은 높은 수준이며, OECD 등 비교적 부유한 국가들과의 비교에서도 높은 규제수준을 보이고 있음을 확인할 수 있다.

특히 한국은 경쟁국에 비해 세계 100대 스타트업 중 창업이 불가능한 것이 상당히 많다. 아산나눔재단에서 발표한 2022년 보고서를 보면 12개는 사업화가 불가능하고, 43개는 제한적으로만 가능하며, 45개만 가능하다. 다른 국가는 가능한데 한국만 불가능한 사업은 우버, 그랩, 프로테우스, 팬들 등이다. 2017년 발표된 자료에서는 14개가 불가능, 42개가 제한적 가능, 44개가 가능이었음을 고려한다면, 적어도 스타트업 진입규제 개선 부문에서 한국은 지난 5년 동안 거의 진전이 없음을 확인할 수 있다(아산나눔재단, 2022).

그렇다면, 한국의 규제수준은 1998년 이래 매 정부마다 보여온 규제개혁에도 불구하고 지속적으로 높은 수준을 보이고 있을까? 이를 위해서는 한국 특유의 규제선호 풍토를 살펴볼 필요가 있다.

2) 한국특유 규제풍토: 반기업 정서

한국사회의 규제선호 풍토 진단을 위해서는 국민들의 기업에 대한 신뢰수준을 점검해볼 필요가 있다. 에델만 지수는 여론주도층(informed public)과 일반대중(mass population)을 대상으로 각 국가의 분야별 신뢰도를 비교 분석하고 있는데, 2023년도 한국의 기업에 대한 신뢰도는 조사대상 27개 국가 중 최하였다. 2022년에는 러시아 다음으로 가장 낮았다. 순위와 함께 보아야 할 것이 격차다. 14위의 이탈리아에서 26위의 일본까지 57~47점 사이에 13개의 국가가 있는 데 비해, 한국은 점수가 38점으로 확연히 낮다(Edelman, 2023: 41). 한국정부의 낮은 기업신뢰도는 기업에 대한 강한 정부 개입의 근거이기도 하다.[19]

한국에만 있는 규제로 대기업에 대한 동일인 지정규제가 있다. 독점규제 및 공정거래에 관한 법률에 의하면 자산총액 5조 원 이상인 공시대상기업집단과 자산총액 10조 원 이상의 상호출자제한기업집단을 매년 지정하도록 되어 있다. 또한 이들 기업을 지배하는 자연인 혹은 법인을 동일인으로, 동일인과 경제적 이해관계에 있는 자를 동일인관련자로 지정한다. 이때 동일인과 동일인관련자의 보유지분이 30%를 넘는 기업은 기업집단의 계열사로 편입되어 공시 및 상호출자제한 등의 규제대상이 된다. 기업의 경제력 집중을 막기 위한 이 규제는 한국에만 있는 갈라파고스 규제다. 기업규모가 너무 커서는 곤란하니 기업규모를 적정화해야 한다는 논리다. 이에 대한 보다 심층적인 논의는 사례분

---

19 이런 결과는 다른 분석에서도 확인되고 있다. 한국경영자총협회에서 2021년 조사한 '반기업 정서 기업 인식조사'에 의하면 한국에 반기업 정서가 존재한다고 응답한 기업 비중은 93.6%로 나타났다.

석에서 진행하고자 한다.

이 규제로 인해 한 그룹회장은 10여 개의 장학재단에 매년 수억에서 수십억을 기부하다 기부금액의 총 규모가 30%를 초과하는 순간부터 매년 공정거래위원회에 소명자료를 제출해 이 규제 적용에서 제외를 받고 있다.[20] 대기업집단의 집중을 막기 위해 비영리집단에 대해서까지 규제범위에 포함시키는 규제를 하고 있는 것이다. 정부가 이런 규제를 하는 이유는 한국만 유독 대기업에 대한 신뢰도가 낮기 때문이라는 것을 보여주는 대표적인 예일 것이다.

그렇다면 실제 우리나라의 대기업은 얼마나 되는 것일까? 포춘 선정 세계 500대 기업 중 100위 내의 기업은 삼성전자와 현대자동차만 포함되었다. 500대 기업으로 범위를 넓혀도 16개이지만 300위권으로 좁혀보면 SK, LG전자, 포스코홀딩스, 기아, 한국전력 등 6개에 불과하다. 한편 OECD에서 발간한 *Entrepreneurship at Glance* (2018)를 보면, 한국은 종업원 250명 이상 대기업 수가 2,413개인 것으로 나타나고 있다. 미국은 26,628개, 일본은 10,957개, 영국은 5,991개, 독일은 10,690개에 비해 양적으로 훨씬 적다. 한국보다 경제규모가 작은 국가 중에서도 폴란드 2,925개, 스페인 2,643개, 호주 2,556개다. 한편 각 국가에서 전체 기업 중 대기업이 차지하는 비용을 보면, 한국은 0.09%에 불과해 그리스 다음으로 적어서 조사대상 34개 국가 중 33위에 있다(전경련, 2023).

결국 한국은 경제규모에 비해 대기업의 수가 다른 국가에 비교도 안 될 만큼 적은 것을 알 수 있다. 결국 한국은 대기업이 이렇게 적은데,

---

20 "40년 묵은 '동일인 지정' … 기업성장 막는 갈라파고스 규제", 『매일경제』, 2023. 7. 28일자.

기업에 대한 반감은 상대적으로 매우 큰 상황임을 알 수 있다. 한국기업에만 적용되는 갈라파고스 규제[21]가 상당한 것은 이 때문으로 해석할 수 있다.

3) 한국 특유 규제풍토: 규제선호 정부

한국정부에서 규제는 줄어든 적이 없다. 정부마다 개혁을 했지만 새로운 분야에 대응한다며 법률과 제도를 만들 때마다 규제는 증가했기 때문이다. 대표적인 것이 농수산물 유통 및 가격안정에 관한 법률(이하 농안법)이다. 1976년에 업무승인 사항 여섯 개로 제정된 이 법은 1995년 17개, 2000년에는 37개로 증가했다(강영철 외, 2021). 규제가 증가한 것이다. 왜 이런 일이 발생했을까? 정부는 도매시장 의무구매제도를 도입해 거래품목을 정하고, 도매시장법인과 중도매인을 지정했다. 경매제도도 도입했다. 그런데 이렇게 되면 정부가 정한 유통구조인 산지농민-도매시장법인-경매-중도매인-소매를 굳이 따르지 않을 유인이 민간에서는 발생하게 된다. 이들 도매시장법인이 직접 소매로 물건을 넘기거나 중도매인이 소매에 해당하는 거래까지 담당하면 쉽게 수익이 남게 된다. 따라서 정부에서는 이런 문제를 해결하기 위해 다시 규제를 도입해야 한다. 도매시장법인은 출하받은 농산물의 질을 잘 관리해야 하니 별도의 철저한 규제를 받고 평가도 받게 된다. 이런 방식의

---

21 갈라파고스(Galápagos)는 에콰도르에 있는 섬으로 남태평양 대륙에서 서쪽으로 1,000km 정도 떨어져 있다. 이 섬은 생물 다양성으로 유명한데, 이 섬에만 서식하는 다수의 생물이 있기 때문이다. 갈라파고스 규제란 다른 국가에는 존재하지 않는 한국 특유의 규제를 일컫는 말로 활용된다. 이런 갈라파고스 규제는 규제개혁의 우선대상으로 거론된다.

규제확대 경향성은 어디에나 있다.

정부는 2010년 대학등록금 규제를 도입하기도 했다. 고등교육법 제11조 제10항은 대학이 직전 3개 연도 평균 소비자물가 상승률의 1.5배를 초과해 등록금을 올리지 못하게 했다. 만약 이를 지키지 않을 경우, 정부는 행·재정적 제재 등 불이익을 줄 수 있도록 했다. 대학등록금으로 가계의 학비 부담을 줄이기 위해서였다. 여기에 정부는 대학은 등록금 책정을 위해 재단인사, 학생, 전문가 등이 포함되는 등록금심의위원회를 설치운영 해야 하는 것으로도 규정했다. 정부는 등록금 규제와 함께 국가장학금제도를 도입했다. 소득분위별 포괄적으로 지급되는 1유형과는 달리 2 유형의 경우, 대학의 등록금 부담 완화와 연계한 것으로 전년도 대비 등록금을 인상한 대학의 학생들은 이 장학금을 받을 수 없다. 이 제도로 각 대학의 재정은 국가장학금에 크게 의존할 수밖에 없게 되어버렸다. 정부는 대학구조개혁평가, 대학기본역량진단 등 다양한 대학평가 결과를 각 대학 학생들의 국가장학금 수혜여부에 연계시키기도 했다. 대학에 대한 규제가 점점 많아진 것이다.

원래 규제는 규제를 낳는다. 이를 '규제 피라미드(regulation pyramid)'라고 한다. 규제 피라미드가 쉽게 작동되는 이유는 정부가 도입한 규제를 모두 준수하지 않기 때문이다. 규제 일탈행위에 대응하는 과정에서 새로운 규제가 생기길 반복한다. 이렇게 되면, 규제를 준수하는 대부분의 사람들은 점점 더 많은 규제부담을 지게 된다. 교실에서 몇몇 학생의 반복적 일탈행위를 줄이겠다며 규제를 만들기 시작하면 대부분의 학생들이 점점 많은 불편함을 겪어야 하는 것과 같다.

정부에서 규제가 지속적으로 증가하는 이유는 또 있다. 그것은 새로운 정책수요에 대응하는 과정에서 기존 규제를 활용하는 경우가 많기 때문이다. 정부로서는 완전히 새로운 제도를 설계하는 것보다 기존 규제에 내용을 더해가며 대응하는 것이 행정 부담을 줄이는 것이 된다(이혁우, 2009). 사회적으로 논란이 된 교통사고 사망사건이 발생할 때마다 기존 규제인 속도규제를 강화하는 것이 대표적인 것이다. 교통사고의 원인은 천차만별이겠지만 정부가 가장 빠르게 가시적으로 국민들에게 보여줄 수 있는 조치는 차량의 통행 속도를 제한하는 것이다. 이것은 정부로서는 따로 새롭게 정책을 설계하는 데 드는 비용을 줄이는 것이기도 하다.

한편 사공영호(1998)는 가부장적 행정문화를 들어 한국 해운규제 분야에서 관료의 기업관, 규제조직의 편제, 규제행정의 수행방식 등에 다양하게 내재화되어 있다고 주장하기도 했다. 가부장적 행정문화란 "국민들은 정부를 마치 부모처럼 여기고 의존하려 하며 정부와 관료들은 기업과 시민사회를 마치 자식처럼 여기고 보살피고 통제하려는 사고방식"을 말한다(사공영호, 1998).

한국정부의 규제선호 경향은 높은 규제생산성에서도 발견된다. 특히 국회가 심하다. 2023년 5월, 국회의원 김남국의 코인거래가 불거지자마자, 같은 달 2일부터 19일까지, 18일 사이에 공직자윤리법 개정법률안이 11건이나 발의되었다. 해당 법안은 5월 25일 본회의에서 통과되었다. 김남국 국회의원의 회기 중 코인거래의 부적절성을 감안한다 하더라도, 문제 발생부터 불과 18일 동안 11개의 법률안이 마치 기존에 준비한 것처럼 쏟아져나와 한 달도 안 돼서 이 법률안이 본회의를 통과한 것이 놀랍다. 규제는 사회문제 해결을 위해 도입되지만, 정작 중요한 것은 그런 규제가 실제로 해당 문제를 해결할 가능성이 철저하게 분석되어 그 실효성이 점검된 후 도입되어야 한다는 것이다. 그렇지 않고 성급하게 도입된 규제는 그 취지와 무색하게 여러 부작용을 낳을 수밖에 없기 때문이다. 이렇게 빨리 도입된 규제가 과연 꼼꼼한 효과분석

을 한 결과인지는 매우 의심스러울 수밖에 없다.[22]

사실 한국국회의 규제선호 경향성은 유명하다. 2023년 8월 28일 기준, 21대 국회(2020. 5~)에서 발의된 법률안은 총 22,054건에 이른다. 이 중 6,706건이 처리되었다. 미국은 2023년 7월 26일 기준, 118대 연방의회(2023~2024)에서 7,293건의 법률안이 발의, 단 일곱 건만이 법률로 확정되었다. 영국은 2022~2023년 회기 중 345건의 법률안이 발의, 50건만이 법률로 확정되었다. 프랑스는 2023년 8월 기준, 최근 1년간 49개의 법률안만이 의결되었다. 물론 한국의 법률이 단순한 자구 수정이 상당한 점을 고려한다고 하더라도 한국국회의 법률생산성이 유독 높다는 것을 확인할 수 있게 해준다.[23] 물론 이들 법률 대부분이 규제다.

한편 이런 높은 규제생산성은 별론으로, 한국정부는 규제개혁을 비교적 열심히 추진했다. 1997년 행정규제기본법을 제정하고, 1998년 규제개혁위원회를 설치한 이래 집권한 모든 정부에서 규제개혁을 국정과제로 삼아 추진했다. 행정부가 도입하려는 규제에 대해서는 규제심사가 지속적으로 이루어져왔고, 주기적인 규제일몰도 적용해왔다. 규제개혁신문고를 통해 규제애로를 직접 수렴하고 있으며, 중소기업옴부

---

22 이런 유사사례는 상당히 많다. 2019년 9월 김민식 군의 스쿨존 사망사고 이후, 같은 달 법안이 발의되어 발의된 지 세 달 만에 통과, 통과된 지 3개월 후인 2020년 3월 25일부터 시행된 민식이법이 대표적이다(이혁우, 2021). 이 규제 도입 후, 1분기 만에 전년 동기 대비 운전자보험 체결건수가 165%로 늘어났으며, 소위 "민식이법 놀이"와 같이 아이들의 스쿨존 앞 위험한 놀이가 생기기도 했다. 학생 등하교와 무관한 주말이나 새벽시간에도 30km 저속규제를 적용하여 속도위반에 따른 과태료가 증가하기도 했다. 이 규제는 스쿨존에서 안전운전 위반으로 만 12세 미만 어린이 사망사고가 발생하면 무기 또는 3년 이상의 징역을 부과하는 것이었다.

23 위 김남국 국회의원의 사례 및 각국 법률생산성에 대한 자료는 다음 기사를 참고로 작성되었음. "〔대한민국 국회생산성②〕 복붙하고 떼법내고 … '불량입법' 몸살", https://news.tf.co.kr/read/ptoday/2038400.htm, 2023. 8. 24.

즈만을 설치하여 중소기업에의 과도한 규제를 지속 발굴·개선하고 있다. 그럼에도 불구하고 규제개혁의 성과는 높지 않다. 이미 소개한 것처럼 한국정부의 규제지수, 경제자유지수는 경쟁국가에 비해 훨씬 낮은 편이다.

여기에는 이유가 있다. 한국정부의 지속적 규제개혁은 일회적인 규제개혁이거나 국가 전체의 시장자율성을 억누르는 핵심규제는 다루어지지 않는 경우가 많았다. 파리, 도쿄에는 한때 있었지만 이미 없어진 수도권 규제가 한국은 여전한 채, 규제개혁의 사각지대로 남아 있다. 위에 사례로 든 도매시장 규제를 정한 농안법 역시 일본에서는 사실상 없어진 제도다(강영철 외, 2021). 유통산업발전법에 따른 대형마트 영업일 규제도 여전하고, 사립대학에 대한 등록금 규제도 있고, 시장을 구분해 중소기업에만 특별한 지원을 하는 중소기업 적합업종, 중소기업자 간 경쟁제도와 같은 판로규제도 있다. 이들 규제 역시 다른 국가에는 찾아보기 어려운 정부의 시장 개입이다.

결국 한국의 규제개혁은 이런 시장의 근간을 옥죄고 있는 규제는 제쳐두고 기준이나 요건의 조정과 같은 규제의 양적 완화, 행정부담의 개선, 행정절차 간소화 등 정부로서 규제개혁이 용이한 과제에 치중했었기 때문으로 판단된다. 물론 이 역시 정부의 규제의존 경향성을 보여준다. 중요하고 핵심적인 규제는 정부가 여전히 규제개혁의 의제로 삼지 않고 있는 것이기 때문이다.

4. 사례: 애덤 스미스 관점 해석

애덤 스미스는 『국부론』에서 정부 역할을 세 가지로 제시했다. 다른 독립된 사회의 폭력이나 침략으로부터 사회를 보호하는 것, 사회구성원들의 불의나 억압으로부터 다른 모든 사람들을 보호하는 것과 법을 엄정하게 집행하는 것, 공공사업과 공공기관을 세우고 유지하는 일이 그것이다(『국부론』, 4편 9장). 그런데 오늘날 정부의 역할은 이것에만 국한되지 않는다. 정부는 수많은 경제정책과 사회정책을 통해 민간에 개입한다. 가격에 대한 개입, 마케팅에 대한 개입과 같은 기업규제도 있고, 안전과 생명과 같은 사회가치를 충족하기 위한 정책도 있다. 애덤 스미스 시대와는 다른 오늘날을 그대로 애덤 스미스의 시대와 비교할 수는 없겠지만 적어도 다음 규제사례에 대해서는 애덤 스미스의 관점에서도 토론이 필요하다. 이들 규제는 한국에만 있는 소위 갈라파고스 규제들로, 토론과정에서 한국의 규제친화 풍토에 대한 추론이 가능하다.

1) 동반성장 정책

한국에서 동반성장 논의는 2010년부터 본격화되었다. 민간에서는 동반성장위원회가 설립되었고, 정부에서는 중소기업 적합업종을 도입했다. 이후 동반성장은 대기업과 중소기업의 상생을 위한 여러 정책영역으로 확대되었다. 사회적 가치 실현을 위한 사회적 기업 인증 역시 동반성장의 한 형태로 볼 수 있다. 이런 동반성장에 대해 애덤 스미스 관점에서 어떤 평가를 할 수 있을까?

동반성장위원회는 "기업 간 사회적 갈등 문제를 발굴·논의하여 민간 부문의 합의를 도출하고 동반성장 문화를 조성하는 데 구심체 역할을 하겠다"고 설립목적을 밝히고 있다.[24] 이를 위한 주요 역할로는 동반

---

24 동반성장위원회(https://www.winwingrowth.or.kr/01_winwin_01_01_role.

성장 문화 확산, 대기업의 동반성장지수 선정 및 공표, 중소기업 적합업종·품목 기준 마련과 합의·점검, 소상공인 생계형 적합업종 지정 추천, 대·중소기업 간 거래상·업종 간 갈등요인을 발굴해서 사회적 합의 도출, 동반성장 성공모델 발굴과 우수사례의 확산, 대·중소기업 대표단체들 간 소통의 중추 역할 및 규범준수 교육을 수행하고 있다.

애덤 스미스가 동반성장의 취지를 반대했을 것 같지는 않다. 신중(prudence)[25], 정의(justice)와 함께 자혜(beneficience)의 덕을 강조한 것이 그다. 사람들이 다른 사람을 돕는 것은 그 자체로도 칭찬할 만한 것이며, 사회 전체로 보아서도 자원을 보다 효율적으로 사용할 수 있도록 만들어준다. 부자에게는 덜 필요하거나 굳이 가지지 않아도 되는 물품들이 가난한 자의 생계에는 필수품인 경우도 많다. 이것은 대기업과 중소기업 등 기업 규모와 역량 사이에서도 마찬가지일 것이다. 대기업이 중소기업에 비해 시장경쟁에서 상대적으로 우월할 가능성은 높다. 이런 상황에서 대기업이 중소기업을 이해하면서 사업을 한다면 그 자체로 자혜의 덕을 수행한 것이 된다.

그런데, 이 정책이 규제가 되어버리면 다른 문제가 된다. 정부가 규

---

do)

25 애덤 스미스는 신중(prudence)을 강조했다. 이것은 사회의 동감의 범위 내에서 자기애(self-love)의 행위를 하는 것을 말한다. 이를 위해서는 이성과 자기 통제의 덕목이 필요하다. 자신의 행위가 다른 사람에게 초래할 영향을 고려할 수 있어야 하고, 스스로 절약과 근면, 절제를 기울인다는 것이 그것이다. "무엇보다도 우선 우리 자신에게 가장 유용한 자질들은 뛰어난 이성과 사고력으로서, 이것들에 의해 우리는 모든 행동이 수반하는 먼 장래의 결과들을 식별할 수 있고 그 결과들로부터 초래될 것 같은 이익이나 손해를 예견할 수 있다. 그리고 두 번째는 자기 통제로서, 이를 통해 우리는 일정한 미래의 시점에 한층 더 큰 즐거움을 얻거나 한층 더 큰 고통을 회피할 목적으로 현재의 즐거움을 억제하거나 현재의 고통을 감내할 수 있게 된다. 모든 미덕 가운데 개인에게 가장 유용한 덕목인 신중의 덕은 이 두 가지 자질의 결합 속에 존재한다."(『도덕감정론』, 6부 1편)

제를 만들어 대기업과 중소기업 시장을 인위적으로 구분하고, 동반성장 지수를 만들어 대기업에 동반성장에 기반한 경영을 강요한다면 어떻게 될까? 한국 동반성장 정책의 문제는 여기에서 출발하며, 애덤 스미스의 비판 지점도 규제를 통한 동반성장의 강제, 바로 여기에 있다.

이미 설명한 것처럼 애덤 스미스는 자혜의 덕에 경의를 표했지만 그것을 강제하는 규칙에는 명확한 반대를 표했다. 이것은 근대 이후, 자유로운 개인의 출현과 그 사회철학을 세우려는 그에게는 당연한 논리적 귀결이었다. 만약 어떤 정부가 특정한 개인, 기업에 선의를 강제하는 규칙을 도입한다면, 그것이 아무리 '착한' 것이라고 할지라도 결과적으로 그 개인의 자유를 제한하는 것이 된다. 사실 이런 강제적 규칙은 시행과정에서 타당성도 보장할 수 없는데, 획일적일 수밖에 없는 정부규칙으로는 사람들마다 각각 다른 사회적 니즈를 자혜의 이름으로 성공적으로 보완할 수 있는 완전한 규칙을 만드는 것이 불가능하기 때문이다. 결국 자혜를 강제하는 규칙은 분명 누구에게는 보다 많은 혜택을 부여하는 것이지만, 다른 누군가에게는 사회적으로도 보다 나은 곳에 쓰여 보다 많은 사람들이 혜택을 보았을 수도 있는 기회의 상실을 의미하게 된다. 무엇보다 이런 강제는 그 자체로 근대 개인의 철학에 부합하지 않는다. 애덤 스미스가 자혜를 장식에, 정의를 기둥에 비유한 것은 바로 이 때문이다.

동반성장위원회에서 수행하는 사업 중 핵심이 중소기업 적합업종이다. 대·중소기업상생협력 촉진에 관한 법률 제20조2에는 동반성장위원회의 업무 중 하나로 적합업종의 합의 도출 및 공표에 관한 사항을 규정하고 있다. 동반성장위원회 홈페이지에는 이 정책의 의의로 "대기업의 무분별한 진출로 중소기업 경영 악화를 초래한 경우, 사회적 합의를 통해 다양한 역할분담 기준을 제시하고, 중소기업이 경쟁력을 확보할 수 있는 기회를 제공하기 위함"으로 밝히고 있다. 이 제도에 따라 중소기업자단체가 동반성장위원회에 적합업종을 신청하면, 실태조사를 거쳐 조정협의체·실무위원회·동반성장위원회 심의를 거쳐, 적합업종을 정하게 된다. 이 과정에서 합의에 이르지 못하는 경우, 동반성장위원회는 중소벤처기업부에 사업조정을 신청할 수 있다. 합의된 적합업종에 대해서는 최초 3년, 연장 시 추가 3년의 보호기간에 대기업 등의 진입자제, 확장자제, 사업축소 등의 권고가 이루어진다. 동반성장위위원회는 이런 사항에 대한 이행점검을 수행한다. 2011년부터 이루어진 이 제도로 2023년 9월, 113개 업종이 적합업종으로 지정되어 있다. 한편 동반성장위원회에서는 생계형 적합업종 사업도 수행하고 있는데, 이들 업종은 동반성장위원회가 신청하면 중소기업벤처부가 지정한다. 5년 주기로 적합업종 해제 심의를 하고, 이들 업종에 대해서는 예외적인 경우를 제외하고는 대기업 등의 진입·확장이 원칙적으로 금지된다.

이렇게 엄격한 진입규제를 적용한 동반성장위원회의 적합업종 정책을 과연 자혜의 실현으로 볼 수 있을까? 김민호(2022)는 중소기업 적합업종의 경제적 효과에 대해 정책 도입 후, 대기업의 생산과 고용활동은 위축된 데 비해, 중소기업 활동은 크게 변화하지 않은 것으로 분석했다. 이 정책은 적합업종 내 중소기업의 퇴출확률을 낮추는 데는 기여했지만 중소기업의 경쟁력을 신장하는 데는 한계가 있었던 것이다.[26] 또

26 김민호(2022)의 분석결과를 구체적으로 요약하면 2008~2018년 동안 전체 품목 출하액 중 적합업종 품목 출하액의 비중에서 대기업은 1.2%에서 0.5%로 대폭 낮아졌으나 중소기업은 7.9%에서 7.6%로 유사했지만 같이 낮아지는 추세를 보였다. 종사자 수에서 보면, 2008년 종사자 수 10인 이상 사업체 중 적합업종 품목 생산업체가 10.6%에 이르고, 해당 업체들이 전체 부가가치 중 15.1%, 12.5%를 차지한 반면, 2018년에는 사업체 수 비중은 10.3%로 크게 변화하지 않은 반면, 부가가치와 종사자 수 비중은 각각 10.0%, 10.9%로 감소했다.

한 해당 적합업종 시장을 놓고 보면, 오히려 전체적으로 일자리가 줄어들고 부가가치도 줄어드는 효과를 확인하기도 했다. 자혜의 실현이란 취지에서만 보면, 이 정책은 성공적일 수도 있다. 어쨌든 중소기업의 퇴출확률을 낮추는 데는 기여했기 때문이다. 애덤 스미스가 이 정책을 지지한다고 할 수 있을까? 오히려 적합업종 10년의 정책실험 결과를 보면 애덤 스미스가 자혜는 그 큰 의미에도 불구하고 왜 강제하면 안 된다고 했는지를 알 수 있다.

그런데 애덤 스미스가 강조한 자혜의 덕을 두고 동반성장의 근거로 주장하는 오해가 있다. 동반성장 정책을 국가가 실현하는 것을 강조하는 근거로 애덤 스미스를 활용하지만 이것은 분명 잘못된 논리다. "… 공정한 관찰자 역할을 확대하여 정부가 독점이나 폭리 등의 불공정한 사태에 개입해 공정을 유지하도록 하는 것을 정의의 덕이라고 했다. 자혜의 덕은 경제 활동을 할 능력이 없는 소외계층을 적극적으로 돕는 것이다. 스미스는 정의가 경제사회의 기둥이며, 자혜는 그 지붕이라고 보았다. 기둥이 무너지면 모든 것이 무너지고, 지붕이 부실하면 세찬 비바람을 피할 수 있는 안정된 생활이 위협받는다는 뜻이다."[27] 이것은 정운찬(2018)이 이익공유, 중소기업 적합업종, 정부의 적극적인 중소기업으로부터의 구매 증가를 주장하면서 내세운 근거다. 자혜가 지붕인 것은 분명하나 애덤 스미스가 남긴 글 어디에도 그것을 국가가 실현해야 한다는 부분은 없다.

원래 강제된 자혜는 자혜가 아니다. 규제일 뿐이다. 그런 규제의 효과는 규제로 보호받는 사람에게는 혜택을, 그렇지 못한 사람에게는 손해를 유발한다. 정부규제의 이런 효과를 알고 있는 사람들은 어떻게든

---

27 정운찬(2018), "사회작동원리로서의 동반성장", 『경향신문』 2018. 12. 17일자.

자신에 유리한 규제가 만들어지길 바란다. 정부에 규제도입을 요구하게 된다. 그래서 강제된 자혜 속에서 포착해야 할 지점은, "무분별한 대기업 진출로 인한 중소기업 경영악화에의 대응"이란 자혜의 미덕 뒤에 숨은 "중소기업의 안정된 업역보장이란 이름의 정부에 의한 지대창출(rent creation)"이다. 적합업종 규제로 손해를 본 사람들을 보자. 김민호(2022)의 분석에 의하면, 대기업도 그중 하나지만, 실업자도 많아졌으니 이 정책이 없었더라면 상당수 가능했을 일자리 상실도 있었다. 부가가치도 낮아졌으니 정부의 세수도 줄어들었을 것이고, 소비자가 누릴 수 있었을 보다 높은 서비스 경험도 실현되지 못했을 것이다. 사실 중소기업도 퇴출 가능성은 낮아졌겠지만 시장경쟁력은 오히려 낮아졌으니 종국엔 이익이 되었는지도 의문이다. 기업은 경제적 이익을 확대·창출하는 방식으로 사회에 기여한다.

> *"누가 중상주의 체제의 전체를 만든 사람들인지 밝히는 것은 어려운 것이 아니다. 소비자와 같이 자기의 이익이 전적으로 무시된 사람들이 아니라, 생산자와 같이 자기의 이익이 매우 세심하게 고려되었던 사람들이다. 이들 중에서도 상인과 제조업자야말로 가장 중요한 자들이다. 중상주의 규제에서 제조업자의 이익이야말로 유별나게 돌보아졌고, 이를 위해 소비자의 이익보다는 다수의 다른 생산자 집단의 이익이 희생되었다."*

『국부론』 제4부 앞부분에 나오는 내용이다. 이런 의미에서 중소기업 적합업종은 자혜의 덕에서 출발했지만 그 결과는 특정한 집단의 이익만을 보호하기 위해 다른 경제주체의 이익 실현 기회를 상실시키는 지대창출 경제를 낳았다. 이 정책으로 중소기업은 자신의 경쟁력 제고를 위해 고민해야 할 시간 중 일부를 적합업종 신청서를 작성하고, 적합업종 정책 유지를 건의하는 데 활용하고 있다. 이 역시 규제 지대 창출의 결과다. 그리고 애덤 스미스가 가장 반대한, 규제에 의한 특혜 경제 운용이기도 하다.

2) 대기업집단 규제정책

대기업집단 규제정책은 독점규제및공정거래에관한법률(이하 공정거래법)[28]에 규정되어 있다. 한국의 공정거래법의 중요한 특징은 여느 경쟁법과 같이 기업의 경쟁제한행위에 대한 규제와 함께 경제력 집중 억제규제가 있다는 것이다. 이들 경쟁제한행위와 경제력 집중규제를 모두 갖는 이런 법체계는 그 모순적 성격으로 법적 정합성이 떨어진다는 지적이 있다(주진열, 2021). 경제력 집중은 얼마나 집중되어야 집중된 것인지, 과연 경제력 집중 그 자체가 규제되어야 할 기업 현상인지에 대해서는 근거가 없으며, 경제력 집중을 이유로 기업규제제도를 갖고 있는 국가를 한국 외에는 찾아보기 어렵다는 사실 때문이다(김진성, 2019).[29]

---

28 공정거래법은 일본과 유럽의 경쟁법을 모델로 1981년에 도입되었고, 경제력 집중, 경제민주화 등의 논거로 대기업 집단에 대한 규제가 포함되어 있다.

29 기업집단 규제는 외국에는 거의 없는 한국 특유의 규제다. 다만 독일과 일본에는 기업집단 규제가 존재한다. 독일은 지배회사에 의해 종속회사의 소액주주나 채권자의 이익이 손해를 보는 것을 방지하기 위해 주식법에 기업집단 규제를 명시하고 있으며, 일본은 지배회사나 그 주주를 보호하기 위한 목적으로 기업집단 규제가 도입되어 있다(김성화, 2017). 그러나 이것은 한국의 기업집단 규제의 취지와는 상당히 다르다. 한국의 경우 대기업의 사회적 영향력이 커짐에 따라 이들의 경제력 집중 문제와 일부 재벌의 사익편취에 대응하기 위한 측면이 강하다(김진성, 2019). 즉 한국의 기업집단 규제는 기업규모 그 자체를 이유로 공시 등 사전의무, 총수일가 지분 보유, 의결권 제한 등을 요구하고 있으며 공시위반의 경우 매우 높은 수준의 과태료를 부과하고 있다. 또한 공시에는 내부

그렇다면, 한국의 대기업집단에 대한 경제력 집중을 이유로 한 규제정책은 애덤 스미스의 시각으로 어떻게 평가할 수 있을까?

공정거래법에 따른 대기업집단 지정기준은 공시대상기업집단과 상호출자제한기업집단으로 나뉜다. 공시대상기업집단은 자산 5조 원 이상, 상호출자제한기업집단은 자산총액 GDP 0.5% 이상인 기업집단에 해당한다.[30] 이때 기업집단이란 지분율 기준으로는 동일인이 단독으로 또는 동일인관련자와 합해서 우선주를 제외한 당해회사의 발생주식의 30% 이상을 소유하고 있는 최다 출자자인 회사를 의미하고, 지배력 기준으로는 동일인이 임원의 2분의 1 이상을 선임하거나, 회사의 조직변경, 신규사업투자 등 주요의사결정이나 업무집행에 지배적 영향력을 행사하는 경우, 동일인 지배회사와 당해회사 간의 임원겸임, 인사교류의 실시, 통상적 범위를 초과하여 동일인 관련자와의 자금·자산·상품·용역거래, 채무보증·피보증 및 계열회사로 인정될 수 있는 영업상 표시행위 등 사회통념상 동일체로 인정되는 회사를 의미한다(공정거래법 시행령 제3조). 이때 동일인관련자는 자연인으로는 배우자, 6촌 이내의 혈족, 4촌 이내의 인척이 있다.

이런 대기업집단에 대해서는 공시대상기업집단은 2023년 82개(소속회사 3,076개)가 지정되어 있으며, 이 중 48개 집단(소속회사 2,169개)은 상호출자제한기업집단이다. 공시대상기업집단에 대해서는 공정거

거래 규모를 분기별로 요구하는 등 규제의 강도도 매우 강하다. 이런 면에서 같은 기업집단 규제라고 하더라도, 그 취지와 내용에 있어서 한국의 기업집단 규제는 독일이나 일본과는 다른 특이성을 갖고 있음을 알 수 있다.

30 공정거래법상 대기업집단 지정기준은 2016년 공시대상기업집단(자산 5조 원 이상), 상호출자제한기업집단(10조 원 이상)으로 이원화된 후, 2020년 12월 동법 개정으로 상호출자제한지정기준에 대해 자산총액이 GDP의 0.5% 이상인 기업집단으로 경제규모에 대비해 지정하는 것으로 변경되었다.

래법 제11조의4에 따라 일반현황, 주식소유현황, 지주회사 등이 아닌 계열회사 현황, 2개의 계열회사가 서로 주식을 취득 또는 소유하는 상호출자 현황, 순환출자현황, 채무보증 현황, 취득 또는 소유하고 있는 국내 계열회사 주식에 대한 의결권 행사 여부, 특수관계인과의 거래현황을 공시하도록 되어 있다. 상호출자제한기업집단에 속하는 국내회사는 자기의 주식을 취득 또는 소유하고 있는 국내 계열회사의 주식을 취득 또는 소유해서는 안 되며 이는 벤처투자회사인 경우에도 마찬가지다. 또한 순환출자도 금지되어서 순환출자를 형성하는 계열출자는 금지되어 있으며, 계열출자를 한 회사의 경우 대상회사의 주식에 대해서는 의결권 행사가 금지되며 채무보증도 금지된다. 또한 상호출자제한기업집단에 속하는 국내회사로서 금융업 또는 보험업을 영위하는 회사는 취득 소유하고 있는 국내 계열회사 주식에 대해 의결권을 행사할 수 없다.

이들 대기업집단 규제는 기업의 규모에 대한 규제로 요약된다. 기업이 클수록 시장지배력, 영향력이 높아져 중소기업에 대한 이익편취, 기술탈취뿐만 아니라 기업 간 내부거래 등으로 불공정거래가 발생할 수 있다는 이유 때문이다. 그런데 우리나라는 대기업의 비중이 OECD 국가 중에서도 가장 낮은 수준이라는 점을 고려한다면 기업이 크면 과연 그 자체가 문제인지를 확인해볼 필요가 있다. 또한 우리나라에서는 대기업이라 하더라도 세계적인 수준으로 보면 상대적으로 크지 않은 기업이 상당한 것도 주목할 필요가 있다. 이미 밝힌 것처럼 포춘선성 기업순위에서 100위 내는 2개, 300위 내는 6개, 500위 내는 16개가 있다. 이렇게 본다면, 상호출자제한기업집단 중 32개의 기업은 적어도 500위권 밖의 기업이 된다.

물론 애덤 스미스는 소수의 기업의 담합에 의한 시장교란 행위에 대해 강하게 우려했다. 그리고 상인들의 담합에 의한 시장독점화와 지대추구를 경계하기도 했다. 상인들의 공익을 해하기 위한 책략을 의심한 것이 그였다. 그리고 이 부분은 불공정행위에 대한 규제가 필요한 논리와 부합하는 것이다. 그러나 기업의 크기 그 자체가 문제되는 것이고, 기업 크기에 따른 각종 행위규제, 혹은 시장진입규제를 적용해야 하는 것은 전혀 다른 논리다. 이것은 규모가 큰 기업 모두를 마치 잠재적인 담합, 불공정행위 수행자로 간주해 사전적으로 규제하는 것이기 때문이다. 여기서 자본축적, 시장 크기, 분업의 관계에 대한 그의 논리를 쫓아가볼 필요가 있다.

애덤 스미스는 『국부론』에서 분업의 효과를 제시하면서 시장의 크기를 같이 논파했다. 분업은 교환능력의 크기, 즉 시장의 크기에 제한을 받는 것으로 시장이 매우 작을 때에는 분업이 발생하기 어렵다고 했다. 이 경우 자신의 잉여 부분을 다른 사람의 생산물 중에서 자기가 필요한 것과 교환할 수 없기 때문이다(『국부론』, 1편 3장). 그는 여러 나라의 사례를 들면서 해안지대, 하천 등지에서 초기 시장이 발달한 이유도, 이런 곳에서는 더 넓은 시장이 생겨나서 산업이 세분되어 발전한다고 했다. 시장의 크기는 분업의 정도를 결정하고, 오늘날 이런 분업은 기업을 통해 이루어진다. 시장에 다양한 제품이나 서비스를 생산·거래하는 기업이 많아지면 많아질수록 시장이 확대되기 때문이다. 한편 애덤 스미스는 자본축적 역시 분업 정도에 영향을 미치는 요소로 보았다. 자본축적을 통해 분업에 필요한 생산 공정의 고도화와 기술의 발전이 가능하기 때문이다. 철사를 다루는 기계장치가 있을 때가, 수작업만으로 분업을 할 때보다 핀 공장에서의 분업이 더욱 가속화될 수 있다. 이런 이유로 기업은 분업의 효율성을 제고하기 위해 자본을 축적하게 되고, 그 과정에서 규모가 커지게 된다. 오늘날 세계 시장은 애덤 스미스 시대보다 훨씬 커지고, 기업의 규모도 훨씬 커진 이유도 분업을 가속화하기 위해 자본을 축적한 기업들과 이들로 인한 시장교환의 폭발적 증가에 기인한 것이다.

한편 한국은 기업규모에 따른 차별규제가 상당한 국가다. 전경련(2023)에 의하면 한국은 기업 규모에 따른 차별규제가 61개 법률에 342개가 존재하며, 공정거래법이 67개, 금융지주회사법에 53개 순으로 그 숫자가 많다고 한다. 이들 중 제정된 지 20년이 지난 규제는 30.1%에 이른다. 2022년 한국의 국내총생산(GDP)은 1조 6,652억 달러인 데 비해 2002년에는 6,272억 달러였다. 20년 동안 경제규모가 2.5배 정도 늘어났는데도, 기업규모별 규제의 30%가 변화 없이 그대로 적용되었다면 규제개선의 필요성이 상당할 것임을 짐작할 수도 있다. 참고로 기업집단규제에서 공시대상기업집단 기준인 자산총액 5조 원 기준도 2009년 이후 그대로다.

따라서 기업의 규모, 그 자체를 두고 규제하는 것은 분업을 통한 시장의 발달의 순리를 제시한 애덤 스미스의 관점에서 보면 타당하지 않은 것이 된다. 실제로 한국 이외의 국가에서는 기업의 규모에 대한 규제를 하지 않는 것도 이 때문이다. 한국에서도 공정거래법에 기업규모에 대한 공시대상기업집단과 상호출자제한기업집단으로 나누어 규제를 하면서도 이를 국내 기업에만 적용하는 것으로 되어 있다. 이는 동일, 혹은 그 이상 수준의 외국 대기업에는 적용하지 않는 것으로, 역설적으로 외국의 기업은 자본축적을 통해 기업규모를 확대해가며, 시장에서의 영향력을 키우는 데 비해, 한국의 기업은 이들과의 경쟁에서 국가가 나서서 규제하는 모순적인 상태이기도 하다.

3) 사회적 기업 정책

사회적 기업은 영리기업과 비영리기업의 중간행태로 사회적기업 육성법 제2조 제1호에 의하면 취약계층에게 사회서비스 또는 일자리를 제공하거나 지역사회에 공헌함으로써 지역주민의 삶의 질을 높이는 등 사회적 목적을 추구하면서 재화 및 서비스의 생산·판매 등 영업활동을 하는 기업을 의미하는데, 정부는 사회적 기업을 인증하고 예비사회적 기업을 지정하고 있다. 2023년 9월, 사회적 기업은 3,598개, 예비 사회적 기업은 1,502개가 있다. 사회적기업육성법에 의하면 사회적 기업은 취약계층에 사회서비스나 일자리를 제공하여 주민의 삶의 질을 높이는 동시에 영업활동도 하는 기업으로, 고용노동부 장관으로부터 인증을 받은 기관으로 정의하고 있다. 고용노동부로부터 이 업무를 위탁받아 수행하고 있는 한국사회적기업진흥원은 사회적 기업의 특징으로 지속가능한 일자리 제공, 지역사회 활성화, 사회서비스 확충, 윤리적 시장 확산을 들고 있기도 하다.[31]

이런 사회적 기업은 애덤 스미스의 시각에서 보면, 매우 어색하다. 물론 애덤 스미스는 정부의 역할로 공공사업을 제시했고, 이것은 공공재(public goods)의 공급을 위해 정부가 추진하는 사업으로 해석할 수 있다. 통상 정부는 이런 공공재 공급을 공기업을 통해 수행하게 된다.[32] 그

---

31 한국사회적기업진흥원(https://www.socialenterprise.or.kr/social/ente/concept.do?m_cd= E001)

32 공공재란 명목으로 정부 개입의 근거를 드는 이론은 경계할 필요가 있다. 공공재와 사적재는 상대적인 구분이고, 특정한 시점에 비배재성과 비경합성을 갖는 공공재라고 하더라도 기술의 발전으로 사적재의 성격을 갖는 경우도 많다. 또한 어떤 사회에는 공공재인 것이 다른 사회에서는 사적재로 취급되는 것도 있다. 따라서 공공재를 명목으로 정부 개입의 타당성을 확립하기 위해서는 이에 대한 면밀한 분석이 필요하다.

런데 사회적 기업은 민간에 있는 기업 중에서 정부가 그 기업의 사업취지를 가려 사회적 기업으로 인증하고 이에 대해 재정지원과 조달시장에서의 우선구매 등 정책적 지원을 제공하는 방식으로 설계되어 있다. 민간에서 자생적으로 만들어지는 기업과는 달리 사회적 기업은 정부의 인증으로 성립하는 것이다. 사회적 기업 인증요건은 조직형태, 고용, 의사결정구조, 정관에 걸친 항목이 존재하는데, 유급근로자의 고용, 서비스의 수혜자와 근로자 등 이해관계자가 참여하는 의사결정구조를 갖출 것, 영업활동을 통해 얻는 수입이 노무비의 50% 이상일 것, 이윤의 3분의 2 이상을 사회적 목적을 위해 사용할 것 등의 기준이 있다.

한편 서울시에서는 사회적 경제 기업 간 경쟁제한제도를 통해 실내건축, 청소, 행사공연, 간병, 경인쇄, 화장지, 식품에 대해서 사회적 경제 기업만 입찰에 참여할 수 있도록 하기도 했다. 그런데 이렇게 되면 이들 제품을 생산하면서도 사회적 기업이 아닌 기업은 해당 조달시장에 진입이 불가능해지는 역설이 발생하게 된다. 정부가 어떤 기업을 두고 사회적 기업이라는 이유로 별도의 시장을 보호해주는 이런 논리는 분업을 고도화하기 위한 시장규모의 확대를 설명한 애덤 스미스의 논리에 비추어서도 타당하지 않을 뿐만 아니라 불공정한 것이기도 하다.

시장은 교환이 이루어지는 장소로 그 교환의 대상물에 대한 특정한 정부 개입은 예외적인 경우를 제외하고는 자제되어야 한다. "법이 전혀 개입하지 않는다면, 사람들의 사적 이익과 열망이 자연스럽게 모든 사회의 자본을 (…) 가능한 한 사회 전체의 이익이 가장 합치되는 비율로 나누고 배분하도록 이끈다(『국부론』 제4편 7장)"라는 애덤 스미스의 관점에서 보면, 정부가 특정한 가치를 실현한다면서 사회적 기업 인증요건 등의 기준을 세워 사회적 기업을 정하고 이들 기업에게 보다 우대를 해주는 정책은 사회적 자원의 자연스러운 배분을 통한 최적화의 프로세스를 방해한다. 정부가 정한 특정한 의사결정구조와 수입구조, 이윤 사용 방식을 충족하는 기업이면서 취약계층에 사회서비스나 일자리를 제공하는 목적의 기업이 그렇지 않으면서도 수많은 일자리와 사회서비스를 제공하는 기업보다 시장에서 차별적 대우를 받아야 할 논리는 없는 것이다.

물론 정부 입장에서는 기왕이면 일자리를 많이 창출하는 기업, 사회적 약자를 고용하는 기업, 사회서비스를 제공하는 기업에 대해 우대해주면 더 나은 사회를 만들 수 있다고 생각하겠지만 이것은 단견이다. 왜냐하면 이들 기업과 동일·유사한 제품이나 서비스를 제공하면서도, 사회적 기업으로 인증받지 않은 기업과 경쟁에서 차별을 야기하는 것이기 때문이다. 그 결과 사회적 기업으로 인정받지 않은 기업에서 창출할 수 있었던 부가가치, 고용 등이 사회적 기업에 대한 인증과 지원으로 상쇄된다. 결국 정부의 사회적 기업 정책은 새로운 가치, 더 많은 부를 창출하는 것이 아니라 부의 이전에 불과하고, 그런 부의 이전은 시장에서 더 경쟁력과 효율성이 있었을지도 모르는 기업의 성과를 재분배하는 것이기 때문에 전체 사회의 부가가치는 오히려 줄어들 가능성이 높다.

> "제조업자가 소매상의 일을 하지 못하게 막는 법은 분업이 더 빠르게 진행되도록 강제하려는 것이었다. (…) 그러나 이 법은 자연적 자유를 명백히 침해한 것으로 부당하다. 이런 일들은 절대 강제하거나 방해하지 않은 것이 사회에 이익이 된다. (…) 법은 언제나 사람들이 자신의 이익을 돌보도록 맡겨두어야 한다. 사람들이 일반적으로 자신이 처한 특수한 상황에서 입법자보다 더 잘 판단할 수 있기 때문이다."(『국부론』 제4편 5장)

애덤 스미스의 이 말은 사회적 기업에 대한 비판에 가장 적절한 것이다. 기업이 그 이익을 추구하는 과정에서 사회적 가치를 창출하는 것은 자연스러운 것이고, 그것이 가장 바람직함에도 불구하고, 만약 정부가 나서서 분업을 촉진하겠다며, 일자리를 더 많이 창출하겠다며 소매상을 진입장벽으로 보호해주거나, 제조업자의 사업 활동을 규제하는 것은 그렇지 않았으면 가능했었을 사회적 이익을 상실하게 만드는 것이기 때문이다.

이런 면에서 사회적 기업에 대한 정부 지정은 시장에서 당사자 간 경쟁 메커니즘에 정부가 특정한 목적으로 지정한 기업에 대한 우대가 이루어진다는 측면에서 타당성이 낮다. 시장의 자율적 메커니즘을 왜곡하기 때문이다. 정부 개입 없이 자율적으로 경쟁하고, 이를 통한 결과를 받아들이고 있는 공간에 정부가 특정한 경제주체에 대해 사업 기회를 더 많이 보장하거나 특별한 지원을 하는 것이다.

5. 결론

애덤 스미스의 『도덕감정론』과 『국부론』은 근대 이후, 사회제도 설계의 지침이었다. 그가 정의한 인간본성과 그에 기초한 사회제도 설계를 따른 국가는 부를 이룰 수 있었다. 2023년 지금 시점에서 보면, 그가 제시한 철학이란 다분히 상식적으로 보일 수도 있다. 그러나 이런 상식을 실제로 사회제도의 형성에 실현해내는 것은 쉬운 일이 아니다.

다시 애덤 스미스의 철학을 요약해보자. 인간은 서로 눈치를 보는 상호성에 따라 살아가며, 자기 안에 있는 관찰자의 경계로 선이 넘는 행동을 하지 않는다. 정부는 정의의 덕을 세워 만약에 있을 경계파괴 행위에 대해서는 엄격한 통제를 가해야 한다. 상호성을 갖는 자유인으로서의 개인을 구현하려면, 각자는 어느 정도 부를 갖고 있어야 하며, 이것은 인간의 교환 성향을 활용할 수 있는 분업을 사회에 작동시켜야 가능하다. 그런 분업은 자본의 축적과 시장의 크기에 의해 더욱 활성화된다. 그러면서도 그는 중상주의, 즉 보호주의에 기반한 특정 경제주체에 대한 특혜를 부여하는 국가 활동을 경계했다. 같은 업종에 종사하는 상인들, 제조업자들끼리의 담합과, 정부에 자신을 위한 특별한 제도를 요구하는 행태에도 우려를 표했다. 요컨대 자유의 가치의 보장과 이를 통한 개개인의 부의 실현은 자기 안의 관찰자를 가진 인간본성을 최대한 구현하게 하고, 사람들 스스로 상호적 문제해결 능력을 고도화시킬 수 있다. 이것이 그가 본 사회발전의 동학이었다.

흔히 자유방임을 주장한 학자로 오해받는 애덤 스미스이지만, 그는 인간, 시장, 정부에 대한 깊이 있는 천착을 통해 그 조화로운 시스템을 순리로 작동시킬 방안을 고민한 학자였다. 그래서인지 애덤 스미스는 정부 개입을 옹호한 학자로 인용되기도 했다. 방대한 그의 철학을 두고 여기저기 학자들의 입맛에 맞게 가져다 쓰다 보니 생긴 일이었다. 애덤 스미스가 태어난 지 300년을 맞아, 그의 철학을 정확하게 이해하려 정리하고, 그에 따라 한국사회의 규제풍토를 돌아보는 연구가 필요한 것은 이 때문이다.

한국은 규제가 강한 국가다. OECD, 프레이저 연구소(Fraser Institute)의 자료에서도 확인할 수 있다. 반기업 정서도 강하다. 정부규제를 통해 시장을 교정하려는 시도도 많고, 다른 국가에는 존재하지 않는 규제도 많다. 그래서인지 대기업규제를 유독 강조하는 한국에 대기업 수가 오히려 훨씬 적다. 재벌의 일감 몰아주기, 기술편취와 같은 불공정행위를 바로잡는 것이야 애덤 스미스의 관점에서도 타당할 수 있지만, 그렇다고 대기업이라고 무조건 사전적 규제를 적용하고, 대기업집단에 대한 출자제한과 같은 기업성장에 필요한 자본축적 메커니즘에 규제를 가하는 것까지 애덤 스미스를 들어 옹호할 수는 없다.

한국의 이런 규제친화 풍토는 개인에 대한 불신에 비롯된 것이다. 사고가 나면 금방 규제가 만들어진다. 규제로 사회문제를 해결할 수 있다는 직관적이며 단순한 논리에 기댄 결과다. 그런데 규제는 만능이 아니다. 2022년 9월, 대전광역시 현대 프리미엄 아웃렛 지하주차장에서 화재사고가 발생했다. 이 사고로 7명이 사망하고, 1명의 부상자가 나타났다. 이 사고 이후, 정부는 대형 유통시설에 대한 규제가 필요하다며 건축기준을 신설하여 지하주차장 내 제연가능 설비 등 소방시설 기준의 강화에 나섰었다. 그런데 이런 기준 강화로 화재사고 시, 사망자를 줄일 수 있을까. 사고 직후 대형판매업소 38곳에 대해 14일간 진행된 특별조사에서 양호를 받은 곳은 5개소뿐이었다. 있는 규제도 제대로 지키지 않는 상황에서 새롭게 만든 규제가 과연 제대로 지켜질지를 살펴볼 필요가 있다. 사실 현대 프리미엄 아웃렛 사고는 백화점이 문을 열기 전 이른 아침 지하층에 발생한 사고로, 화물차 고열로 배기구가 과열되며 주차장에 둔 종이상자에 불이 옮겨 붙은 것이 원인이었다. 화재수신기가 꺼져 있어 스프링클러가 제대로 작동하지 않았으며, 화재 시 빠른 탈출이 가능했을 수 있으나 셔터도 내려져 있었던 것으로 밝혀졌다.

이런 문제는 어떻게 해결될 수 있을까. 화재에 대한 규제가 필요하다는 건 애덤 스미스의 『국부론』에도 나온다.[33] 그러나 화재에 대비한

33 "불길이 번지는 것을 막기 위해 건물에 방화벽을 의무적으로 세우게 하는 것은 자연적 자유를 침해하는 것인데 (…) 이것은 은행업에 대한 규제와 같은 종류의 것이다." (『국부론』, 2편 2장) 이로부터 애덤 스미스가 화재로 건물에서 건물로 불이 옮겨 붙어 도시 전체가 불타는 것을 방지하기 위한 방화벽 규제를 지지했음을 알 수 있다.

규제가 필요하다는 그의 주장을 현대 프리미엄 아웃렛 사례에 적용해 규제가 필요하다는 단순논리를 만들어서는 곤란하다. 현대 아웃렛 화재는 스프링클러가 작동하지 않은 점, 화재 시 탈출이 어려웠던 현장상황, 원래도 있어서는 안 될 종이상자가 주차장에 적재되어 있었던 점이 원인이었다. 요컨대 기존의 규제가 제대로 작동했었더라면 사고가 발생하지 않았고 사고가 발생했다 하더라도 사망사고에까지 이르지 않을 수도 있었을 화재였다.

사회문제 해결에 규제를 대입하면 그때그때의 문제를 금방 해결할 수도 있겠지만 사실은 그렇지 않고, 오히려 정부에 의한 개입이 더 커진 결과, 개인의 자유가 줄어드는 결과를 초래할 수 있다. 사실 개인의 문제는 대체로 자기가 가장 잘 해결한다.

> “특혜를 주거나 제한을 가하는 모든 체제가 완전히 제거되면 명백하고 단순한 자연적인 체제가 저절로 만들어진다. 모든 사람은 정의의 덕을 위반하지 않는 한 완전히 자유롭게 자신의 이익을 자신의 방식으로 추구하고 자신의 노력과 자본으로 다른 사람과 경쟁할 수 있다.”(『국부론』, 4편 9장)

개인이 스스로 할 수 있는 일에 정부가 개입하면 안 된다는 것, 애덤 스미스가 가장 경계한 것은 바로 이 지점이었다. 정부규제는 이해관계의 공백에서 작동되는 것이 아니다. 어떤 규제이든 그것으로 혜택을 보는 집단과 부담을 지는 집단이 발생한다. 이것은 화재규제도 마찬가지다. 제연장치 설치를 강화하면 제연장치업자는 정부에 의한 새로운 시장이 만들어져 혜택을 본다. 이들의 이해는 화재방지라는 가치에 기대 규제가 강화될수록 커진다. 화재를 방지하거나 화재 이후 사망사고까지 이르지 않을 무수한 다른 방법, 사람들 스스로의 문제해결 방식이 있다는 사실은 규제를 만들 당시에는 인식되지 않는 경우가 많다. 그래서 당장 눈앞의 문제를 해결한다며 규제를 뚝딱 만들어내는 것은 애덤 스미스가 수도 없이 강조한 자생적 질서로서의 시장의 문제해결 능력을 이해하지 못했기 때문이다.

한국사회는 시장에 대한 반감도 크다. 교환이 이루어질 때마다 부가가치가 증대함으로써 희소한 사회자원을 보다 효율적으로 이동시키는 시장의 조정기능은 일찍이 애덤 스미스가 통찰한 부(Wealth)의 원천이다. 그가 중상주의를 통렬히 비판한 것도 이 때문이다. 그래서 교환을 더 많이 보장해주도록 시장기능을 보호하는 제도가 필요하다. 그런데 한국은 시장에 대한 정부 개입이 상당하다. 한국사회 시장에 대한 개입은 주로 시장의 배분적 결과를 사전적으로 수정하기 위해서다. 그러나 이것은 시장의 경쟁 메커니즘에 대한 인식이 부족한 것이다. 시장경쟁은 새로운 발견을 가능하게 해주는 원동력이다(Hayek, 1968). 경쟁이 치열할수록 경제주체는 새로움을 추구할 수밖에 없다. 그 과정에서 새로운 제품과 서비스가 창출된다. 이것은 곧 다른 시장주체들에 모방되어 모든 소비자들이 이전보다 더 나은 제품과 서비스를 향유할 수 있게 된다. 시장에서의 경쟁은 가격경쟁으로도 나타나기 때문에 경쟁이 많을수록 제품이 저렴해진다. 역시 소비자들에게 혜택이 크다. 이런 경쟁과정은 소비자만 혜택을 보는 것이 아니라 생산자도 혜택을 본다. 시장경쟁을 이긴 기업은 보다 강한 기업으로 경쟁력을 갖게 된다. 시장경쟁에서 져서 퇴출된 기업도 곧 다른 사업 기회를 모색한다. 그리고 이 중 일부가 다시 강한 경쟁력을 갖춘 기업이 되어 소비자에게 더 저렴한 가격에 더 나은 제품과 서비스를 제공하게 된다. 이 과정에서 정부가 할 일이란 정의의 덕(virtue of justice)을 엄격하게 실행하는 것뿐이다.

요컨대 시장에서의 경쟁은 누구에게나 힘든 과정이지만, 이 과정에서 기업도 소비자도 혜택을 보게 된다. 치열한 경쟁 속에 있는 운동선수가 힘든 훈련 속에서 보다 높은 수준의 역량을 갖추어가는 것과 같은 원리다. 이런 관점에서 본다면 동반성장 정책의 모순을 금방 이해할 수 있다. 사회적 기업이 반경쟁적·반시장적 정책임도 분명해진다. 상인이나 제조업자의 담합술수에도 날카로운 비판을 보낸 애덤 스미스가 정부가 나서서 특정 경제주체에 보호방패를 만드는 것을 옹호했을 리 없다. 따라서 사회적 기업을 명분으로 한 정부지원이 타당하지 않은 것도 당연하다.

애덤 스미스 300년, 한국사회 규제풍토를 조금이라도 낮추기 위해서는 사람들의 인간본성을 이해하고, 그에 기초한 자유인으로서의 개인의 문제해결 능력을 믿은 그의 철학, 분업과 교환, 시장을 통한 부의 창출 메커니즘을 설파한 그의 통찰, 담합과 중상주의와 같은 특혜적 제도를 비판한 그의 우려를 이해할 뿐만이 아니라 그의 철학을 지금 한국에서 벌어지는 정책을 이해하는 데 제대로 활용할 필요가 있다.

이제 이 장을 마무리하면서 그가 말한 다음 문장을 기억에 새겨보도록 하자.

> "나는 공익을 위한다며 사업한다는 사람들이 좋은 일을 많이 하는 경우를 본 적이 없다. (…) 자신의 자본을 어떤 산업에 투자할 수 있을지, 어느 생산물이 최대의 가치를 가질 것 같은지를 두고 모든 개개인이 그가 처한 특수한 사정에 따라 내리는 판단이 어떤 정치가나 입법가가 그를 위해 할 수 있는 것보다 훨씬 낫다는 것은 명백하다."(『국부론』, 4편 2장)

참고문헌

강영철(2021), "규제학회 20년, 미완성의 두드림, 새로운 준비", 『규제연구』 30(2), 3-10.

강영철·이혁우·김진국·옥동석·곽노성·배원기·이민창(2021), 『함께 못사는 나라로 가고 있다』, 서울: 윤성사.

김민호(2022. 8. 3.), "중소기업 적합업종의 경제적 효과와 정책방향", KDI 정책포럼 제289호.

김성화(2017), "EU 기업집단법제에 관한 검토: 규제의 전환을 중심으로", 이화여자대학교, 『법학논집』 22(2), 통권 60호.

김진성(2019), "기업집단 관련 주요법제의 국내외 동향", *KCGS Report*, 9(1).

민경국(2016), 『자유주의의 도덕관과 법사상』, 성남: 북코리아.

______(2021), 『자유론』, 성남: 북코리아.

사공영호(1998), "가부장적 행정문화 속에서의 규제기관 및 관료의 포획현상 연구", 『한국행정학보』 32(2), 113-129.

삼성경제연구소(2009. 6. 24.), "한국의 사회갈등과 경제적 비용", CEO Information 제710호.

아산나눔재단(2022), 『2022 스타트업코리아!』.

이혁우(2009), "지원정책 프로그램의 규제적 속성에 관한 연구", 서울대학교 박사학위 논문.

______(2021), 『규제를 규제한다』, 서울: 윤성사.

이황희(2018), "애덤스미스의 통치론에 관한 헌법학적 연구", 서울대학교 대학원 법학박사학위 논문.

장경덕(2023), 『애덤 스미스 함께 읽기』, 서울: 글항아리.

전경련(2023), "2023년 대기업차별규제 현황조사", 전국경제인연합회 보도자료.

조순(1989), "애덤 스미스의 사상과 한국의 경제사회", 조순 외, 『애덤 스미스 연구』, 서울: 민음사.

주진열(2021), "공정거래법상 경제력 집중 및 대기업집단 규제의 문제점과 개선방향", KERI 정책제언 21-03.

최병선(2002), "중상주의(신중상주의) 정책의 지대추구 측면에 관한 연구", 『국제지역연구』 11(4), 21-55.

Debes, Remy (2016), "Adam Smith and the Sympathetic Imagination," *Adam*

Smith: His life, thought and legacy, Ryan Patrick Hanley (ed.), Princeton University Press.

Edelman (2023), "Edelman Trust Barometer 2023," Global Report.

Hayek, F. A. (1968), "Competition as a discovery Procedure," lecture sponsored by the Institut für Weltwirtschaft at the University of Kiel.

IEP (2023), "Safety Perception Index 2023: Understanding the impact of risk around the world," IEP.

OECD (2017), *Entrepreneurship at a Glance*, Paris: OECD.

Paganelli, Maria Pia (2016), "Adam Smith and the History of Economic Thought: The Case of Banking," *Adam Smith: His life, thought and legacy*, Ryan Patrick Hanley (ed.), Princeton University Press.

Read, Leonard E. (1958). *I, Pencil: My Family Tree as Told to Leonard E. Read*, The Freedman.

Schliesser, Eric. (2016), "The Theory of Moral Sentiments," *Adam Smith: His life, thought and legacy*, Ryan Patrick Hanley (ed.), Princeton University Press.

Smith, Adam (1759), *The Theory of Moral Sentiments*, D. D. Raphael and A. L. Macfie (eds.), Indianapolis: Liberty Classics, 1982, 박세일·민경국(2009), 『도덕감정론』, 서울: 비봉출판사.

______ (1776), *An Inquiry into the Nature and Causes of the Wealth of Nations*, R. H. Campbell and A. S. Skinner (eds.), Indianapolis: Liberty Classics, 1981, 김수행 옮김(2009), 『국부론』(상), 『국부론』(하), 서울: 비봉출판사.

ADAM SMITH

제7장
애덤 스미스: 한국사회와 복지주의

최영백

1. 서론

한국은 1950년대 이래 큰 발전을 이루었다. 이 발전과정에서 한국은 서구·북미로부터 많은 기술과 문화를 습득했다. 그중에서도 특히 눈에 띄는 것은 복지주의의 도입이다. 한국에서는 복지주의를 선진화의 징표로 보고 열심히 따라가고 있다. 애덤 스미스 탄생 300주년을 맞아, 그의 사상의 관점에서 한국의 복지주의를 생각해보고자 한다.

2. 애덤 스미스와 현대 경제학

300년 전에 태어난 애덤 스미스는 두 개의 역작을 남겼다. 하나는 『국부론』이고, 또 하나는 『도덕감정론』이다. 18세기 대영제국의 중상주의 정책을 비판하고 자유시장의 우월성을 주장한 『국부론』은 1776

년 출판 후 큰 호평을 받았다. 또 『국부론』은 경제가 전체적으로 어떻게 돌아가는지를 설명한 첫 체계적 경제이론으로서 후대의 경제학자들에게 많은 영향을 끼쳤다. 그의 중심사상은 법치주의 안에서 각 개인이 자유로이 자신의 선을 추구하면 국민 전체가 풍요로운 사회를 이루게 되어 있고, 정부의 역할은 단지 법치주의를 통해 사회질서를 유지하는 것이다. 그의 주장은 고전 자유주의의 바탕이 되었다.

후대에 여러 사회개혁가들이 자유방임주의보다는 정부가 더 적극적으로 경제에 간여하여 삶의 질을 높이는 것이 옳다고 주장했고, 그 연장으로 현대 복지국가주의가 생겨난 것이다. 복지국가를 옹호하는 자들은 애덤 스미스에 대해 두 가지의 다른 생각을 가지고 있다. (주류를 이루는) 하나는, 반자본주의적 입장에서, 이기적인 인간의 이윤추구가 보이지 않는 손을 통해 조화된 공공의 선을 이루며, 정부는 기본적인 질서를 지키기 위한 야경원 역할이면 충분하다는 애덤 스미스의 주장은 믿기지 않는 이유에서 묵살해야 한다는 것이다. 왜냐하면, 자본주의의 여러 가지 병폐들을 고치기 위해서는 정부가 꼭 해야 할 일이 많기 때문이라는 것이다. (비교적 소수인) 다른 하나는, 반자본주의자들의 정부가 자본주의의 여러 병폐를 고쳐야 한다는 주장은 맞지만, 제대로만 이해한다면 애덤 스미스는 복지국가사상과 양립될 수 있는 인간관을 가지고 있기 때문에 일방적으로 묵살하는 것이 옳지 않다는 것이다.

나의 생각으로는 그 두 가지가 다 옳지 않다. 그 이유를 이해하기 위해서는 『국부론』과 『도덕감정론』을 다시 살펴볼 필요가 있다. 애덤 스미스는 『국부론』을 출판하기 전에 『도덕감정론』을 출판했다. 『도덕감정론』은 그가 글래스고 대학의 윤리학 교수였을 때 출판했다. 『도덕감정론』에서 그는 인간의 동감(sympathy)에 근거해서 의무도덕론(또는 덕의 윤리론)을 설파했다. 『국부론』은 애덤 스미스가 대학에서 사직한 뒤

17년 후에 민간학자로서 출판한 것이다. 『국부론』에서 그는 자신의 이윤만을 추구하는 각 인간의 자유로운 경제행위가 사회를 전체적으로 윤택하게 한다고 설파했다. 후대의 학자들은 『국부론』과 『도덕감정론』에서의 상충된 인간관을 놓고 '애덤 스미스 문제'라고 칭하고 많은 토론을 해왔다.

그러나 나의 생각으로는 그 같은 문제는 그의 사상을 전체적으로 이해하지 못하는 데서 생긴 일이다. 애덤 스미스가 자본주의의 원동력이 이기주의라고 했다는 것도 잘못됐고, 동감론 때문에 현대 복지국가론에 동조하리라는 생각도 잘못된 것이다. 『국부론』이나 『도덕감정론』을 보면 여러 곳에서 애덤 스미스가 가난한 사람들에 대해 동정심을 표하는 것을 보게 된다. 이것을 근거로 복지국가주의자들은 애덤 스미스가 복지국가론에 동조하리라고 주장한다. 그러나 이것은 그들이 보고 싶은 쪽으로 애덤 스미스를 보는 것이다. 왜냐하면, 그는 가난한 노동자들을 긍휼히 여겼지만 정부가 나서서 가난한 이들을 위해 무엇인가 해야 한다는 것에 대해 전혀 언급하지 않았기 때문이다. 이유는, 나의 생각으로는, 애덤 스미스가 가난한 사람들이 정부가 할 수 있는 무엇보다도 더 잘 자조할 수 있으리라고 믿었기 때문이다.

현대 경제학은 애덤 스미스가 『국부론』에서 이룩한 이론 체계 위에 세운 것이다. 물론, 현대경제학은 『국부론』 이후로 많이 변했다. 특히 중요한 것은 '한계 혁명(the Marginalist Revolution)'과 시장작동을 형식화한 '정태적 평형(static equilibrium)' 개념이다. 현대 경제학에서는 분석의 편리를 위해 많은 경제학의 중요한 개념들이 다음과 같이 간단하게 정리되었다. 자애(self-love)하는 인간은 경제인(economic man)으로, 경쟁은 완전경쟁으로, 자유경제 활동을 통한 발전은 신고전 경제학의 성장모델로, 문제를 해결하는 방도를 찾는 시장기능은 시장 실패로, 또 정부정책에 대한 회의론은 시장보다 나은 정책개발의 자신감으로 바뀌었다.

3. 자유시장에 대한 애덤 스미스의 관점

애덤 스미스는 처음으로 경제가 분업에 근거한 개인 간 교환들의 연결이라고 분석하여 많은 사람이 납득할 수 있도록 설파한 사람이다. 그의 인간관은 자애하는 인간은 자신에게 가장 바람직한 행동을 하게 된다는 것이다. 그는 이러한 인간이 법질서 아래 자유로이 개인의 안녕과 영위를 위해 행동하면, 그들의 행동은 시장과정을 통해 개개인이 원하지 않았어도 마치 보이지 않는 손에 끌린 듯이 사회적 협력과 조화를 이루게 된다고 설파했다. 그는 이러한 제도를 자유시장체제라고 불렀다. 그는 어느 개인이나 집단에게 경쟁으로부터 제외시키는 법적 특혜를 주는 것은 자유시장제도와 국가의 부를 해친다고 주장했다. 이것은 고전적 자유주의의 골자이기도 하다.

그러나 19세기 중반 이후 쏟아지는 자유시장제도(이때쯤부터 자본주의로 불림)에 대한 비판을 통해 자유시장제도에 대한 대중의 신뢰도가 점점 옅어져갔다. 사회비평가들은 부의 불평등, 독점기업, 주기적 경기침체, 빈곤층, 환경파괴 등 여러 가지 사회적 병폐가 자본주의의 필연적 산물이라고 주장했다. 그들은 애덤 스미스와 고전적 자유주의가 경제적 탐욕을 정당화하고, 빈한한 자의 어려움을 무시하는, 자본주의를 옹호하는 것이라고 폄하했다. 이기심이 시장경쟁을 통해 모든 사람에게 이로운 결과를 가져온다는 역설적 주장은 터무니없다고 비평했다.

"보이지 않는 손"의 가설이 옳은가 아닌가를 떠나서, 과연 애덤 스미스가 인간은 탐욕적이고 이기적이라고 했을까? 그는 『국부론』에서 독립적 인간 간의 교환관계에 있어서 인간행동의 동기는 자기애 내지 자기 이익추구라고 했다. 자기애와 이기심은 같지 않다. 이기심이라는 말은 타인을 전혀 고려하지 않고 지나치게 자신의 이익만을 챙긴다는 도덕적 판단을 함축하고 있다. 자기애는 자신의 행복을 위함이다. 이것은 보편적인 인간성으로서, 다른 사람에 대한 배려 또는 관심과 상충하지 않는다. 애덤 스미스는 『도덕감정론』에서 인간의 도덕 기준이 다른 사람이 나를 어떻게 판단할까, 내가 다른 사람의 행동에 어떻게 반응해야 할까 등을 고려하는 과정에서 생겨난다고 한다. 그는 인간의 도덕 기준을 가능하게 하는 것은 인간이 다른 사람을 헤아릴 수 있는 능력, 즉 인간의 동감에 근거한다고 설파했다. 동감은 통상 연민(憐憫)이나 동정(同情)으로 해석되었다. 그러나 애덤 스미스의 도덕이론 체계를 전체적으로 볼 때 현대에 쓰는 어휘 중 가장 가까운 말은 동감(同感)이다〔중용에 나오는 충(忠)이나 서(恕)와 같은 뜻이다〕. 애덤 스미스는 예의범절과 도덕심, 정의감, 양심, 미덕이 인간의 동감력에 근거한다고 설파했다. 그의 도덕체계에서 볼 때 독립적 인간 간의 교환에서의 합리적 행동(신중, prudence)은 비판받아야 할 도덕적 결함이 아니라 칭찬받을 만한 미덕이다.

존 로크나 토머스 홉스의 사회계약설에 비해, 애덤 스미스는 인간사회가 자생적 도덕 규범을 통해 질서를 유지할 수 있다고 주장한다. 하지만 경제가 발전하고 분업의 범위가 넓어지면 사회를 구성하는 인간의 수가 많아지게 되고, 하층 집단(sub-group) 간에 도덕 규범에 관한 상충하는 이해가 생기기 때문에 사회질서를 유지하기 위해 공통된 정의가 필요하게 된다. 이것이 애덤 스미스가 『도덕감정론』에서 법의 질서를 말하게 된 이유다. 『국부론』에서 애덤 스미스는 개인의 생명과 재산, 또 개인의 자유를 임의적 침해로부터 보호하는 법질서가 없으면 사회는 붕괴될 수밖에 없다고 설파한다.

종합해볼 때, 『국부론』에서 애덤 스미스의 주장은 합리적 인간들이 자유로이 기회를 찾아 기업이나 노동을 통해 이윤을 추구하면 국가가 부유해지고 모든 사람에게 혜택이 돌아간다는 것이다. 『국부론』과 『도덕감정론』에서 애덤 스미스는 인간성이 모순을 내재하고 있다고 보기보다는, 인간의 여러 행동 성향들이 다양한 활동영역에서 어떻게 도덕적으로 표출되는지를 보여주고 있다. 따라서 '애덤 스미스 문제'는 아무 문제가 없다.

애덤 스미스는 『국부론』에서 작은 마을 단위보다 훨씬 더 넓은 분업체계를 가진 경제체제에서 불가피한, 모르는 사람 간의 교환관계(impersonal exchange)를 다루고 있다. 현대사회에서 인간의 삶은 우리 자신을 포함해서 이루 헤아릴 수 없이 많은 사람이 전 세계적 분업체계하에 자신의 맡은 일들을 수행하는 과정에서 가능한 것이다. 그 많은 사람의 극히 일부와도 친해지기가 쉽지 않다. 따라서 가장 합리적인 교환은 나의 개인적 이익을 위해 상대가 교환을 원하게 하고 이를 위해 노력하게 하는 것이다. 합리적으로 행동하는 것은 모르는 사람들 사이의 교환에서 타당하며 미덕이다.

자유시장제도는 모르는 사람들이 자발적으로 협조하는 제도다. 개개인이 자신의 이익을 최대한 취하기 위해 자유롭게 기회를 포착하고자 노력하고 경쟁하게 된다. 이 경쟁에서 이기는 자는 자신과의 교환대상에게 가장 많은 이득을 제공한 자다. 이러한 경쟁 체제하에서는 모든 자원이 가장 많은 가치를 낼 수 있는 곳에 쓰이게 되고, 그러한 사회는 부유하게 된다. 자유경쟁을 막으면 창출할 수 있는 부가 창출되지 못한다. 애덤 스미스는 정부의 계획이나 정책들이 시장보다 더 나은 결과를 가져오리라는 주장에 깊은 의구심을 가졌고, 그럴 수가 없다고 주장했다. 그렇기에 애덤 스미스는 각종 규율을 통해 개인이나 기업이 자유로이 경쟁할 수 있는 영역을 줄이는 것은 국가가 그들이 부유하게 되는 것을 막는다고 주장했다. 그는 임의로운 자유(경쟁)의 규제가 불의(injustice)라고 주장했다.

4. 애덤 스미스와 국가의 역할

애덤 스미스는 국가가 해야 할 세 가지 중요한 임무가 있다고 했다. 그것은 ① 외침으로부터의 국방, ② 엄정한 법질서 정의 유지, 그리고 ③ 일정 공공시설과 공공기관의 설치와 유지다. 국가의 첫째 임무는 외침으로부터 국민의 생명과 재산을 보호하는 것이다. 국방은 민간기업이 할 수 없는 국가의 전문기능으로서 세금을 거두어 수행한다. 국가의 두 번째 임무는 법질서를 엄히 지키는 것이다. 법질서의 근간은 국민의 생명과 재산을 지키는 것이다. 법질서의 유지가 재산이 없는 사람에게도 중요한 이유는 재산권의 보장이 없이는 삶에 필수적인 상호 간 득이 되는 교환행위와 분업이 불가능하기 때문이다.

국가의 세 번째 임무는 경제 활동에 필수적인 공공시설과 공공기관의 설치 및 유지다. 애덤 스미스가 말한 공공시설의 예는 운하, 다리, 간선도로 등이고, 공공기관의 예는 보험, 은행, 우체국, 학교 등이다. 그러나 애덤 스미스는 이들을 세금으로 지원하는 것에는 반대했다. 그는 공공설비와 공공기관에 필요한 모든 비용(설비투자와 유지비용 포함)을 그 이용자들이 부담해야 한다고 주장했다.

그러면 애덤 스미스는 왜 공공설비와 공공기관의 설치 및 그 유지가 국가의 책임이라고 했을까? 그의 생각은 국가가 공공설비에 드는 많은 투자액을 마련하기 위해 유용한 유한책임 주식회사를 설립하기 위한 법적 근거를 마련해야 한다는 것이었다. 애덤 스미스의 당대에는 (그 후 백 년이 넘도록) 각개 유한책임 주식회사 설립은 의회의 결의에 근거한 법적 특혜였다. 일단 특정한 공공설비를 위한 주식회사가 법적으로 세워지면, 이것은 설비이용자로부터 이용료를 받아 운영하며, 이윤을 추구하는 사기업이다. 정부의 재정지원 없이 운영되어야 한다고 애덤 스미스는 주장했다. 또 애덤 스미스는 다른 종류의 공공기관에 대해서도 같은 논리를 적용했다. 은행이나 보험 등과 같은 사업은 민간투자자들이 이윤을 추구하는 기업으로서 설립되고 운영해야 한다는 것이 그의 생각이었다. 애덤 스미스는 이러한 논리를 학교나 교회 같은 다른 공공기관에도 적용했다. 학교나 교회도 이용자들로부터 사용료를 받아서 (아니면 자선가의 기부금으로) 운영해야 한다는 것이다. 이러한 애덤 스미스의 논조는 공공선의 명목하에 세금부담의 공공교육을 당연시하는 현대 경제학자들의 견해와는 아주 다르다.

5. 애덤 스미스와 복지국가

복지국가는 정부가 여러 가지 정책을 통해서 돈이나 다른 혜택을 필요로 한다고 판단되는 사람들에게 나누어주어 국민의 후생을 책임지는 정책으로, 유럽 선진국에서 시작되었다. 19세기를 통해 유럽의 선진국들이 산업화를 이루는 과정에 많은 부유층, 윤택한 중산층, 또 공장노동자층이 생겨났다. 산업화 전보다는 많이 적어졌지만, 빈곤층은 계속 존재했다. 주기적으로 찾아오는 경기침체 속에서도 선진국들의 경제발전은 지속되었다. 그러나, 사회 전체가 부유해짐으로 인해 빈곤층의 존재는 오히려 부각되었다. 가진 자와 가지지 못한 자의 뚜렷한 대조는 두 가지 유형의 반응을 불렀다.

한 부류는 고전경제학의 입장이다. 지난 백 년의 지속적 경제발전에서 보듯이, 자유시장경제제도는 빈곤층을 포함한 모든 사람에게 혜택을 가져왔다. 대부분 중산층 출신의 사회비평가의 눈에 비치는 너무 불쌍한 노동자들도, 대부분 농촌에서 소작농으로 굶주리는 것보다는 나은 삶을 누리고 있다. 많은 공장노동자는 여러 면에서 보다 나은 삶을 영위하게 되었다. 극빈한 노동자의 상당수는 과소비, 술중독 등 타락한 행실과 다출산으로 인한 것이었다. 많은 노동자는 자신의 행실을 개선하고 좀 더 합리적으로 살도록 노력하면 많은 다른 노동자가 그렇게 했듯이, 그들도 자신들의 삶의 질을 높일 수 없다.

이에 반대하는 다른 부류는 공리주의, 진보주의, 사회주의, 공산주의, 사회주의적 민주주의, 차티즘(Chartism), 가톨릭 사회론, 사회적 복음, 조지(Henry George)의 토지사회주의, 정부전복주자, 페비언주의(Fabianism)로, 이를 제외한 나머지들의 주장은 대략 다음과 같다. 자유시장제도는 빈곤한 노동자층의 생활을 (빨리, 근본적으로) 개선하기에 부족하다. 노동자의 생활을 개선하기 위해서는 정치적 수단을 써야 한다. 이러한 사회비평가와 개혁주의자들은 국가의 재원을 가난한 자들을 돕는 데 써야 한다고 주장했다. 정치적 영향력을 얻기 위해서는 참정권을 확대해야 한다. 현대 서구의 복지국가주의는 이러한 주장들이 융합되어 내려온 것이고 정치참여권의 확대는 복지국가의 도입을 쉽게 했다.

정치가들은 공짜 약속이 표를 얻는 쉬운 방법이라는 것을 깨달았다. 가난한 자들은 투표로 보답했다. 사회적 위기가 올 때마다 정치가들은 복지국가를 확대할 것을 약속했다. 이로써, 오늘날에 이르러 모든 발전된 나라들이 복지국가가 된 것이다. 무제한 민주주의에서는 복지국가의 영역이 넓어지는 것이 불가피하다. 그리고 국가가 국민의 후생을 책임지는 복지국가에서는 안전, 노동조건, 주거 및 환경에 관한 각종 규율의 확대가 따르게 마련이다. 시간이 지남에 따라, 서구에서는 복지국가의 여러 규제는 정치적 교조주의(Politically Correct, PC)와 이념적 교조주의(wokeism)를 낳았다. 요즘 기업계에 풍미하는 환경, 사회, 거버넌스(ESG)는 복지국가주의의 연장으로 사기업에도 정치적 교조주의를 적용하자는 사회·정치 운동이다. 처음 시작했을 때는 복지국가의 비용이 그리 부담되어 보이지 않는다. 그러나 일단 복지국가가 무슨 명목으로든 부를 재분배하고 경제를 임의로 규제할 수 있다는 명제가 받아들여지면, 대중민주주의에서 복지주의 확대는 걷잡을 수 없게 된다. 정치가와 사회운동가들은 지속적으로 가진 자와 가지지 않은 자를 비교하며 사회정의(social justice)의 깃발 아래 재분배를 통한 평준화를 주장한다.

복지국가가 팽창함에 따라 세금 부담이 커지게 되면, 납세자들이 저항하기 시작한다. 납세저항자들은 반사회주의자로 비판받는다. 정치가들은 곧 부채로 세수를 보완하는 조삼모사의 방법을 알아낸다. 그 결과로 복지국가에서는 국가의 부채가 가속적으로 늘어난다. 복지국가는 점점 미래를 저당 잡아 운영하는 것이고, 복지국가의 한계는 국가의 차입 한도다.

한국은 복지국가의 후발국이다. 한국은 복지국가의 여러 문제점을 선례에서 배우고, 조심스럽게 접근해야 한다고 생각한다. 그러나, 한국은 오직 서구의 선진 복지국가를 빨리 따라잡기에 전력하는 것 같다. 한국의 복지국가는 1980년대 후반에 팽창하기 시작했고, 2021년에 와서는 국가부채가 970조 원에 이르렀다. 5년 사이에 국가부채의 국민총생산 비율이 36%에서 46.8%로 늘어났다. 아직은 염려할 단계가 아니라고 위안할지 모르지만, 국민총생산 대비 국가부채의 비율은 미국, 일본,

유럽 나라들의 경우에서 볼 수 있듯이, 한 나라가 기대하지 않던 위기에 처하고 정부 보조에 대한 수요가 급증하면 대중민주주의 체제하에서 그러한 비율은 걷잡을 수 없이 높아지게 된다.

또한, 특정계층이나 집단을 돕는다든지 어떤 사회적 목표를 위해 임의로 정부가 경제에 간섭하면 사회적 혼란과 경제 활동에 심각한 차질이 생긴다. 지난 문재인 정부의 과감한 최저임금 인상과 전횡적 핵발전 유예 정책 등을 예로 생각해볼 수 있다. 규제가 많으면 부패가 심해진다. 2022년 부패인지도측정(the Corruption Perception Index)에서 한국은 31위에 있다. 한국이 진정한 선진국이 되려면, 규제로 묶인 복지국가보다는 엄정한 법질서를 통해 자유스러운 사회가 되는 것이 더 쉬울 것 같은 생각이 든다.

애덤 스미스는 복지국가에 대해 어떻게 생각할까? 나의 생각으로 애덤 스미스는 복지국가는 근본적으로 자유경제 질서를 부정한다고 할 것이다. 복지국가는 국가의 두 번째 임무인 엄정한 법질서를 부정하는 정책이라 할 것이다. 왜냐하면, 복지국가가 개개인의 경제적 동기를 왜곡함으로써 부의 창출을 막을 뿐만 아니라 자유에 따르는 개개인의 행동에 대한 책임감과 도덕의 기준을 약화시킨다고 할 것이다. 요람에서 무덤까지의 복지국가 정책은 다음과 같이 네 가지로 구분해서 볼 수 있다. ① 극빈자 구호, ② 공공교육, ③ 저소득층의 소비향상, 그리고 ④ 사회적 이익을 도모하는 정책들이다. 이러한 복지국가 정책들에 대해 애덤 스미스의 견해는 다음과 같다.

1) 극빈자 구호

어느 사회라도 불구자, 광인, 고아, 어린 자녀를 둔 과부, 노인, 중

병을 앓는 자 등 자신의 삶을 제대로 꾸려가지 못하는 극빈자들이 있게 마련이다. 극빈자들 중 일부는 구걸을 하거나 도둑질을 하기도 한다. 복지제도가 없을 때는 민간 차원에서 개인이나 종교적인 자선단체가 극빈자에게 도움을 주었다. 개인의 자선에서는 베푸는 이가 도움을 받는 이와 얼굴을 마주한다. 베푸는 이는 도움을 받는 이가 (자신의 잘못이 아닌 일로) 진정 어려움에 처해 있으면 도와주고 싶은 마음이 더 생기게 된다. 받는 이는 베푸는 이에게 고마워하는 한편, 남에게 의존하게 된 것을 부끄럽게 생각하게 된다. 따라서 받는 이는 가능한 한 다시는 남의 동정심을 유발하는 부끄러운 위치에 놓이지 않도록 노력하게 된다.

복지국가에서의 빈곤 구제는 본질적으로 자발적인 자선과 아주 다르다. 빈민구조의 명목으로 납세를 강요당한 자는 세금의 일부가 누군가 필요한 사람에게 주어진다는 정부의 약속뿐, 실제적으로 누가 무엇을 받는지 알지 못하고, 주는 데서 오는 기쁨도 없다. 복지혜택을 받는 이들은 누구에게 감사하지도 않고, 부끄러움을 느끼지도 않는다. 그들이 법적으로 당연히 받을 혜택이기 때문이다. 법으로 정해진 혜택은 수혜자의 권리다. 그러나 한 사람의 권리가 다른 사람에게는 의무다. 결과적으로 복지주의는 복지수혜자가 상전이고 세금납세자가 노예로 전락하는 새로운 '상전·노예'의 관계를 설정한다. 게다가 부끄러움을 느낄 필요가 없는 복지혜택의 특권을 취득하기 위해 많은 사람이 수혜자의 조건에 맞도록 노력하게 되니, 수혜자의 숫자는 점점 늘어날 수밖에 없다.

복지국가주의자들은 경제학적 입장에서 볼 때 민간의 자발적 자선이 최적에 못 미친다고 주장한다. 그러나 자발적으로 자선을 베푸는 사람의 동기는 긍휼심이거나, 아니면 다른 사람들에게 좋은 사람으로 보이기 위한 것이다. 자선하는 자에게는 경제학자들이 염려하는 것처럼 다른 사람의 무임승차가 중요한 문제가 아니라고 생각한다. 또한 생활 수준이 산업발전으로 18세기 대영제국 때보다 몇 배로 높은 한국(또는 더 부유한 다른 선진국)에서는 누구든지 자선하고 싶은 마음이 있으면 비교적 쉽게 할 수 있는 경제적 여유가 있다. 그러나, 빈한한 자들의 어려움을 가장 염려하는 것처럼 말하는 복지국가주의자들은 자신들의 지갑을 열기보다는 남에게 자선을 강요하는 것이 더 바람직하다고 생각하는 듯하다.

애덤 스미스는 사람에게 자선을 강요할 수 없다고 한다. 강요된 자선은 자선이 아니기 때문이다. 아무리 좋은 의도를 가졌더라도 사람들이 하기 원하지 않는 행동을 강요하는 것은 불의라고 생각했다.

2) 공공교육

애덤 스미스는 부유한 집안이나 중산층의 자제들을 위한 교육은 관심 밖이었다. 왜냐하면 사교육으로 충분하다고 생각했기 때문이다. 부유한 집안이나 중산층은 그 자제들이 필요하다고 생각하는 교육을 자유로이 시킬 능력과 의지가 있다. 현대 경제학자들처럼 고등교육이나 순수학문이나 과학연구를 정부가 지원해야 한다고도 생각지 않았다. 왜냐하면, 대영제국은 민간이 주도하는 교육제도를 가지고 찬란한 문화의 꽃을 피워 세계문화의 선구자적인 역할을 할 아이작 뉴턴, 찰스 다윈, 제임스 맥스웰(James Maxwell), 존 로크, 윌리엄 셰익스피어, 존 밀턴(John Milton), 제임스 와트(James Watt) 등 초일류의 문학가, 사상가, 철학자, 과학자, 공학자, 발명가, 기술자, 경영인, 정치가, 군인들을 배출했기 때문이다.

그러나 애덤 스미스는 저소득층 자제들의 교육에는 관심을 가졌다. 그들을 위해 그가 염두에 둔 교육은 그들이 일자리를 찾아 일할 때 생산성을 높이기 위해서 (또 그들의 미래의 수입을 높이기 위해서) 꼭 필요한 기본적인 읽기, 쓰기, 산수 등이었다. 이런 종류의 기본교육은 비용이 적게 들기 때문에 저소득층도 충분히 비용을 감당할수 있다고 생각했다. 그래서 빈곤층의 교육은 대체적으로 정부의 재정지원 없이 가능하다고 생각했다. 예외적으로 빈민층에 대한 민간의 교육이 이루어지지 않아 지역정부가 공립학교를 설립해야 하는 경우에도, 스미스는 교사 월급의 일부만 정부가 지원하고 나머지는 학비와 기부금으로 충당해야 한다고 주장했다.

현대 복지주의에서 공공교육은 정부에서 맡아서 세금으로 운영한다. 공공교육의 시작은 초등학교 같은 기본교육이었다. 그러나 시간이 지나면서 공공교육의 기간이 길어져서 여러 나라에서 고등학교까지가 의무교육이 되었다. 한국에서도 중학교까지의 의무교육 위에 고등학교가 무상교육으로 바뀌었다. 또 최근에는 학생운동가들이 대학의 학비 전액 또는 상당부분 정부보조를 요구하고 있다.

공공교육의 교과과정은 중앙에서 통합적으로 결정된다. 이러한 획일적 방식이 모든 학생에게 좋을 수 없다. 그래서 많은 학생이 학교에서 가르치는 것이 충분치 않거나, 너무 많거나, 소용이나 흥미가 없다고 생각하게 된다. 한국에서 학생들이 학교에서 가르치는 것에 관심을 가지지 않고, 과외공부나 사설학원 등을 통해 자신들이 필요하다고 생각하는 것을 배운다는 이야기를 종종 듣는다. 의무적 학교교육에 관심이 없는 젊은이들이 하기 싫은 공부를 위해 강제적으로 학교에 다니며 시간 때우기보다는, 자신들이 원하는, 앞으로 여러 가지 돈벌이할 수 있는 공부를 해서 자신의 삶을 꾸려가도록 하는 것이 더 생산적이라고 할 수 있다. 또 이런 종류의 교육은 사설학원이나 기업에서 운영하는 양성소에서 할 수 있다고 생각한다.

현대 경제학자들은 공공교육의 정부 재정지원을 긍정적 외부효과를 근거로 정당화한다. 고등학교나 대학 학부까지의 공공교육이 어떠한 긍정적 외부효과를 뜻하는가를 물으면, 통상 그 답은 사회안정이다. 교육받은 시민들은 좀 더 합리적이고 불만을 폭동으로 표출할 가능성이 낮기 때문이라고 설명한다. 애덤 스미스가 이러한 이유를 듣게 된다면 다음과 같은 질문을 하리라고 생각한다. 요즘 의무적 공공교육에서는 획일적 교과과정에 따른 기초지식교육 외에 학생들에게 국가의 정통성 회의 내지 부정, 자본주의 혐오, 평등지상주의, 사회주의, 여성우월주의 등 사회의 기반을 흔드는 각종 사상 주입에 열심이 아닌가? 이러한 교육은 오히려 사회질서를 파괴하는 부정적 외부효과를 가져오지 않는가?

3) 저소득층의 소비향상

애덤 스미스 당시에는 복지국가주의라는 것은 없었다. 모든 신체가 온전한 사람이 자신과 자신의 가족의 삶을 책임지는 것을 당연히 생각했다. 부의 불평등 그 자체가 사회의 문제라고도 생각지 않았다. 대영제국의 경제는 주기적 경기순환을 거치면서도 100년 이상이나 지속적으로 성장하여 유럽에서 가장 높은 생활수준을 누리게 되었다. 기업이나 상속으로 부유한 자들은 자신들의 재산을 자유로이 쓰는 것을 주저하지 않았다. 팽창하는 중산층은 더 많은 부를 축적하거나, 문학이나 과학에서 이름을 얻기 위해 노력했다. 사회비평가들의 눈에 불쌍해보이는 저소득층도 자신들의 노력으로 삶을 영위하는 것을 자랑스럽게 여기고, 자신들의 근검을 통해 더 잘살 수 있는 날을 꿈꾸었다.

복지국가주의자들은 복지국가의 목적이 (절대) 빈곤자를 구제하는 것이라고 말한다. 19세기 이후(한국의 경우에는 1960년대 이후) 지속적 경제발전을 통해 전반적으로 생활수준이 높아진 오늘날 마약중독, 도박 등 자신의 잘못으로 인한 경우를 빼면 극빈자는 많지 않다. 또 그들 대부분은 사적인 자선으로 충분히 구제할 수 있다. 그러나 현대 복지국가의 목적은 재분배를 통해 상대적 빈곤을 타파하는 것에 있다고 본다. 복지국가는 사회정의라는 미명하에 부의 평등화를 지향한다. 왜냐하면 복지국가주의자의 관점에서는 불평등은 불공평하다고 여기기 때문이다.

복지국가의 쟁점은 정치권력이다. 무제한 민주주의에서는 대중이 (또는 대중을 대변하는 자가) 정치권력을 가진다. 매일 이 집단 아니면 저 집단이 그들의 상대적 빈곤이 불공평하니 사회정의 차원에서 정부가 보상해야 한다고 주장한다. (누가, 어떻게 그 보상의 재원을 마련해야 하는지는 그들의 관심의 바깥에 있다.) 복지국가에서 가장 관심 있는 경기는 누가 더 잘 사회정의에 호소하여 많은 정부혜택을 얻어내느냐 하는 것이다.

복지국가에서의 사람들의 행동은 여러 사람이 저녁을 먹기 위해서 음식점에 가서 다 먹고 난 후에 모두의 음식값을 사람 수대로 똑같이 나누기로 정했을 때와 같다. 모든 사람이 자신의 음식값을 자신이 지불할 때보다는 더 많은 음식, 더 비싼 음식을 주문하게 되고, 결과적으로 각 개인의 비용은 더 커진다. 마찬가지로, 사람들이 사회정의의 구호 아래 경쟁적으로 정부혜택을 추구하는 복지국가의 총경비는 사람들이 자신들이 원하는 것을 자신의 돈으로 해결하는 것보다 훨씬 많게 된다.

『도덕감정론』에는 애덤 스미스가 빈민구제를 위해 정부가 세금을 거두는 것을 정당화했다고 해석되는 문구가 있다(TMS, II. ii. 1. 8. 81). 그러나 이것은 잘못된 해석이다. 이 문구 바로 위에서의 애덤 스미스의 논조는 다음과 같다. 국가는 정의를 위해서 국민에게 법을 지키도록 강요할 수 있지만, 어떤 개인도 다른 개인에게 선행을 강요할 수 없다. 그 예로, 아버지가 아들에게 통상적인 부친의 사랑을 베풀지 않는 경우, 형제가 형제에게 통상적인 형제애를 보이지 않는 경우, 어떤 사람이 쉽게 다른 사람의 어려움을 도와줄 수 있는데도 도와주지 않는 경우 등을 언급했다. 그러나, 정부는 이들 통상적인 것을 개인들에게 강요할 수 있다. 하지만 스미스는 이러한 경우에도 정부가 조심스럽게 행동해야 한다고 말했다. 이 부분의 전체적인 흐름으로 보아, 그가 부의 평준화를 위해 정부의 대대적 재분배를 옹호했다고 해석하는 것은 견강부회다.

애덤 스미스는 정의가 사회의 안정과 평화와 번영에 필수라고 했다. 정의에 가장 근본적인 것은 개인의 생명과 재산을 보호하는 것이다. 정의는 모든 개인의 생명과 재산을 정부를 포함한 어느 누구로부터의 위협이라도 차별 없이 보호하는 법치가 있어야 한다. 국민들이 정의라고 생각할 수 없는 것을 법이라고 정하는 것은 법치주의와 맞지 않는다.

복지국가의 재분배정책은 법적인 도둑질이다. 구성원이 넷인 사회를 상상해보자. 만일 세 사람이 나머지 한 사람의 재산을 그의 동의 없이 취하면 그것은 도둑질이 분명하다. 그러나, 그 세 사람이 민주주의 체제하에서 다수를 이루어 나머지 한 사람의 반대에도 불구하고 그의 재산 일부를 세금으로 걷어서 그것을 자신들의 혜택으로 나누어 가지면, 이것은 사회정의이고 합법적이라고 한다. 이것은 단지 말장난이고, 근본적인 사실은 변하지 않는다. 세 사람이 나머지 한 사람의 재산을 뺏어서 즐기는 것이다. 민주주의에서 대다수가 재분배를 위해 만든 법은 정의로운 법이 아니다. 이것은 법적 절도(竊盜)다. 애덤 스미스는 재분배를 목표로 한 복지국가는 정의를 왜곡 내지 파괴하는 것이라고 할 것이다. 그는 사회정의(social justice)는 정의(justice)가 아니라고 할 것이다. 복지국가는 의회를 통해서 만들어진 법에 근거한다는 의미에서 합법적(legitimate)이다. 그러나 의회를 통해 만들어진 법이 다 정의로운 법이 아니다. 폭도들의 사적 가해가 불의이듯이, 민주주의에서 재분배 법도 불의다.

애덤 스미스는 자유경제를 통해 번영을 누리기 위해서는 엄한 정의의 실행이, 다른 말로 법치가 필수라고 주장했다. 그러나 많은 한국인이 과연 법치가 한국에서 실행되고 있는지에 의문을 가지고 있는 듯하다. 사회 전반은 물론, 법 실행에도 친족·연고주의와 정실주의가 예외가 아니라 관습인 듯하다. 정권을 쥔 사람들은 법 집행부를 하수인으로 쓰는 경우가 많다. 명목상으로는 독립된 재판부(court)도 정치적 압력과 뇌물에서 자유롭지 못하다. 더 나아가서 정권을 쥔 자들, 경찰, 검사, 판사 등 각종 법 집행자들까지 법치를 추구하기보다는 '민중의 소리'나 '정서법'에 귀를 기울이는 듯하다. '떼법'은 법이 아니다. 폭민주의(ochlocracy)는 법치의 반대다.

자유경제는 공정한 경기를 하는 것과 같다. 경기를 뛰는 선수들은 심판이 공정하리라 믿고 규율을 어기지 않는 범위 안에서 이기기 위해 최선을 다한다. 경기에서 이기기 위해 훈련을 열심히 하고, 온갖 전략을 짠다. 선수들은 좋은 선수의 상(good sportsmanship)에 부응하도록 노력한다. 승패를 떠나 선수들은 자신들이 최선을 다했음을 자랑스럽게 생각하고, 관중은 선수들이 투지와 기발한 기량을 보인 경기를 즐긴다.

그러나 심판이 편파적이면 경기를 망친다. 경기가 공정하지 않기 때문이다. 실제 경기는 장내가 아니라 장외에서 펼쳐진다. 보이지 않는 곳에서 심판을 뇌물과 위협으로 자신들의 편으로 끌어들여 승리하는 것이 경기의 골자가 된다. 법치가 엄격하지 않으면 사람들은 자신들의 '법'을 만든다. 들키지 않을 것 같거나 정치 권력의 보호가 있다고 생각하면 법을 무시하게 된다. 법을 지키는 사람들마저도 자신에게 정치적 연줄이 없거나, 권력을 쥔 자에게 해를 당할 수 있다는 생각에 마지못해 법을 따르게 된다. 법의 불확실성은 사회 전반에 불신이 만연하게 한다.

법치가 엄격하지 않으면, 법령에 있는 법(de jure)과 사람들의 실생활에서 따르는 법(de facto)과는 괴리가 생긴다. 이런 상황에서는 많은 사람이 쉽게 선별적 법 집행으로 처벌될 수 있다. 권력을 가진 자는 누구든지 표적으로 삼아 체포, 심문, 기소를 통해 유죄 판결을 내릴 수 있다. 반복되는 반부패운동은 종종 정권을 가진 자들이 자신의 정적을 제거하는 목적으로 쓰여왔을 뿐, 법치를 이루는 데는 아무 도움이 되지 못했다. 애덤 스미스는 부의 재분배를 추구하는 복지국가는 정부의 권력을 강화하고 부패를 늘리며, 되돌리기 불가능한 무상혜택 특권의 분배와 이에 따르는 조세부담과 규제들은 정의를 파괴하고, 인간의 자유를 침해하는 것이라고 이야기할 것이다.

4) 사회적 이익을 도모하는 정책들

『국부론』에서 애덤 스미스는 정부가 사회이익을 위한다는 미명하에 각종 상업적 특권을 부여하는 중상주의를 비판했다. 요즘 말로 하면, 애덤 스미스는 (기업이든지, 노조이든지, 아니면 특정 이익집단이든지) 각종 기업복지에 반대했다. 그의 정책 대안은 기존의 특권들을 가능한 한 폐지하고, 미래에는 전혀 그러한 특혜를 주지 않음으로써, 사회 전반에 걸쳐 개개인이 자유로이 공정한 경쟁을 할 수 있도록 하는 것이다. 왜냐하면, 자유경쟁이 진정한 국민의 전반적인 복지를 향상하는 길이기 때문이다.

많은 한국인이 박정희 정권 기간에 경제발전을 이유로 재벌들에게 특혜를 준 것에 대해 비판적이다. 불공평하다는 것이다. 옳은 말이다. 그러나 40년 이상이 지난 오늘날 여러 가지 사회이익 도모라는 미명하에 특정 집단에게 특혜를 주는 정책은 전혀 변하지 않았다. 복지정책의 확대와 함께 각종 특혜가 베풀어지는 한국에서 기업복지는 더욱 왕성한 듯하다. 애덤 스미스는 한국이 자유롭고 풍요한 국가가 되려면 기업복지와 각종 특혜가 없어져야 할 것이라고 말할 것이다.

6. 요약 및 결론

애덤 스미스는 정부가 국방과 (생명과 재산을 보호하는) 법질서 유지 등의 제한된 임무를 수행해야 하며, 그러면 자신의 삶을 책임지는 국민 개개인이 능력껏 자유로이 자신들의 기회를 찾아 이윤을 추구하게 된다고 주장한다. 아무에게도 특권이 주어지지 않는 공정경쟁을 통해 국민 전부가 부유함을 누릴 수 있다고 한다.

애덤 스미스가 생각하는 올바른 정부의 역할은 복지국가와는 거리가 멀다. 애덤 스미스는 재분배를 추구하는 복지국가는 옳은 정부의 역할을 왜곡하여 조직적인 절도의 수단이 된다고 이야기할 것이다. 애덤 스미스는 또 국민의 안녕을 추구하는 복지국가는 필요 없는 능력 밖의 일을 하려고 한다고 할 것이다. 국민의 안녕은 국민 개개인이 더 잘 알아서 더 작은 비용으로 해결할 수 있기 때문이다. 이것이 진정한 복지주의다.

모든 선진국가는 복지국가를 추구하지만, 복지국가가 진정한 선진의 상징은 아니다. 오히려 이것은 선진화 과정에서 얻는 병이라고 할 수 있다고 생각한다. 복지국가는 국부의 창출을 저해하고, 부패를 만연하게 하며, 국민의 도덕성을 끌어내려 사회를 불안정하게 한다. 선진국을 지향하는 한국인들이 애덤 스미스의 『국부론』과 『도덕감정론』을 재음미하면 얻을 것이 많다고 생각한다.

참고문헌

Buchanan, J. M. and V. J. Vanberg (1945), "The Market as a Creative Process," *Economics and Philosophy*, 167-186.

Choi, Young Back (1990), "Smith's View on Human Nature: A Problem of Interpretation," *Review of Social Economy*, 288-302.

_____ (1993), *Paradigms and Conventions*, Univ. of Michigan Press.

_____ (1993), "Entrepreneurship and Envy," *Constitutional Political Economy*, 4(3), Fall, 331-347.

_____ (1996), "The Americanization of Economics in Korea," *History of Political Economy*, Special issue, 95-120.

_____ (1999), "On the Rich Getting Richer and the Poor Getting Poorer," *Kyklos*, 52(2), 239-258.

_____ (2002), "Misunderstanding Distribution," *Social Philosophy and Policy*, 110-139.

Choi, Young Back and Yoon, Y. J. (2023), "Liberalism in Korea," *Classical Liberalism by Country*, Daneil B. Klein, et al. (ed.), Vol. 1, CL Press, 189-223.

Collins, D., Murdoch, J. Rutherford, S. and Ruthven, O. (2010), *Portfolios of the Poor: How the World's Poor Live on $2 a Day*, Princeton University Press.

de Tocqueville, Alexis (1997)[1835], *Memoir on Pauperism*, Ivan R. Dee: Chicago.

Fleischacker, S. (2004), *On Adam Smith's Wealth of Nations*, Princeton University Press.

Fry, M. (1992), *Adam Smith's Legacy: His Place in the Development of Modern Economics*, Routledge.

Friedman, M. (2002)[1962], *Capitalism and Freedom*, University of Chicago Press.

_____ (1953), *Essays in Positive Economics*, University of Chicago Press.

Friedman, M. and Rose Friedman (1980), *Free to Choose: A Personal Statement*, Harcourt Brace Jovanovich.

Hayek, F. (1945), "The Use of Knowledge in Society," *American Economic Review*, 519-530.

_____ (1944), *Road to Serfdom*, University of Chicago Press.

_____ (1960), *The Constitution of Liberty*, University of Chicago Press.

_____ (1978), *New Studies: in Philosophy, Politics, Economics and the History of Ideas*, University of Chicago Press.

Hirschman, A. O. (1970), *Exit, Voice, and Loyalty: Responses to Decline in Firms, Organization, and States*, Harvard University Press.

_____ (1973), "The Changing Tolerance for Income Inequality in the Course of Economic Development," *Quarterly Journal of Economics*, 544-566.

Kealey, T. (1996), *Economic Laws of Scientific Research*, Palgrave Macmillan.

Klein, D. B. (2023), *Smithian Morals*, CL Press.

Korean Statistical Information Service, https://kosis.kr/eng/

Lavoie, D. (1985), *Rivalry and Central Planning: The Socialist Calculation Debate Reconsidered*, Cambridge University Press.

Martin, Ch. (2021), "Adam Smith and the Poor: A Textual Analysis," *Journal of Economic Behavior and Organization*, 837-849.

Mill, J. S. (1848), *Principles of Political Economy: with Some of Their Applications to Social Philosophy*, Vol. 1 and 2, John Parker, West Strand.

Montes, L. (2023), "Das Adam Smith Problem: Its Origins, the Stages of the Current Debate, and One Implication for Our Understanding of Sympathy," *Journal of the History of Economic Thought*, 63-90.

Otteson, J. (2017), "Adam Smith on Justice, Social Justice, and Ultimate Justice," *Social Philosophy and Policy*, 123-143.

Paganelli, M. (2011), "The Theory of Moral Sentiment 1759 vs The Theory of Moral Sentiment 1790: A Change of Mind or Change of Constraints," *Studi e Note di Economia*, 123-132.

Paul, E. F., Miller F. D. and Paul, J. (ed.) (1997), *The Welfare State*, Cambridge University Press.

Powell, R. (1986), "Economic Growth in the U.S.S.R.," *Scientific American*, Dec.

Rawls, J. (1971), *A Theory of Justice*, Harvard University Press.

Rothschild, E. (1992), "Adam Smith and Conservative Economics," *Economic History Review*, 74-96.

Sakamoto, T. (2020), *David Hume and Adam Smith: A Japanese Perspective*, Routledge.

Schoeck, H. (1987), *Envy: A Theory of Social Behavior*, Liberty Fund Press.

Sen, A. (1977), "Rational Fools: A Critique of Behavioral Foundations of Economics," *Philosophy and Public Affairs*, 317-344.

_____ (1987), *On Ethics & Economics*, Blackwell.

Smiles, S. (1897), *Self-Help: with Illustrations of Character and Perseverance*, John Murray.

Smith, A. (1981)[1776], *An Inquiry into the Nature and Causes of the Wealth of Nations*, R. H. Campbell and A. S. Skinner. (eds.), Liberty Press: Indianapolis.

_____ (1982)[1978], *Lectures on Jurisprudence*, R. L. Meek, D. D. Raphael, and P. G. Stein (eds.), Liberty Press: Indianapolis.

_____ (1982)[1759], *The Theory of Moral Sentiments*, D. D. Raphael and A. L. Macfie (eds.), Liberty Press: Indianapolis.

_____ (1985)[1983], *Lectures on Rhetoric and Belles Lettres*, J. C. Bryce (ed.), Liberty Press: Indianapolis.

_____ (1982)[1980], *Essays on Philosophical Subjects*, W. P. D. Wightman and J. C. Bryce (eds.), Liberty Press: Indianapolis.

Smith, V. (1998), "The Two Faces of Adam Smith," *Southern Economic Journal*, 1-19.

Transparency International, Corruption Perception Index 2022, https://www.transparency.org/en/cpi/2022.

West, E. (1990), *Adam Smith and Modern Economics*, Edward Elgar.

Wicksteed, Ph. (1910), *The Common Sense of Political Economy*, Routledge.

ADAM SMITH

제8장
애덤 스미스와 한국사회의 번영

다음 세 편의 글은 2023년 6월 7일 개최한 애덤 스미스 탄생 300주년 기념 심포지엄의 기조강연, 축사, 그리고 격려사다. "한국경제와 관련 깊은 애덤 스미스"는 이몬 버틀러(Eamonn Butler) 영국 애덤스미스 연구소 소장의 기조강연문이다. 그다음에 이어지는 "경제적 번영을 안겨주는 요인들"은 트리니티대학 경제학과 교수 겸 현재 세계애덤스미스학회 회장인 마리아 파가넬리(Maria P. Paganelli)의 축사다. 이 두 글의 한글 번역은 명지대학 경제학과 최창규 교수가 맡았다.[1] 마지막 "경제적 자유의 가치를 일깨워준 애덤 스미스"는 손병두 전 서강대학 총장의 격려사다(편집자 주).

1 각 글의 영어 원문은 해당 번역문의 뒤에 실었다.

1. 기조강연: 한국경제와 관련 깊은 애덤 스미스

이몬 버틀러(Eamonn Butler)

애덤 스미스는 300년 전에 태어났지만, 그의 고전적 자유주의 사상은 여전히 현대 세계와 오늘날의 한국과 관련이 있다.

1) 무역

그는 무역에 대해 우리에게 할 말이 많다. 그의 선구적인 경제학 저서인 『국부론』은 그것이 최선의 동기에서 시행되든 최악의 동기에서 시행되든 무역 제한에 대한 논쟁이다. 1960년대 이후 한국은 주로 무역 성장을 통해 강력한 경제성장을 경험했다. 만약 스미스가 한국사회의 번영을 본다면 그것은 무역이 양측 모두에게 이익을 가져다준다는 것을 입증한 대표적 사례라고 애덤 스미스는 기뻐할 것이다.

판매자는 현금을 받을 수 있지만, 구매자는 그 대가로 삶을 바꿀 수 있는 상품과 서비스를 얻는다. 물론 좌절도 있었다. 많은 국가는 중국 전자제품이나 러시아 석유에 의존하는 것이 얼마나 위험한지 알게 되었다. 그리고 장벽을 높이고 국내에서 더 많이 생산하라는 요구가 있었다. 그러나 스미스는 전문화 및 무역의 이점과 소비자를 위한 무역 장벽의 비용을 상기시킨다. 그는 또한 무역 장벽을 세운다면 '충격' 반응을 불러일으키고 우리를 갈등의 길로 인도한다는 점을 상기시켜준다. 자유무역은 우리를 상호 협력, 존중, 평화의 길로 인도한다.

2) 기술

한국 투자의 많은 부분이 신기술에 투자되었으며, 이는 이제 국가 성장의 큰 부분을 차지한다. 물론 스미스는 현대 기술의 놀라운 규모, 다양성 및 적용이 매우 당혹스럽다는 것을 알게 될 것이다. 그러나 그는 혁신에 대한 집중이 효율성과 발전의 유일한 원동력이라고 생각하면서 박수를 보낼 것이다.

그러나 중요한 것은 기술혁신만이 아니다. 스미스는 모든 시장, 서비스 및 상품 시장에서 혁신에 노출하는 것이 얼마나 중요한지 설명하고 있다. 그래야만 혁신적인 아이디어, 혁신적인 생산 방법 및 혁신적인 제품으로 새로운 경쟁자가 들어올 수 있다. 그 다양성만이 진보를 향한 진화의 길을 열어준다. 그러나 다시 말하지만, 경쟁을 차단하는 것을 선호하는 사람들이 적지 않다. 다른 사람들에게 무엇이 최선인지 알고 있다고 생각하는 정치인들과 그들에게 특별한 특권을 부여하기 위해 정치인의 권력을 이용하는 정실 자본가들이 있다. 그러나 스미스는 큰 소리로 반대했다.

3) 정부 개입

한국 정부는 경제성장을 촉진하기 위해 적극적으로 노력해왔다. 그리고 경제발전의 초기 단계에서 이것은 실제로 도움이 될 수 있다. 그러나 애덤 스미스가 경고한 것처럼 활동가로서 정부의 규모는 점점 더 성장하는 경향이 있으며, 마침내 정부의 개입은 관료적이고 부담스러운 것이 된다. 예를 들어, 오늘날 영국과 마찬가지로 한국에서도 정부 개입과 규제의 규모에 대한 우려가 있다. 규제는 매우 복잡할 수 있으므로 특히 비용이 많이 들고 중소기업에 피해를 준다. 그리고 그것은 경쟁, 혁신, 궁극적으로 성장과 진보를 질식시킨다. 스미스는 재벌 대기업 산업과 금융 부문에 대한 과도한 개입이 바로 성장과 진보를 질식시켰다고 주장할 것이다. 그리고 정부가 개입하면 그들은 부패의 표적이 되어 정부에 우호적인 기업들에게 호의를 베풀기 마련이다. 따라서 애덤 스미스와 같은 고전적 자유주의의 핵심 원칙은 정부가 국방 및 정의와 같은 영역에서는 중요하지만 다른 부문에서는 제한되어야 한다는 것이다. 우리는 우리의 삶을 계획하기 위해 정부가 필요하지 않다. 그의 보이지 않는 손 비유에서 스미스는 그가 "자연적 자유의 체계"라고 부르는 것이 간단하게 작동하는 자생적 사회질서를 어떻게 생성하게 하는지를 보여준다. 푸줏간 주인, 제빵업자, 양조업자의 이기적인 활동은 오늘날 우리에게 매우 다양한 카페, 레스토랑, 술집을 제공한다. 판매자와 구매자 간의 흥정은 자원을 가장 가치 있는 목적으로 이끄는 가격 메커니즘을 생성시킨다. 인간의 자연스러운 감정 이입도 마찬가지로 평화와 조화를 가져온다. 스미스는 보이지 않는 손이 작동하는 이유를 몰랐다. 오늘날 우리는 그것이 우리 종에게 진화적(그리고 경제적) 이점을 준다고 말할 것이다.

4) 정부의 실패

그러나 정부를 한도 내에서 유지하는 것은 매우 어렵다. 애덤 스미스가 불평했듯이, 정부가 확장되는 것을 보고 싶어 하는 사람들이 주변에 많이 있다. 그리고 정부 실패는 시장 실패보다 더 큰 문제다. 정치인들은 시끄러운 선거운동과 집중된 이해관계를 가진 압력단체에 굴복한다. 그런 다음 그들은 서로의 법안에 투표하여 누구도 선택할 수 없는 더 큰 정부를 우리에게 제공한다. 그리고 관료제는 이러한 조치를 가능한 한 복잡하게 만들어 권력과 지속적인 공무원 고용 증가를 보장하기 위해 노력한다.

그리고 고전적 자유주의자들은 시장 실패의 큰 원인으로 지목되는 독점이 자유시장에서는 실제로 존재할 수 없다는 것을 알고 있다. 혁신적이고 새로운 경쟁자가 등장하면 독과점 기업은 쇠퇴하고 대중에게 대안을 제공해야 한다. 독점을 만들고 유지하는 것은 오직 정부가 특정한 기업에게 특혜를 부여함으로써만 가능하다.

5) 사회복지

전 세계에 존재하는 정부들이 비대해져가는 원인 중 대부분은 복지 및 연금 혜택에 대한 막대한 지출에서 비롯된 것이다. 하지만 스미스는 정부 프로그램은 반드시 감당할 수 있어야 한다는 점을 상기시켜준다. 그는 왕과 장관이 민간인의 경제를 감시하고 그들의 지출을 억제하는 것은 가장 무례하고 주제넘은 일이라고 말한다. 그들은 항상 예외 없이 사회에서 가장 큰 지출을 하는 사람들이다.

예를 들어 부과제의 연금제도(현재 근로자의 기여금을 현재의 은퇴자들에게 연금으로 지급하는 방식)의 재원 조달 문제는 비단 한국만의 문제는 아니다. 사람들은 더 오래 살고 있다. 학교와 대학에서 더 오래 공부하고 있다. 그리고 더 일찍 은퇴하고 있다. 사회 급여로 생활하는 사람들의 수와 그런 급여를 지급하기 위해 일하는 사람들의 수 사이의 비율은 비참하게 악화했다. 물론, 정부는 국민연금의 장기적인 지속 가능성을 보장하기 위해 준비 기금을 마련했다. 하지만 이 역시 일하는 납세자가 부담하거나 더 많은 차입을 통해 충당해야 한다. 이러한 시스템이 완전히 지속 불가능해지는 시기가 생각보다 빨리 올 것이다.

6) 도덕과 정의

스미스는 또한 사람들을 신뢰하라고 가르친다. 우리는 사회적 동물이라고 그는 말한다. 우리는 다른 사람에게 동감한다. 우리는 타인의 분노가 아닌 선의를 원한다. 그렇기 때문에 정부가 우리를 강요하지 않아도 도덕적으로 행동할 수 있는 것이다. 이는 삶과 비즈니스에서도 마찬가지다. 성공한 고용주들은 장기적으로 행복한 직장을 만드는 데 관심이 있다는 것을 알고 있다. 비즈니스는 근로자를 착취하거나 고객을 속이는 것이 아니다. 경쟁자로부터 자신을 보호하기 위해 정치적 측근을 확보하는 것도 아니다. 고용주와 정부는 사람들을 신뢰해야 한다.

영국 회사 '팀슨스'는 번화가에 작은 상점을 운영하고 있다. 처음에는 신발 수선부터 시작했다. 그러다 드라이클리닝도 추가했다. 그러다가 열쇠를 자르기 시작했다. 그다음에는 간판과 트로피를 조각하기 시작했다. 그리고 시계와 휴대폰 수리 서비스를 제공했다. 하지만 이 모든 혁신은 관리자가 아닌 매장 직원들로부터 나왔다. 팀슨스가 '거꾸로 경영'이라고 부르는 이유는 매장 직원들이 고객의 니즈(needs)를 가장 잘 이해하고 있기 때문이다. 어떤 서비스를 제공할지는 관리자가 아닌 매장 직원이 결정했다. 이 덕분에 팀슨스는 많은 사랑을 받는 기업이 되었다. 사람들을 신뢰하고 권한을 부여하며 동감과 이해를 촉진할 때 얻을 수 있는 혜택이다. 정치인들은 이를 방해할 것이 아니라 장려해야 한다.

7) 개인의 권리

애덤 스미스 같은 고전적 자유주의자들은 다른 무엇보다 개인의 권리가 중요하다고 했다. 생명권, 사상의 자유, 언론의 자유, 행동의 자유, 종교의 자유, 재산을 소유하고 향유할 자유 등에 대한 권리가 이에 해당한다. 18세기의 고전적 자유주의자들은 이러한 권리가 어디에서 왔으며 무엇이 중요한지 만족스럽게 설명하지 못했다. 오늘날 우리는 그것이 작동하기 때문에 중요하다고 말할 수 있다. 가장 번영하고 평화로운 국가는 이러한 자유주의적 가치를 수호하는 국가다.

그러나 이러한 자유주의적 가치는 영국인을 비롯하여 한국인 모두의 삶에서 위협받고 있다. 한국을 비롯한 전 세계에서 자유주의 가치를 옹호하는 사람들이 필요하다. 그리고 자유추정원칙, 법치, 타인에 대한 관용과 강압에 대한 편협함이 어떻게 우리의 삶을 풍요롭게 하고, 우리 모두가 자랑스러워할 수 있는 활기차고 역동적이며 인도적인 문명을 만들어내는지를 설명해야 한다.

Adam Smith and Classical Liberalism today

Eamonn Butler
Director, Adam Smith Institute

Though Adam Smith was born 300 years ago, his classical liberal thinking is still relevant to the modern world, and to South Korea today.

Trade

For example, he has much to tell us on trade. His pioneering work of economics, The Wealth of Nations, is largely a polemic against restrictions on trade, whether they are implemented from the best of motives or the worst.

Since the 1960s, Korea has experienced strong economic growth, driven largely through the growth of trade. That would delight Adam Smith, who demonstrated that trade created benefits for both sides. The sellers may get the cash, but the buyers in return get goods and services that may change their lives.

There have been setbacks, of course. Countries have found out how risky it is to be dependent on Chinese electronics or Russian oil. And there have been calls to raise barriers and produce more at home. But Smith reminds us of the benefits of specialisation and trade, and the costs of trade barriers for consumers. He also reminds us that imposing trade barriers invites a 'tit for tat' response, sending us down the path of conflict. Free trade puts us on the path to mutual cooperation, respect, and peace.

Technology

Much of Korea's investment has gone into new technologies, and this is now a large part of the country's growth. Adam Smith would of course find the amazing scale, variety and applications of modern technology quite bewildering. But he would applaud the focus on innovation, seeing it as the only driver of efficiency and progress.

But not just technical innovation. Smith would say explain how important it was to keep all markets open to innovation, markets in services as well as in goods. Only then can new competitors come in, with innovative ideas, innovative production methods, and innovative products. Only that diversity fuels the evolutionary path to progress. But again, there is no shortage of those who would prefer to shut down competition — politicians who think they know what is best for other people, and crony capitalists using the politicians' power to grant them special privileges. Smith would object, loudly.

Government intervention

The Korean government has been active in trying to promote economic growth. And in the early stages of economic development, this might indeed be helpful. But as Adam Smith warned, activist governments tend to grow and grow, until their interventions instead become bureaucratic and burdensome.

Today, for example, there are concerns over the scale of government intervention and regulation in Korea, as there are in my own country. Regulations can be very complex, making them particularly costly and damaging for small and medium-sized enterprises. And that chokes off competition, innovation and ultimately growth and progress. Smith would argue that excessive intervention in the chaebol large conglomerate industries and in the finance sector has done exactly that. And when governments intervene, they become targets for corruption, granting favours to their friends.

A key principle of classical liberalism like Adam Smith's, therefore, is that government — while crucial in areas such as defence and justice — should be limited. We do not need government to plan our lives. In his Invisible Hand analogy, Smith shows how what he calls 'the system of natural liberty' produces a spontaneous social order that simply works. The self-interested activity of butchers, bakers and brewers give us the huge variety of cafes, restaurants and bars we have today. Haggling between sellers and buyers creates a price mechanism that steers resources to their most valued ends. The natural empathy of human beings likewise produces peace and harmony, though none of them intend that. Smith did not know why the Invisible Hand worked — today we would say it gives our species an evolutionary (and an economic) advantage.

Government failure

But it is very difficult to keep government within limits. As Adam Smith complained, there are plenty of people around whose interest is to see government expand. And government failure is an even bigger problem than market failure. Politicians give in to pressure groups, with their noisy campaigns and concentrated interests. They then vote for each other's measures, giving us far more government than anyone would choose. And the bureaucracy strives to make those measures as complex as possible, guaranteeing them power and continued employment.

And classical liberals know that monopolies — which are said to be a big part of market failure — cannot really exist in free markets. Innovative new competitors wear them down and provide the public with alternatives. It is only governments, by voting special privileges to favoured businesses, that create and maintain monopolies.

Social welfare

Much of the growth of governments around the world comes from their large expenditure on welfare and pensions benefit. But Adam Smith reminds us that government programmes must be affordable.

> *It is the highest impertinence and presumption in kings and ministers, he writes, to watch over the economy of private people, and to restrain their expense. They are themselves always, and without any exception, the greatest spendthrifts in the society.*

Korea is not alone in facing problems funding its pay as you go pension system, for example. People are living longer. They are studying for longer in schools and colleges. And they are retiring earlier. The ratio between the number of people living on social benefits and the number of people working to pay them has deteriorated disastrously. Yes, the government has established a reserve fund to help ensure the long-term sustainability of the National Pension Service. But this too has to be paid for by working taxpayers — or by greater borrowing. There must come a time, probably sooner than we think, when such systems become completely unsustainable.

Morality and justice

Smith also teaches us to trust the people. We are social creatures, he says. We empathise with others. We want their goodwill, not their anger. That is why are disposed to act morally, without governments needing to push us.

That is true in life, and in business too. Successful employers know that their long-term interest lies in creating a happy workplace. Business is not about exploiting workers or cheating customers. Nor is it about getting your political cronies to protect you from competitors. Employers, and governments, need to trust people.

The UK company Timpsons has small shops on every high street. They started off repairing shoes. Then they added dry cleaning too. Then they started cutting keys. Then engraving signs and trophies. Then offering watch and phone repairs.

But all these innovations came from the shopworkers, not managers. Timpsons has what they call 'upside down management' because they know that shopworkers understand their customers' needs. The shop workers decide what services the firm should offer, not the managers. It has made Timpsons a much-loved business. That is the sort of benefit you get when you trust and empower people and promote empathy and understanding. Politicians should be encouraging this, not undermining it.

Individual rights

Classical liberals like Adam Smith stress the importance of individual rights above pretty much all else. Rights such as the right to life, freedom of thought, freedom of speech, of action, of religion, the right to own and enjoy property. The classical liberals of the eighteenth century could not satisfactorily explain where these rights came from and what made them crucial. Today, we would say it is because they work. The most prosperous and peaceful countries are those that uphold these liberal values.

But these liberal values are under threat, in my part of the world and in yours. We need people in Korea and elsewhere to stand up for them. And to explain how the presumption of freedom and the rule of law, tolerance of others and intolerance of coercion enrich all our lives and create a vibrant, dynamic, humane civilization of which we can all be proud.

2. 축사 : 경제적 번영을 안겨주는 요인들

마리아 파가넬리(Maria P. Paganelli)

한국에서 애덤 스미스의 저작물에 대한 높은 관심을 보는 것은 큰 의미가 있다. 한국의 많은 스미스 연구자의 활동은 한국 내에서 스미스에 관한 관심을 더 높일 뿐만아니라, 스미스에 관한 학문적 지식이 전 세계에 더 많이 알려질 것이라 확신한다. 아름다운 나라, 한국을 생각할 때면 늘 떠오르는 유명한 사진이 있다. 한반도 전체를 보여주는 밤에 찍은 위성 사진이 그것이다. 그 사진 중에서 모든 밝은 빛은 한반도의 남쪽 부분에 있고 한반도의 북쪽 부분은 완전한 어둠이다. 그리고 이 야간 조명의 차이점을 설명하려고 할 때 사람들(적어도 나같이 애덤 스미스 전문가라면)은 스미스를 생각하지 않을 수 없다. 특별히 한반도의 빛과 어둠을 설명하는 데 도움이 되는 애덤 스미스의 세 가지 측면이 떠오른다. 하나는 분업이 시장규모에 의해 제한된다는 점이다. 두 번째는 노동시장에서 공정한 보수가 창출하는 긍정적 인센티브다. 세 번째는 강력한 이익집단의 존재로 인한 부정적인 결과다.

1) 시장의 규모

애덤 스미스에 대해 말할 때, 많은 경제학자에게 핀 공장의 이미지는 놀라운 것이 아니다. 우리는 분업을 통해 우리가 혼자 할 수 있는 것보다 더 많은 것을 생산할 수 있다는 말을 들었고 실제로 알고 있다. 토스터와 같은 일반적인 가정용품을 처음부터 혼자서 만들려는 사람들에 관한 유튜브 동영상이 있다. 그들이 우스꽝스럽게 보이는 것은 그런 일은 있을 법하지 않기 때문이다. 아무도 처음부터 혼자서 작동하는 토스터를 만들 수 없다. 분업을 통해 우리는 전문화할 수 있으므로 우리가 혼자 할 수 있는 것보다 훨씬 더 많은 것을 생산할 수 있다. 그러나 우리는 분업 자체가 스미스가 그렇게 부르듯이 '풍요'를 창출하기에 충분하지 않다는 것을 잊어서는 안 된다. 시장이 확장되지 않으면 분업을 확대할 수 없다. 핀 공장은 말할 것도 없이 핀 제조업자는 스미스 시대의 스코틀랜드 하이랜드에서조차 1년도 버티지 못할 것이다. 시장이 너무 작기 때문이다. 하이랜드는 지리적으로 고립되어 있고 인구 밀도가 희박하다. 거기에서 핀을 살 의향이 있는 그리고 그것을 살 수 있는 사람이 충분하지 않다. 그래서 각 사람은 스스로가 핀 제조업자이면서 동시에 푸줏간 주인이고 양조업자, 빵 굽는 사람, 목수, 대장장이다. 핀 공장을 갖기 위해서는 모든 핀을 판매할 수 있을 뿐만 아니라 핀을 생산하고 있기에, 생산할 수는 없었지만 소비하고 싶은 모든 것을 구입할 수 있는 충분히 큰 시장에 접근할 수 있어야 한다. 따라서 시장 접근이야말로 경제성장에 관한 스미스의 스토리의 핵심이다. 그리고 여러분도 기억하겠지만 그는 가장 위대한 초기 문명이 모두 항해 가능한 수역, 즉 바다나 강 근처에서 출현한 것이 우연이 아니라고 말한다.

관련 천연자원이나 식량 재배를 위한 현지도 필요하지 않다. 예를 들어 유럽에서의 상당한 번영의 출현을 스미스가 어떻게 설명하는지 생각해보자. 사람들은 먼저 야만적 침략을 피하고 나중에 지역의 봉건영주를 피하려고 시골을 버리고 도시로 와서 보호를 받았다. 그러나 도시에서는 식량을 재배할 수 없다. 항해가 가능한 수역을 제외하고 이렇다 할 천연자원도 없다. 그래서 사람들은 생계를 유지하기 위해 소위 운반 무역에 종사하기 시작했다. 그들은 스스로 생산하지 않은 물건을 한 곳에서 다른 곳으로 운송했다. 그런 다음 결국 해외에 판매할 상품을 직접 생산하기 시작했고, 그제야 국내시장을 위한 산업을 발전시켰다. 중세 유럽의 도시가 번성할 수 있게 한 것은 국제무역의 개방이었고 결국에는 일하는 가난한 사람들도 번영한 조용한 상업혁명을 가져왔다.

노동의 분업과 그것이 가져오는 풍요는 시장의 범위에 의해 제한된다. 시장이 넓을수록 전문화가 가능해지고 생산성도 높아진다. 폐쇄경제는 제한된 시장과 제한된 성장 잠재력을 지니고 있다. 이에 반해 개방 경제는 광범위한 시장과 무한한 성장 잠재력을 가지고 있다.

다시 스미스의 경험을 생각해보자. 스코틀랜드는 영국과의 통일 전까지는 극도로 가난하고 후진국이었다. 1707년 대브리튼 연합왕국을 탄생시킨 연합법으로 스코틀랜드는 식민지 시장에 접근할 수 있었다. 글래스고는 북미 식민지와의 무역을 위한 가장 중요한 항구 중 하나이자 매우 번영하는 도시가 되었다. 인구가 1707년 약 1만 3천 명에서 1801년 약 7만 7천 명으로 늘어났다고 생각해보자. 스미스에게 시장 개방은 부유함을 증가시키는 기적적인 방법이다.

2) 개별 노동의 결실

그러나 광범위한 시장만으로는 충분하지 않다. 우리가 꿈꿀 수 있는 모든 시장에 접근할 수 있다고 해도, 우리가 하는 일에 대해 정당한 보상을 받지 못한다면 무역이 우리에게 제공하는 기회를 활용하지 못할 것이다. 스미스에 따르면 우리는 더 좋은 조건을 원하고 노동의 결실을 누릴 수 있기에 일한다. 규제, '주인의 음모', 관료의 불공정성 등으로 인해 임금이 인위적으로 낮게 유지된다면 우리는 일할 유인이 줄어들 것이다. 스미스에게 노예 노동은 실제로 가장 비싼 노동이다. 노예 노동자는 생존을 위해 필요한 최소한의 일을 한다. 내 노동으로 다른 사람이 혜택을 볼 수 있는데 굳이 더 많은 일을 할 이유가 있을까? 반면에 가장 생산적인 노동자는 일한 만큼 임금을 받는 노동자다. 더 많이 일할수록 다른 사람이 아닌 자신이 더 많이 벌기 때문이다. 스미스에게 노동의 결실을 누릴 수 있는 능력은 노동 이동성을 의미한다. 사람들이 경제의 특정 부문에만 머물도록 강요하는 것은 생산성을 저해하는 요인이다. 더 많은 기회가 있는 곳으로 이동하지 못하도록 막는 것은 비효율적이고 불공평하다.

근로자를 존중하면 고용주에 대한 존중을 가져오게 되고, 이는 생산성을 높이는 환경으로 이어진다. 때때로 근로자에 대한 이러한 존중은 횡포를 좋아하는 우리의 성향과 충돌하기도 한다. 하지만 경제가 성장하고 있을 때 횡포에 대한 우리의 사랑은 뒷전으로 밀려나야 한다. 경쟁은 높고 공정한 임금을 지급하도록 고용주를 압박할 뿐만 아니라 직원들을 잘 대우하도록 만든다. 이는 생산성의 선순환을 촉발한다. 행복하고 존중받는 근로자는 더 많은 생산량을 창출하여 경제성장을 촉진하고, 이는 다시 노동시장의 경쟁을 촉진하여 고용주가 근로자에게 공정하고 존중하도록 유도한다.

스미스가 가장 좋아하는 사례는 영국의 북미 식민지였다. 시장 확대로 경제가 빠르게 성장하면서 노동력 문제가 따라잡을 수 없을 정도로 심각해졌다. 임금은 높고, 고용주는 매우 잘 대해주며, 노동자들은 힘을 얻었다고 느끼기 때문에 스미스에게 경제성장의 대리인인 인구는 영국에서처럼 500년마다 두 배씩 증가하는 것이 아니라 25년마다 두 배씩 증가한다.

시장이 확대되고 노동자들이 노동의 결실을 누릴 수 있게 되면 수익은 자유롭게 증가하고 경제와 사회가 '활기찬' 상태로 번영하게 할 수 있게 된다. '활기찬'이라는 단어는 스미스가 사용한 표현이다.

3) 특수 이익집단의 위험

하지만 스미스는 낙천주의자가 아니다. 그는 수익률 증가가 중단될 수 있고 경제가 멈추거나 위축될 수도 있다는 것을 알고 있었다. 시장의 확장은 그 시장에 진입할 수 있는 사람에게 이익의 기회다. 그리고 소수만 진입할 수 있다면 그 이익은 매우 커서 공유되지 않을 것이다. 따라서 특수 이익집단은 자신의 이익을 위해 국가권력을 장악하고 다른 모든 사람을 희생시키면서 자신의 지갑에 도움이 되는 독점을 만들려는 모든 인센티브를 갖게 된다.

정치인과 일반 대중은 특수 이익집단에 속아 넘어간다. 대부분 더 잘 알지 못하거나 관심이 없기 때문이다. 그리고 상인과 제조업체의 다음과 같은 수사(修辭)는 매력적이다. "나는 무역을 알고 있습니다. 그것이 내가 생계를 위해 하는 일이기 때문입니다. 나는 스스로를 풍요롭게 하는 방법을 알고 있습니다. 그래서 국가를 풍요롭게 하는 방법도 알고 있습니다. 나에게 좋은 것이 국가에도 좋습니다"라고. 그리고 그들은 무역 파트너를 하나로 묶는 자연스러운 우정의 유대를, 비뚤어진 궤변으로 다른 사람들, 즉 우리의 무역 파트너인 외국인은 적(敵)이라는 믿음으로 바꾸어놓는다. 그리하여 우리는 독점 정책, 보호 무역 장벽, 규제, 그로 인해 발생하는 높은 가격, 그리고 더 높은 이윤을 받아들인다.

누군가 감히 이의를 제기하면 모욕이나 폭력으로 "입법부를 협박"(스미스의 말)할 수 있을 정도로 그들의 힘은 막강하다. 따라서 이러한 특수 이익집단들은 경제성장을 지연시키거나 심지어 가로막아 사회 전체에 피해를 입히고 심지어 사회의 안정성을 훼손할 수도 있다. 그들은 스미스의 『국부론』을 영국의 상업적 이익에 대한 폭력적인 공격으로 정의한 것은 우연이 아니다.

4) 미래는 어떻게 될까?

스미스는 우리의 조건을 개선하려는 욕망의 힘에 대해 일종의 낙관론자였다. 우리의 어리석음에도 불구하고 그런 욕망이야말로 우리의 삶을 성장할 수 있게 해준다. 그는 누가 법을 제안하고 누가 지지하는지 주의 깊게 살펴보고 강력한 이익단체의 입법에 대해 매우 신중할 것을 제안한다. 따라서 그는 오늘날 우리가 천민자본주의와 정실 자본주의라고 부르는 것에 반대하는 강력한 목소리인 동시에 경쟁의 힘을 지지하는 강력한 목소리이기도 하다.

경쟁은 기업을 규율하고 혁신을 촉진할 뿐만 아니라, 경쟁이 치열해지면 수익률은 낮아지고 임금은 높아지기 때문에 소득 불평등을 줄일 방법이기도 하다. 그리고 개방형 시장의 규모에 따른 수익률 증가와 공정한 임금의 혜택은 밝은 미래를 가능하게 하는 풍요로움을 가져다 줄 것이다. 그렇게 된다면 한반도의 북한도 남한처럼 밝은 밤이 될 것이다.

Smith@300 in Korea

Maria Pia Paganlli

It is a great honor to be here with you, even if just through this recording. I am extremely grateful for this invitation. It means a lot to me.

And it means a lot to see such a high interest in the works of Adam Smith in your country. I am confident that your work will bring more and more interest in Smith in Korea, and more Korean scholarship on Smith to the rest of the world.

I wish I were with you in person, even because I have never had the pleasure of visiting your beautiful country. I only saw picture of it.

And there is a famous picture in particular that always comes to my mind when I think about Korea. It is a satellite picture taken at night that shows the whole peninsula. With all its bright lights in the South part of it, and the complete darkness of the north part of it.

And when one tries to explain the difference between these night lights, one (at least one like me) cannot help but thinking about Adam Smith.

In particular there are three aspects of Adam Smith that comes to my mind to help explaining the lights and the darkness of the peninsula. One is that the division of labor is limited by the size of the market; the second one is the positive incentives that a fair renumeration in the labor market generates; and the third one is the negative consequence of the presence of powerful interest groups.

The extent of the market

To many economists, the image of the pin factory is not a surprising one, when talking about Adam Smith. We are told and we indeed know that division of labor allows us to produce more than what we could do on our own. There are YouTube videos of people trying to make a common household item such as a toaster on their own, from scratch. They are funny, as they are improbable. Nobody can make working toaster alone from scratch. Division of labor allows us to specialize and thus produce much more than we could do on our own. But we can't forget that division of labor by itself is not enough to generate "opulence", as Smith calls it. One cannot divide labor if markets are not expanding. A pin maker — let alone a pin factory! — in the Highlands of Scotland in Smith's time would not survive a year. Why? Because the market is too small up there. The Highlands are geographically isolated and sparsely populated. There are not enough people willing and able to buy pins up there. So each man is his own pin maker, his own butcher, his own brewer, his own baker, his own carpenter, his own smith. To have a pin factory, one needs to have access to a large enough market where not only to sell all the pins but where also to buy all that one had not been able to produce (but want to consume) because they have been producing pins.

Access to markets is thus a key in Smith's economic growth story. And if you recall, he tells us that it is not an accident that the greatest earlier civilizations all emerged near navigable waters, being that seas or rivers.

One does not need to have any relevant natural resources, or even local sources of food to grow. Think of how he describes the emergence of significant prosperity in Europe, for example. People abandoned the countryside to find protection into cities, trying to avoid the barbaric invasions first, and local feuds later. But in cities, one cannot grow food. Three are no significant natural resources there, with the exception of navigable waters. And so, to support themselves people started to engage in so-called carrying trade. They transported goods they did not produce from one place to another. Then eventually started to produce their own goods to be sold abroad, an only then they developed industry for domestic markets. It was the opening to international trade that allowed Medieval European cities to flourish and eventually bring about that silent revolution of commerce that brought prosperity even to the working poor.

Division of labor, and the opulence that it brings about, is limited by the extent of the market. The more extensive the market, the more specialization is possible, and the higher the increase in productivity. A closed economy has a limited market and a limited growth potential. An open economy has an extensive market and an unlimited growth potential.

Again, think of Smith's experience. Scotland was an extremely poor and underdeveloped country until the unification with England. With the Acts of Union which created the United Kingdom of Great Britain in 1707, Scotland gained access to the colonial market. Glasgow became one of the most important ports for trade with the North American colonies, and a very prosperous city. Just think that its population went from around 13.000 in 1707 to about 77.000 in 1801.

The opening of markets is for Smith a miraculous way to increase opulence.

The fruits of one's labor

But extensive markets are not enough.

We may have access to all the markets we can dream of, but if we are not fairly rewarded for the work we do, we are not going to be taking advantage of the opportunities that trade offers us.

For Smith, we work because we want to better our conditions, because we can enjoy the fruits of our labor.

If our wages are kept artificially low, be it because of regulation, "conspiracy of the masters" or injustices of bureaucrats, we will have less incentive to work. For Smith indeed slave labor is the most expensive labor there is. Enslaved workers do the minimum necessary to stay alive. Why do more when someone else will benefit from your labor? The most productive workers are, on the other hand, the ones that are paid by the piece, because the more they work, the more they — and not someone else — earn.

The ability to enjoy the fruits of one's labor for Smith implies also labor mobility. Forcing people to be within a specific sector of the economy is a limitation that chokes productivity. And preventing them from moving to a location with more opportunities is both inefficient and unjust.

Treating workers with respect will also create respect for the employer, and thus an environment that facilitates production. Sometimes this respect for the workers conflict with our love of domineering. But when an economy is growing, our love of domineering has to take the back seat. Competition not only forces employers to pay high and fair wages, but also to treat their employees well. This ignites a virtuous cycle of productivity. Happy and respected workers produce more, stimulating further economic growth, which in its turn allows competition in the labor market which induces employers to be fair and respectful.

The British North American colonies are Smith's favorite example of this. The economy there is growing so fast, thanks to the extension of the markets, that labor troubles to keep up. Wages are high, employers are very well behaved, and workers feel so empowered that the population — a proxy for economic growth for Smith — doubles every 25 years, as opposed to every 500 years as in Britain.

The expansion of markets and allowing workers to enjoy the fruits of their labor breaks increasing returns free, and allows an economy to grow prosperous and a society "cheerful", yes, "cheerful" is the Smith's word.

The danger of special interest groups

But Smith is not Pollyanna. He recognizes that increasing returns can be halted and the economy can slow down if not even stall or contract. The expansion of market is a profit opportunity for whom can enter that market. And if only a few can enter, that profit is going to be very high and not be shared. Special interest groups have thus all the incentives to capture state power for their own benefits, creating monopolies that serve their wallets, at the expense of everyone else.

Politicians and the general public fall for the special interest groups. Mostly because they do not know any better or they do not care enough to know. And the rhetoric of merchants and manufacturers is alluring: 'I know trade, because that what I do for living. I know how to enrich myself. So I know also how to enrich the country. What is good for me is good for the country', they say. And with their perverse sophistry, they transform the natural bonds of friendship that brings trading partners together into a belief that others, that our trading partners, that foreigners, are enemies. So, we accept monopolistic policies, protections, barriers to trade, regulations, and the higher prices they generate — and their higher profits.

If someone dares objecting them, their power is such that they can even "intimidate the legislature" (Smith's words) either with insults or with violence.

These special interest groups thus retard or even block economic growth, damaging the entire society, and possibly even undermining the stability of society. It is not an accident that defined his Wealth of Nations as a violent attack against the mercantile interests of Britain.

What about the future?

Smith maintains a sort of optimism about the powers of our desire to better our conditions. It allows us to grow despite of some of our follies. He suggests to careful examine who proposes a law and who supports it and to be very cautious about legislation coming from powerful interest groups. He is thus a powerful voice against what today we would call cut-through capitalism and crony capitalism, and at the same time a powerful voice about the power of competition. Competition not only disciplines firms and favors innovation, it also brings a way to reduce income inequalities, as with more competition the returns on profits will decrease and wages will increase.

And the benefits of increasing returns to scale of open markets and fair wages will bring that opulence that allows to have a bright future. And bright nights.

Thank you.

3. 격려사 : 경제적 자유의 가치를 일깨우는 애덤 스미스

손병두

'경제학의 아버지'라고 칭송되는 위대한 인물의 이름을 함부로 부르기에는 외람된 것 같아 '애덤 스미스 아버지'라고 호칭하는 것이 적합한 것 같다. 소크라테스를 어떤 사람은 '테스 형'이라고 친근하게 부르는 것도 보았다. 오늘날 한국사회가 처한 상황을 보면서 '애덤 스미스 아버지'를 소환하여 그에게 우리가 가야 할 길을 물어보는 일은 참으로 시의적절한 일이다.

인류의 역사를 되돌아보면 자유를 쟁취하기 위한 대장정이라고도 할 수 있다. 특히 지난 20세기는 국가 대 시장 투쟁의 역사였다. 1922년 레닌이 제4차 국제공산주의 회의에서 말한 대로 그것은 경제 고지(commanding heights)를 누가 장악하느냐의 투쟁이었다. 자유와 반(反)자유의 치열한 투쟁이었다. 결국, 정부가 퇴각하고 공산주의는 실패로 끝났다.

우리 한반도에는 1945년 8월 15일 일제 식민지로부터 해방된 후 3년간의 치열한 좌우 투쟁 끝에 1948년 8월 15일 한반도에 역사상 최초로 자유민주주의와 시장경제체제의 대한민국이 건국되었다. 이는 실로 『국부론』이 발간된 지 172년 만의 기적과 같은 일이었다. 대한민국이 건국된 이후 75년 동안 우리 체제는 숱한 도전과 위기에 직면했다. 건국한 지 채 2년이 안 된 시기에 소련의 사주를 받은 김일성의 남침으로 자칫 공산화될 뻔한 위기를 이겨내야 했다.

사실 우리 제헌헌법은 한 달 만에 급히 만들어진 미완의 건국헌법이었다. 이를 잘 아는 이승만 대통령은 내부 반대 세력과 미국의 비협조에도 불구하고 소위 사사오입 개헌까지 감행하면서 건국헌법의 경제조항을 전면 개정했다. 공산주의 및 사회주의적 통제규정 등을 일소하고 자유시장경제 조항으로 바꿈으로써 1954년에야 비로소 시장경제체제는 완성될 수 있었다. 이로써 대한민국 번영의 기초를 튼튼히 세우게 된 것이다.

그러나 1987년 헌법이 정치 민주화를 위해 개정될 때 느닷없이 경제민주화 조항이 끼어들어 시장경제를 불완전하게 만들었다. 좌파정권이 들어서면서 시장경제가 위협을 받게 되었다. 헌법에서 '자유'라는 단어를 삭제하고자 했으며 특히 지난 정권 때 교과서에서 '자유민주주의'란 말이 사라졌다. 반시장적인 경제정책으로 사실상 시장경제를 무력화시켰다. 그 후유증이 오늘의 경제위기를 초래한 원인 중 가장 큰 것이라고 할 수 있다.

다행스럽게도 1년 전 우파정권으로 정권 교제가 되었다. 최근 한국경제신문사의 조사에 의하면 전문가의 45%가 반기업 정서가 생긴 이유가 정치권의 조장 때문이라고 보았다. 지금 우리 기업들은 '기업에 자유를 허(許)하라'고 간절히 요청하고 있다. 기업 활동을 옥죄는 각종 규제를 과감히 풀어주고 노동개혁을 통해 노동시장이 유연하게 되기를 간절히 바라고 있다. 최근 '타다' 사태에서 보듯이 경제적 자유가 없이는 기업의 혁신도, 그리고 일자리 창출도 어렵기 때문이다. 오늘날 한국경제가 세계 10위의 경제 대국으로 성장한 이유는 바로 우리가 시장경제체제를 택했기 때문이다. 이 체제가 정상적으로 작동되고 활기차게 돌아갈 때 우리 경제는 또 한 번의 도약이 가능할 것이다.

지금 우리는 IMF 사태에 못지않는 경제적 위기에 처해 있다. IMF

사태의 원인에 대해서 여러 학자들이 많은 지적을 했지만, 윤리 도덕적·문화적 측면에서의 문제점은 간과하고 있다고 본다. 2008년에 겪은 리먼사태도 월가의 탐욕적인 도덕성 결여가 큰 문제였다고 할 수 있다. 모든 것이 인간 심성이 올바르게 작동하지 못한 결과가 아닌가 생각한다. 공산주의가 실패한 것도 인간의 심성을 그대로 이해하지 못하고 자의적으로 이해했기 때문이다.

애덤 스미스 아버지가 그의 묘비명에 『도덕감정론』 저자로 기록해달라고 한 것도 그런 맥락에서 이해할 수 있을 것 같다. 어떤 체제도 인간의 심성을 거역해서는 성공할 수 없다는 점을 웅변으로 말하려고 한 것이다.

"『도덕감정론』을 읽지 않고서는 결코 『국부론』을 올바르게 이해할 수 없고, 『국부론』을 올바로 이해하지 않고서는 경제학이나 법학 등 사회과학을 제대로 공부했다고 할 수 없다"고 하는 이유를 알 수 있다. 우리가 직면하고 있는 위기와 앞으로 AI 시대를 맞아 어떤 윤리적·도덕적 감정으로 대처해나가야 할지 애덤 스미스 아버지와 함께 논의하면서 좋은 지혜를 얻을 수 있을 것이라고 확신한다.

부록

애덤 스미스의 학문적 여정: 자유사회의 제도적 조건을 찾아서

민경국

학문적·철학적 거장(巨匠)의 사상을 탐구하여 이해하려고 할 때 우리는 그가 겪은 당시의 역사적 상황과 그리고 이와 나란히 그의 삶의 경로를 추적한다. 삶의 발자취는 역사적 상황과 비교할 때, 그에게 고유하다는 의미에서 주관적이다. 그런 것을 추적하는 것은 그의 사상을 더 잘 파악할 수 있기 때문이다. 오늘날 누구나 자유 철학의 거장으로 여기는 애덤 스미스의 사상을 이해하려고 할 경우에도 그가 겪은 당시의 상황은 물론 그의 고유한 삶의 궤적을 파악해야 할 것이다. 서로 밀접하게 연결돼 있는 그 역사적 조건과 주관성은 사상체계를 확립할 때 문제 제기, 문제의 해결절차와 논리적인 귀결 속에 의식적이든 무의식적이든 녹아들어 있다.

다른 한편 역사적 조건과 주관성이 없으면 현실을 설명하고 또한 이를 개선하는 데 필요한 독창성과 창의력을 발휘할 수 없다. 모든 인간의 정신처럼 애덤 스미스의 정신도 역시 백지 상태에서 아무것도 시작할 수 없기 때문이다. 역사적 조건과 개인의 고유한 주관성이야말로 독창성과 창의력을 발휘할 수 있는 정신적 테두리를 형성한다. 따라서 애덤 스미스의 삶의 여정과 그리고 그의 저작물의 생성 배경을 소개하는 것은 그의 사상과 철학을 이해하는 데에 큰 도움이 된다.

애덤 스미스의 삶의 여정

애덤 스미스는 부친이 타계한 해였던 1723년 6월 5일에 스코틀랜드 커콜디(Kirkcaldy)에서 태어나 1790년 67세의 일기로 에든버러에서 생을 마쳤다. 스미스는 그의 은사 프랜시스 허치슨(1694-1746)과 그의 친구 데이비드 흄(1711-1776)과 같은 인물들과 나란히 스코틀랜드 계몽사상으로 알려진 전통을 주도적으로 확립한 사람이었다. 태어나기 직전에 어버지를 여읜 비운의 어린애였다. 소년 시절의 스미스에 관한 상세한 것은 많이 알려지지 않고 있다. 어렸을 때 체질이 허약하고 잔병이 많아서 어머니의 걱정이 컸다는 얘기가 전해진다. 그의 엄마는 비난받을 정도로 그를 지나치게 관대하게 다루었다. '이래라저래라' 하는 식으로 간섭하지 않고 자유롭게 내버려뒀다. 스미스의 어린 시절은 그보다 83년 뒤에 태어난 존 스튜어트 밀(1806-1873)의 유년 시절과 대비된다. 아버지 제임스 밀은 아주 어린 나이 때부터 아들 밀의 삶을 '스파르타' 식으로 엄격하게 간섭했다. 그런 아버지 슬하에서 자라 존 스튜어트 밀의 사상에도 영향을 끼친 듯, 그는 스미스의 보이지 않는 손, 즉 자생적 질서 대신에 정부의 보이는 손에 의해 계획하여 만든 인위적 질서를 좋아하게 된 것은 아닐까!

미래에 과학의 범위를 확대할 뿐만 아니라, 세계의 상업정책을 깨우치고 개혁할 운명을 타고난 천재였던 애덤 스미스는 1737년에서부터 1740년까지 글래스고 대학에서, 1740년에서 1746년까지는 옥스퍼드 대학에서 공부했다. 그는 특히 글래스고 대학에서 가르침을 받았던 허치슨을 결코 잊을 수 없는 인물로 평가했다. 게다가 글래스고 대학의 가르침이 고전강의로 무게가 있는 교육으로 그는 매우 좋다고 여겼다. 뛰어난 성적으로 그 대학을 졸업했다. 그러나 옥스퍼드 대학의 가르침은 그에게 그런 좋은 인상을 주지 못했다. 교수들의 대부분이 지난 수년 동안 강의하는 척하지도 않을 정도로 자신들의 의무를 완전히 포기했다고 스미스는 불평했다. 이 대학의 도서관을 이용하여 영어, 불어, 그리스어, 라틴어로 쓴 문헌을 광범위하게 공부할 수 있었다. 스미스는 1746년 옥스퍼드를 떠나, 고향인 커콜디로 돌아왔다.

고대철학, 과학사와 그리고 사회의 진화에 대한 예리한 관심을 가지고 당시 문학, 역사, 법 등과 관련된 광범위한 독서를 했다. 그가 받았던 교육의 가장 특징적인 것을 두 가지로 요약할 수 있다. 첫째로, 당시 교육은 그 내용에서 근원적이고 근본적이었다. 오늘날의 교육체계처럼 단순히 기술적(technical)이거나 또는 단기적으로 성과를 얻어내려는 교육체계와는 전적으로 달랐다. 둘째로, 대학교육이 광범위했다. 지금과 같이 대학의 학과가 세분화하여 서로 칸막이를 하고 있지 않았고 각자 독자적인 영역이 없었다. 윤리학, 정치학, 법학, 경제학 등 학제 융합적 교육이었다. 이러한 방식의 교육은 애덤 스미스의 지적 사고체계를 폭넓게 하고 근원적인 것을 파고드는 버릇을 형성했다. 그리고 하나의 대상을 개별분석으로 끝내는 것이 아니라 질서 또는 체제라는 상위개념으로 사고했고 사회를 그런 상위개념의 맥락에서 근원적으로 분석하는 능력을 습득하고 있었다. 그의 "자연적 자유의 시스템"이야말로 그런 전체 분석을 위한 틀이라고 볼 수 있다.

1748년에는 케임스 경(Lord Kames, 1696-1782)의 초청으로 에든버

러 대학에서 수사학과 문학 강론(Lectures on Rhetoric and Belles Letters)을 강의했다. 문헌 비판과 말 잘하거나 글 잘 쓰는 기술에 초점을 맞춘 강의였다. 그가 이 기간 동안에 만나서 우정을 나눴던 인물은 그의 가장 가깝고 믿음직한 친구요 가장 위대한 철학자가 되었던 데이비드 흄이었다.

폭넓은 교육을 받았고 또한 신망과 존경을 받았던 스미스는 1751년 그가 졸업한 글래스고 대학의 교수가 되었다. 처음에는 논리학 교수로 채용돼 논리학 강의를 하다가 나중에는 같은 대학에서 도덕철학 교수가 되어 1763년 대학을 떠날 때까지 도덕철학을 강의했다. 그의 강의는 열정적이었던 것으로 알려졌다. 더구나 그의 강의는 우렁찬 목소리로 막힘이 없었고 해학적인 예를 들어 강의를 이끌어갔다. 그의 강의는 매우 성실했고 결강(缺講)도 없었다. 강의와 관련된 그 같은 모든 특징은 그의 강의가 권위 있었고 학생들로부터 인기를 누렸던 이유다. 그의 열띤 강의를 들으려고 러시아와 같이 먼 곳에서 찾아온 학생들도 있었다. 1759년 36세가 되던 해에 그동안의 강의 내용을 바탕으로 쓴 『도덕감정론』을 출간한다. 그 책은 스미스를 자신의 스승 허치슨 그리고 자신의 친구 데이비드 흄과 같은 도덕철학자의 반열에 올려놓았다. 그 책은 도덕이론의 위대한 저작들 가운데 하나가 되었다. 그를 애호가라고 불렀던 칸트(I. Kant, 1724-1804), 그의 대부분의 결론을 『인간의 유래』(*descent of Man*)에서 지지했던 찰스 다윈(1809-1882) 등 지성계에서 선구적 역할을 했던 인물들에게 강한 인상을 주었다.

대학의 교수로서 학자적·도덕적 신망을 받고 있었기에 교육적 그리고 사회적 지위에 관한 한, 대학을 떠난다고 해도 스미스에게 아쉬움이 없었다. 1764년 타운센트(Charles Townshend) 공작이 파격적인 조건으로 의붓아들의 가정교사를 맡아줄 것을 제안했을 때 흔쾌히 수락했던 이유다. 그는 홀가분하게 대학을 떠난 1764년부터 1766년 사이에 개인교사 자격으로 프랑스 여행에 동행했다.

여행하는 동안 스미스는 당시 유명한 프랑스 철학자 그룹과 친교를 맺었고 학문적 관심을 나누기도 했다. 이때 만난 철학자 그룹은 여럿이 있었지만, 그가 각별한 영향을 받은 그룹은 프랑수아 케네(F. Quesnay)를 중심으로 한 서클이다. 이 서클은 농업만이 새로운 가치를 창출한다는 의미에서 농업을 중시하는 중농주의 학파를 형성했는데 스미스는 이 학파에 대해 매우 긍정적으로 평가했다. 이 학파는 완벽하지는 못하지만, 정치경제 분야의 출간 역사를 통틀어 본다면 진실에 가장 가까운 사상을 제시했다는 것이 그의 평가였다.

현대적인 의미의 사회철학자로 볼 수 있는 도덕 철학자 애덤 스미스는 글래스고, 런던, 에든버러 등을 오가면서 그리고 프랑스에서 지내는 동안 직접 목격한 당시의 정치, 사회, 경제, 문화를 근원적으로 그리고 폭넓게 관찰했다. 1766년 프랑스에서 영국으로 돌아온 애덤 스미스는 그 후 10년간 집필에만 집념한다. 1776년 마침내 유명한 『국부론』이 출간되었다. 『도덕감정론』에 뒤이어 법학에 관한 책을 쓰겠다고 계획했지만, 먼저 정치경제학에 관한 책을 쓰게 된 것은 아마도 프랑스에서 만났던 중농주의 학파의 영향 때문이었던 것 같다. 그 책은 6개월 만에 품절될 정도로 대중적 인기가 있었으나 『도덕감정론』에 미치지 못했다. 하지만 이 첫 번째 저서는 일생 동안 그런 인기를 누리다가 다음 세기에는 두 번째 책인 『국부론』이 가장 중요한 책으로 세간의 이목이 변화되었다.

두 번째 출판 이후 스미스는 에든버러의 세관 감독관으로 임명되어 안정된 지위와 풍부한 생활을 누렸다. 그는 1790년에는 『도덕감정론』을 개정하여 제6판을 발간했다. 법학에 관한 책 쓰기를 염원했지만 끝내 쓰지 못하게 된 노(老)학자의 애절함과 안타까움을 제6판의 일러두기에 남겼다. 그리고 "『도덕감정론』의 저자, 여기에 잠들다"라는 묘비명을 써놓고 67세의 일기로 1790년에 생을 마감했다.

애덤 스미스의 저작들: 현실세계 vs. 가상세계

애덤 스미스는 자신이 살았던 시대의 정치, 문화, 과학, 경제, 심리, 역사 등 다방면에 깊은 관심이 있었다. 단순히 지적 호기심 때문만이 아니었다. 한 분야에 국한하여 몰입하는 것은 매우 위험하다고 여겼다. 모든 문제는 학제 융합적으로 접근해야 한다는 생각에서 탐구한 결과물이 그의 저작물이다.

- 『철학적 주제에 관한 에세이』(*Essays on Philosophical Subjet*), J. Black and J. Hutton (eds.), 1795. 이 책에는 다음과 같은 단편 논문들이 수록되어 있다.
  - 천문학사(The History of Astronomy)
  -고대 논리학과 형이상학(The History of the Ancient Logic and Metaphysics)
  - 외적 감각에 관하여(Of External Senses)
  - 영어와 이탈리아어로 쓴 시의 유사성에 관하여(Of the Affinity between Certain English and Italian verses)
- 『수사학과 문학 강론』(*Lectures on Rhetoric and Belles Letters*). 이것은 스미스의 강의를 들었던 두 학생의 강의록을 1950년경에 발견하여 이를 기초로 하여 편집·발간한 책이다.

- 『도덕감정론』(*the Theory of Moral Sentiments*). 제1판 1759, 제6판 1790.
- 『법학강의』(*Lectures on Jurisprudence*), Edwin Cannan (ed.), 1896. 이 책은 스미스가 직접 집필한 것이 아니라, 그의 강의를 들었던 어느 한 학생이 받아 쓴 강의노트를 1880년에 발견하여 이를 기초로 편집한 것이다.
- 『국부론』(*An Inquiry into the Nature and Causes of the Wealth of Nations*), 제1판 1776년, 제5판 1789.

애덤 스미스가 그런 저작들, 특히 그의 "3부작(三部作)"이라고 부르는 『도덕감정론』, 『법학강론』, 『국부론』을 통해서 우리에게 보여주려고 했던 것은 이상적인 사회가 어떤 모습인가, 이런 사회를 어떻게 계획하여 만들 수 있는가의 문제의 해법이 결코 아니었다. 그런 개념적 세계는 프랑스 계몽철학의 탐구대상이다. 스미스의 탐구대상은 현실의 세계다. 그가 눈으로 직접 목격한 사회, 즉 낯선 사람들끼리 사는 상업사회였다. 그들이 서로 알지는 못하지만 그래도 자유롭게 분업이 형성되어 그 어떤 사회보다도 서민층을 비롯하여 사회구성원 모두에게 번영을 안겨주는 사회였다. 이런 사회질서가 어떻게 가능한가의 문제에 대한 해법을 찾는 것이 그의 탐구의 목표였다. 그가 찾은 게 바로 보이지 않는 손에 의해 스스로 생성·유지되는 자연적 자유의 체제, 즉 자생적 질서였다. 그런 질서는 스미스가 글래스고, 런던, 에든버러 등을 오가면서 눈으로 직접 볼 수가 있었다.

스미스는 자유의 중요성을 실제로 입증하는 사례를 들고 있다. 즉, 프랑스를 여행할 때 그가 목격한 것은 파리 시민의 경제적 활동을 방해하는 수많은 규제다. 그런 규제가 많아 자유가 억압받으면 교역과 제조업 등 경제 활동이 위축되어 빈곤이 늘어나고, 그 결과, 범죄가 늘어난다는 것이다. 스미스의 그 같은 경험을 1978년 옥스포드 대학의 출판부에서 출간한 『법학강의』(pp. 290-291)에 다음과 같이 썼다.

> "파리의 경우, 치안과 관련된 규정들이 몇 권의 책으로도 전부를 쓸 수 없을 정도로 많지만 런던에는 두 서너 가지의 간편한 규정밖에는 없다. 그러함에도 파리에서는 거의 매일 밤 살인사건이 발생하는 데 반해 훨씬 큰 도시인 런던에서는 그런 사건이 1년에 서너 건밖에는 발생하지 않는다. (…) 범죄를 막는 유일한 길은 가능한 한 다른 사람에게 의지하여 먹고사는 사람의 수를 줄이는 것이다. 자립은 사람을 정직하게 살게 하는 데 반해 의존은 사람을 타락시키는 경향이 있다. 이런 자립을 가능하도록 만드는 교역과 제조업을 일으키는 것이야말로 범죄를 막는 최선의 방책이다."

위의 인용문은 경제적 자유와 아울러 자생적 질서의 중요성을 말해주는 구절이다. 경제 자유가 많을수록 교역과 제조업이 융성해지고 일자리가 늘어나 사람들이 자립할 수 있는 길이 열린다는 것이다.

3부작과 『법학강론』의 때늦은 발간

이같이 상업사회가 자생적 질서로서 작동할 수 있으려면 신체, 재산, 명예 그리고 사회적 관계를 보호할 법이 필수적이다. 그러함에도 스미스는 법에 관한 저서가 없이 『도덕감정론』을 발간하고 이어서 『국부론』을 출간하는 우를 범하게 된 것이다. 그 결과는 치명적이다. 즉 시장은 법이 없다고 해도 이기심은 이른바 보이지 않는 손에 의해 번영을 불러온다는 식으로 애덤 스미스를 오해했을 뿐만 아니라, 그런 오해는 반(反)시장 정서를 조장하는 결과를 초래한 것이다. 사법(private law)과 시장사회의 상호관계를 체계적으로 설명하는 『법학강의』을 책으로 발간한 다음에 『국부론』을 썼더라면 그런 오해는 없었을 것이다. 그러나 법학에 관한 스미스의 강의 내용도 『국부론』이 발간된 지 100년이 훨씬 지나서(1880) 발견한 것이다. 이때는 이미 서구사회에는 인간 이성을 남용하고 타락시킨 프랑스 계몽사상이 풍미하고 있었다. 영국은 페비언 사회주의가, 그리고 프랑스는 시스몽디(Jean de Sismondi), 생시몽(Claude-Hanri de Saint-Simon) 등의 전통적 사회주의가, 그리고 독일은 역사학파가 지배하여 모두 반(反)스미스적 분위기가 고조되고 있었다.

3부작과 자연신학

흥미로운 것은 그가 글래스고 대학의 도덕철학 교수로서 강의한 과목이다. 그의 강의는 첫 번째로 자연신학이었다. 둘째로 윤리학 강의, 세 번째로 법학강의 그리고 마지막으로 정치경제학으로 구성되어 있었다. 주목할 것은 강의 구성의 의미다. 시장경제는 윤리와 법을 기반으로 한다는 것을 보여주는 전형적인 예다. 그는 시장경제의 질서가 자생적으로 생성·유지되기 위해서는 특정한 조건을 갖춘 행동규칙이 필요하다는 것을 최초로 발견한 인물이다. 그 조건은 불의의 행동을 차별 없이 당연히 금지하는 행동 규칙, 즉 정의의 규칙과 이를 법으로 승격한 정의의 법이다.

그런데 애덤 스미스는 자연신학 과정을 가르쳤다. 그는 『국부론』

을 제외하고 『도덕감정론』과 『법학강의』에서 신(god)을 말한다. '그의 종교적 믿음은 무엇이었나?', '데이비드 흄처럼 무신론자였나?' 등의 문제가 제기된다. 자연신학 강의에 대한 기록은 남아 있지 않으며 특히 주목할 점은 그 강의의 어떤 부분도 출판하려고 시도한 적이 없다는 점이다. 그러나 도덕, 법학, 정치경제학, 심지어 논리학, 문학에게 이르기까지 스미스가 가르친 다른 모든 과목은 적어도 그가 출판하려고 계획한 원고의 주제가 되었다. 그는 신의 존재를 입증하려는 어떤 노력도 하지 않았다는 사실에서 플라이셰커가 확인하고 있듯이, "자연신학만으로는 그것에 대해 글을 쓸 만큼 관심이 없었던 것 같고, 그의 출판된 저작들에서 그것을 암시하는 구절은 거의 없다". 그가 신의 존재를 입증하는 것은 자신의 경험론과도 맞지 않는다. 『국부론』을 제외하고 『도덕감정론』과 『법학강의』에서 신을 언급하고 있는데 이는 도덕이 유지되기 위해 종교가 필요하다는 뜻에서 일종의 은유적 표현일 뿐이다.

찾아보기

ㄴ

ㄷ

ㅂ

ㅅ

ㅊ

집필진 소개

민경국 서울대학교 문리대를 졸업하고 독일 프라이부르크대학교 경제학 학사·석사·박사 학위를 취득했으며, 현재 한국자유주의학회 회장 및 강원대학교 경제학과 명예교수다. 하이에크소사이어티 회장, 제도경제학회 회장을 역임했다. 주요 저서로는 『민경국 교수의 자유론』, 『국가란 무엇인가』, 『자유주의의 도덕관과 법사상』, 『하이에크 자유주의 사상 연구』, 『경제사상사 여행』, 『자유주의 지혜』 등이 있으며, 역서로는 『도덕감정론』(공역), 『감각적 질서』, 『법, 입법 그리고 자유』(공역) 등이 있다.

안재욱 경희대학교 경제학과를 졸업하고 미국 오하이오 주립대학교에서 경제학 박사 학위를 취득했다. 1989~2020년 동안 경희대학교 경제학과 교수로 재직했으며, 현재 같은 대학 명예교수다. 경희대학교 부총장, 한국하이에크소사이어티 회장, 한국제도경제학회 회장을 역임했고, 주요 저서로는 『화폐와 통화정책』, 『흐름으로 읽는 시장경제의 역사』, 『경제학: 시장경제원론』(공저), 『시장경제와 화폐금융제도』, 『응답하라! 자유주의』 등이 있으며, 역서로는 『한 권으로 읽는 국부론』, 『도덕 감성』(공역) 등이 있다.

김성준 고려대학교 경제학과를 졸업하고 미국 텍사스대학교(달라스)에서 행정학 석사와 정치경제학 박사 학위를 취득했다. 경북대학교 교수로서 한국규제학회 회장 등을 역임하고 현재 공공선택학회 회장으로 봉사하고 있다. 주요 저서로는 『공공선택론: 정치행정의 경제학적 분석』, 『제임스 뷰캐넌』, 『정책학』 등이 있으며, *Policy Analysis in South Korea, Handbook of Regulatory Impact Assessment* 등 국내외 북챕터에 참여했다.

홍승헌 고려대학교 정치외교학과를 졸업하고 뉴욕대학교 정치학과에서 정치학 석사를, 호주국립대학교 RegNet에서 규제거버넌스 박사를 취득했다. 현재 한국행정연구원 규제정책연구실 연구위원으로 재직 중이며, 민주적 규제이론, 공화주의 제도론 등을 연구하고 있다. 주요 저서로는 『공화주의와 정치이론』(공역)이 있으며, 주요 논문으로는 "규제불응의 동기와 시민의 태도"(2022), "Limits of regulatory responsiveness" (2018) 등이 있다.

임일섭 서울대학교 경제학과 경제학 학사, 독일 브레멘(Bremen)대학교 경제학 석사 및 박사 학위를 취득했다. 충남대학교, 한양대학교, 아주대학교, 상지대학교에서 강의했으며, 현재 한국산업개발연구원 연구위원으로 재직 중이다. 주요 저서로는 『모방할 수 없는 역사: 분단 시기 동서독 문화학술교류』, 역서로는 『독일 신규 연방주 내 농업구조 발전』(공역), 『애덤 스미스 경제학의 아버지』, 논문으로는 "애덤 스미스의 계급성품론", "애덤 스미스의 교육론: 자연철학과 도덕철학의 종합을 위하여" 등이 있다.

이황희 서울대학교 법학과를 졸업하고 동 대학원에서 석사·박사학위를 취득했다. 제44회 사법시험에 합격한 후 헌법재판소에서 헌법연구관으로 근무했고, 현재 성균관대학교 법학전문대학원에서 헌법을 강의하고 있다. 저서로는 『애덤 스미스와 국가』 등이 있고, 주요 논문으로는 "근대 입헌주의의 고전적 기원들", "선거의 정치적 의미에 관한 사상사적 고찰", "헌법재판과 공적 참여", "헌법문언에 반하는 헌법해석", "헌법재판소와 법치적 민주주의" 등이 있다.

이혁우 고려대학교 영어영문학과를 졸업하고 서울대학교에서 행정학 석사·박사 학위를 취득했다. 한국규제학회 연구위원장, 규제개혁위원회 위원을 역임했으며, 현재 배재대학교 행정학과 교수로 재직 중이다. 주요 저서로는 『규제를 규제한다』, 『규제관리론』, 『민주주의는 만능인가』(공저), 『정부사용매뉴얼』(공저), 『좋은 규제의 조건』(공저), *The Experience of Democracy and Bureaucracy in South Korea* (공저) 등이 있다.

최영백 연세대학교 기계공학과를 졸업하고, 미시간(Michigan)대학교 경제학 박사 학위를 취득했고, 현재 세인트존스(St. John's University, NY)대학교 경제학 교수로 재직 중이다. 저서로는 *Paradigms and Conventions: Uncertainty, Decision Making, and Entrepreneurship*이 있으며, 논문으로는 "Conventions and Economic Change: A Contribution toward a Theory of Political Economy", "Misunderstanding Distribution", "Path Dependence and the Korean Alphabet" 등이 있다.